귀옥과 은숙, 두 여자 이야기

정은숙 지음

모악

차례

1부 10대, 일동면에서 삼기면까지

귀옥: 출구를 찾아 6

은숙: 엉금엉금 45

2부 20대, 삼기면에서 회기동을 거쳐 신림동까지

귀옥: 가족 84

은숙: 도시정글 아이 122

3부 30대, 삼기면에서 죽전동을 거쳐 사당동까지

귀옥: 인생 지도 그리기 168

은숙: 열정페이 201

4부 40대, 다시 삼기면에서

귀옥: 폭풍 속으로 264

은숙: 뚫어볼까, 벽 299

작가의 말 348

1부
10대, 일동면에서 삼기면까지

귀옥: 출구를 찾아

남순은 100호가 넘는 일동면 지제에서 다섯 딸 중 셋째 딸로 자랐다. 열아홉 살에 집안끼리 혼담이 오가 가평 산골마을로 시집을 갔다. 거기서 시할아버지 가족 여섯과 시아버님, 남편, 시누이, 시동생까지 열한 명이 한집에 살았다. 산골에서 근근이 돌짝밭에 채소, 콩, 팥을 심어 먹고 소 한 마리씩을 키워 돈을 만들어 쓰는 집이었다.

광성은 두 살 어리고 키도 작은 꼬마 신랑이었다. 결혼 후 1942년에 첫아들을 낳고 1945년에 광성이 군대 갈 나이가 되어 입영 통지를 받았다. 1남 1녀로 귀하게 자란 광성은 고집이 셌다. 곧바로 일본군에 입대했으나 3개월째 훈련을 받는 중에 친구 두 명과 탈영했다. 그리고 깊은 산중, 감투바위 산포 위에 미리 준비해놓은 풀집으로 피신했다. 해방 후 한국군 입대 통지를 받고도 탈영해 산과 집을 오가며 20년 넘게 도망자 생활을 했다. 그사이 1남 5녀가 태어났고, 집이 크든 작든 앞문과 뒷문을 따로 냈다. 언제든 도망갈 수 있도록.

남순은 밤이 되면 사람들 눈을 피해 광성에게 음식을 날랐다. 산에서 숨어 지내다 뱀한테 물려 댓잎으로 발을 묶고 밤중까지 기다

고향집 풍경·황귀옥

렸다가 지게에 실려 내려온 적도 있다. 도망자 신세라 병원도 가지 못하고, 들기름과 꿀을 먹인 침으로 찔러 까만 독을 빼고 날이 새기 전에 산으로 돌려보냈다. 광성이 죽을까 겁이 나 무서운 줄도 모르고 도마뱀을 잡아 불에 구웠는데 배가 벌겋게 터질 듯 부풀어 오르는 걸 보고 기함을 했다. 눈을 질끈 감고 바짝 구운 도마뱀을 가루로 빻아 광성에게 먹였다.

남편 대신 시아버지가 지서에 자주 끌려 다녔다. 말린 소좆 방망이로 매를 맞아 살이 불거지고 찢어져 집에 돌아오곤 했다. 어느 날은 매를 맞다 힘들었는지 남순을 불러 얘기했다.

"애야, 열 명이 넘는 식구가 한 사람 때문에 죽을 수는 없지 않니? 우리 식구를 모조리 죽일 작정이니 어쩌겠냐."

"아버님, 우리 열 사람이 죽는 게 낫지, 원둥거지 하나 죽으면 우리가 살아 무슨 소용이 있겠어요. 바지 껍데기 같은 우리만 남아 뭘 한다는 말이에요. 아버님, 이젠 걱정하지 마세요. 죽든 살든 제가 붙들려 갈 테니."

남편의 부탁으로 폭포 위 피신처에서 산치성을 드리기 위해 한밤중에 시루떡을 만들었다. 시아버지 몰래 떡을 해서 머리에 이고 폭포 길을 택해 밤길을 오르는데, 달빛에 남편이 알아보고 밧줄을 내려 보냈다. 떡을 잘 묶어 올려 산치성을 드리고 내려왔다. 그날 낮에 떡을 먹다가 해방 소식을 들었다. 6개월간의 피신 생활이 끝난 것이다. 남순은 산치성 덕분에 해방된 것이라 믿었다.

한국군 입영 후에 두 번째 탈영병이 된 광성은 20년을 밖으로 돌며 도망자로 살았다. 소를 팔아오겠다고 끌고 나가 그 돈으로 친구들과 전국을 돌며 술을 마시고, 무일푼이 되면 집으로 돌아왔다.

해방 후 가평 귀목집을 떠나 군부대가 있는 포천 일동면 조침리로 이사를 왔다. 길옆으로 세탁소와 만홧가게, 술집, 당구장, 다방, 식당, 색싯집이랑 사진관이 즐비하고 동네 사람들은 군인을 상대로 돈벌이했다. 남순은 시아주버니뻘 되는 집에 들어가 끼어살았다. 군인들이 지어준 집으로 열여덟 가구가 모여 북적댔다. 조침리로 이사 후 광성도 떠돌이 생활을 청산하고 마음을 잡는 듯했으나, 여전히 생계는 남순 차지였다.

170cm가 넘는 키에 어깨가 쩍 벌어져 엔간한 남자보다 풍채가 좋은 남순은 장사 수완이 좋았다. 군부대 고추를 빻아주고 쌀 포대나 고춧가루를 수공으로 받았다. 눅눅한 고추를 가마솥에 덖음질로 바삭하게 말린 후 학독에 갈면 매운내가 진동했다. 남순은 하루 종일 매서운 향에 콧물 눈물 다 흘려도 신이 났다. 고추에서 돈 냄새가 났다. 한집에 사는 사람들은 억척스럽게 고추를 빻는 남순에게 싫은 소리를 했다.

"아, 숨도 못 쉬겠네. 작작 좀 빻아대소."

"굴러온 돌이 박힌 돌 뺀다더니, 우리 보러 나가 살라는 건가."

사람들은 욕을 늘어놓다가도 수공으로 받아 온 쌀을 나눠주면 입이 헤벌쭉해졌다. 남순은 얼마간의 돈이 모이자, 부대 근처 양조장 옆에 널빤지로 대충 집을 지어 이사를 했다. 작은 집에 담이랑 앞문과 뒷문을 만들어 광성의 뒷일을 도모하는 것도 잊지 않았다.

부대를 드나들다 번뜩이는 생각으로 몇몇 인사계 장교를 집으로 초대해 떡이랑 술을 맘껏 먹였다. 딱한 집안 형편을 서글프게 말해

주고 부대에 남는 물건이 있으면 죽는 사람 살리는 셈 치고 갖다 달라고 부탁했다. 팔아서 반반씩 나누겠다고 했다. 장교들은 아무 대답이 없었다. 애간장이 탔다. 그런데 며칠 후 둔탁한 소리가 어둑한 밤을 갈랐다.

"쿵, 쿠 웅, 투 욱 툭 쿵, 쿵."

담 너머로 쌀가마니가 떨어지는 소리였다. 남순이 약속대로 값을 치르자, 군수품도 다양해졌다. 배터리, 양담배, 건빵 등이 담을 타고 넘었다. 쉴 틈 없이 쏟아지는 군수품 장사로 돈맛을 보니 재미가 붙었다. 쌀값 하락으로 울상이 된 옆집 아저씨를 보고 한 가지 생각이 머리를 스쳤다. 대담하게 쌀 일흔 가마니를 헐값에 사들였다가 값이 뛰었을 때 내다 팔았다. 사재기로 돈을 번 것이다. 한밤중에는 군수품이 담을 넘고, 낮에는 부대에서 두부랑 술을 만들어 달라는 요청이 들어와 잠잘 새가 없었다.

어느 겨울에는 콩 아홉 가마니로 두부를 만들었다. 맷돌 자루를 잡고 꿈결에 새벽까지 콩을 갈았다. 가마솥에 누런 두부콩을 끓여 두부를 눌러놓고 양념장을 만들었다. 막걸리 병은 군대에서 나오는 깡통을 모아 재사용했다. 이른 아침을 먹고 나면 두부랑 술통을 이고 지고 예비군 훈련장에 난전을 펼쳤다. 다른 여자가 한 동이를 팔 때 남순은 열 동이를 팔았다. 양념장을 곁들인 두부 한판이면 막걸리 두세 초롱이 금세 동났다.

군인을 상대로 장사한 지 4년이 넘어가니 군수품 단속이 심해졌다. 하루는 이불 보자기에 싼 건빵은 시아버지가 지고 남순은 보따리를 이고 새벽에 집을 나섰다. 사람들 눈을 피해 논두렁, 밭두렁

길로 가는데 단속반과 마주쳤다.

"아주머니 이게 뭐예요? 건빵 아니에요? 군대 물품을 그렇게 들고 다니면 큰일 나요. 이건 압수예요."

"난 이거 다 빼앗겨도 좋은데 내 말 좀 들어봐요. 대가족이 집도 절도 없이 남의 집에 얹혀살면서 우리 애들이 군인들한테 건빵 두세 봉지씩 받은 걸 모은 거예요. 애들도 안 먹이고……."

단속반은 사정은 딱하지만 다시는 이러지 말라고 했다. 더 이상 군수품이나 군인을 상대로 장사하기 힘들어졌다. 마을에 저수지 공사가 시작되자 객지 사람들이 들어와 품을 팔아 먹고사는 이가 늘었다. 할 일이 없어진 남순도 동네 아낙을 따라 저수지 공사판에 가서 달구지 일을 하고 돌아왔다.

"남의 품 팔러 다니면 평생 못 사네. 그만 다니소."

광성의 반대에도 우겨서 한 번 더 갔더니 집을 나가겠다며 얼마 전에 판 소 한 마리 값을 내놓으라고 했다. 고집을 아는지라 맘대로 해보라고 군소리 없이 내줬더니 사흘 만에 다 쓰고 집으로 돌아왔다.

"어떻게 이렇게 빨리 돌아왔어요?"

남순이 웃어넘기니 광성도 씩 웃고 더는 말을 안 했다.

그날 이후 다시는 집을 나가 큰돈을 쓰고 돌아오는 일이 없었다. 남순은 군수품 장사로, 광성은 소를 키워 종잣돈을 만들었다. 광성은 사격장, 가출고개, 재둔지, 지게비 등지의 싸고 개간이 덜 된 땅을 사서 개간하는 방법으로 조침리에 살림 기반을 마련했다. 광성이 마음잡고 살림을 챙기니 돈이 쑥쑥 불었다. 연병장 터에 큰 기와

집도 짓고 여섯 자녀를 출가시켰다.

  귀옥은 엄마 남순의 고향인 경기도 포천 일동면 조침리에서 둘째 딸로 태어났다. 위로는 열 살 터울의 큰오빠 영희와 다섯 살 터울의 연순 언니가 있고, 아래로 영숙, 혜숙, 백자가 태어났다. 언니 오빠는 초등학교만 졸업하고 10대에 서울로 돈 벌러 가서 명절에나 겨우 얼굴을 봤다. 설날이면 온 가족이 모여 만두를 만들었는데, 오빠 영희는 '여자일'이라며 뒤로 물러났다. 엄마 없이 자란 오빠의 친구가 놀러와 만두를 예쁘게 빚었다. 남순은 밀가루 반죽을 다담이 방망이로 얇게 밀어 만두피를 만들었다. 새알처럼 동그랗고 도톰한 밀가루 반죽이 남순 손에서 얇고 넓적한 원형 팽이로 변신했다. 버섯이랑 당근, 김치, 파, 숙주, 두부, 참기름을 넣은 만두소는 고소하고 자극적인 향이 진해 만두를 만들다 저절로 수저가 입으로 향했다. 평소에 밥을 잘 안 먹는 6남매도 손만두를 좋아해 명절마다 빠지지 않았다. 제사를 지내면 과자, 배, 사과, 약과에 전까지 음식이 넘치는데, 식구들 입이 짧아 잘 먹지 않았다. 남순은 불평했지만 광성이 좋아하는 청포묵과 두부는 자주 만들었다. 밭에 심은 돈부콩을 맷돌에 갈아 콩탕도 자주 해줬다. 광성은 밥 대신 남순이 만든 뜨끈한 콩탕에 양념장을 뿌려 먹는 걸 좋아했다.

  또랑가 옛집에는 애를 눕혀도 될 정도로 큰 함지박이 있었다. 귀옥이 밖에서 놀다 들어왔더니 연순 언니가 함지박 안에 수제비 반죽을 하고 있었다. 놀러 갔다 돌아오는 귀옥을 보고 욕을 해댔다. 혼자 집안일을 감당하기가 버거워 꼴이 난 것이다. 들에서 새알을 잔뜩 주어 기분 좋게 집에 왔는데 어이가 없었다. 화풀이로 흙 묻은 감자 껍질을 수제비 냄비에 던졌다. 가족들 저녁을 준비하던 연순은 애써 만든 수제비가 엉망이 되자 마당에 주저앉아 서럽게 울었다. 혼내지도 못하고 바보처럼 울기만 하는 모양새가 짠하고 안쓰러웠다.

　남순 품에 안길 수 있는 시간은 새벽 아궁이 앞뿐이었다. 나무 기둥과 합판에 흙을 발라 만든 정재에는 어린아이 둘은 너끈하게 들어가는 대형 무쇠 가마솥과 작은 솥 두 개가 있었다. 큰 무쇠솥은 소죽을 끓이거나 연병장으로 두부 장사를 갈 때 쓰고 작은 솥은 밥이랑 국을 끓일 때 사용했다. 가마솥에 소죽을 쑤려고 아궁이 앞에 앉은 남순의 가랑이 사이로 파고들면 가만히 머리를 쓰다듬으며 '놈아, 놈아, 도둑놈아.'를 읊조리듯 불러줬다. 푸근한 가슴과 장작개비같이 길고 비쩍 마른 허벅지는 귀옥의 몸에 맞게 벌려졌다 오므려졌다. 자신만을 위한 공간에 몸을 맡긴 채 노래를 듣노라면 새벽 찬 공기는 뜨거운 장작불에 스르르 녹아내렸고, 다독이는 손길 아래 선잠이 들었다.
　한번은 광성이 산달이 임박한 암소를 데리고 나무하러 갔다가 달구지에 송아지를 싣고 내려왔다. "웬 송아지예요, 아부지?" 했더니, 밭에서 낳았다고 말해 박장대소했다. 다음날 광성은 빈 지게를 가져가 산에 해놓은 땔감을 챙겨왔다. 뒷문 옆에는 작은 외양간이 있었는데, 암소는 안에 키우고 송아지는 마당에 놓아 키웠다. 태어나서부터 가족처럼 지내 강아지처럼 말을 잘 알아들었다. 귀옥이 "매매야! 매매야!" 부르면 껑충껑충 뛰어와 머리를 쓰다듬었다. 막냇동생 백자가 올라타고 놀아도 성내는 법이 없었다. 광성은 마당에서 밥을 먹다 매매가 곁에 오면 자신의 수저로 흰쌀밥을 크게 떠먹였다. 남순은 짐승이랑 한 수저질한다며 질색했지만 개의치 않았다.

귀옥은 1월생이라 일곱 살에 운당국민학교에 입학했다. 연순 언니가 다닐 때는 분교여서 4학년까지만 수업하고 5학년 때 일동국민학교로 옮겨 졸업했는데 그 후에 정식 학교가 되었다. 바느질 솜씨가 좋은 남순은 입학식 날 입을 분홍색 치마저고리를 직접 만들었다. 작은 키에 분홍색 댕강 치마를 입고 보자기 가방을 옆으로 둘러멨다. 작은 교실에 일흔세 명이 모여 공부했는데 두세 살 나이 터울은 기본이었다. 평소에는 중간 성적이었지만 마음먹고 공부하면 10등 안에 들었다. 갑자기 반에서 3등을 하자, 선생님이 다음 시험 때 한쪽 귀퉁이로 책상을 떼어 시험 치르게 했다. 의심하는 선생님 탓에 공부 재미가 떨어졌다. 남순은 장사하느라 바쁘고, 광성도 성적표를 보고 잘했다는 얘기가 없었다. 성적이 엿가락처럼 들쭉날쭉해도 나무라는 어른이 없어 공부가 중한 줄 몰랐다. 친구들이랑 자치기나 마루치기 하거나 산에 찔레를 꺾으러 다니며 6년을 보냈다.

한 학년 위지만 나이가 세 살 많은 금숙은 만홧가게를 하는 친오빠네서 살았다. 만화책을 좋아하지만 읽기가 서툴러 등굣길 책가방에 몰래 챙겨와 귀옥에게 건넸다. 금숙이 들을 수 있게 큰 소리로 읽으며 학교까지 10리길, 고개 세 개를 넘었다. 매일 새로운 만화책과 함께 고개를 넘으니 지루한 등굣길이 짧게 느껴졌다. 귀옥과 금숙은 쌍둥이처럼 감탄사를 내뱉었다. 눈보라가 치는 날에는 고갯길을 휘돌아 치는 눈발과 맞서며 학교에 갔다. 새우처럼 눈을 가늘게 뜨고 걷다 보면 강한 눈발에 눈물이 주르륵 흘렀다. 그래도 학교 가기 싫다는 생각은 안 들었다. 봄이면 지천에 찔레꽃이며 아카시아꽃이 흐드러지게 피어 고갯길에 꽃향기가 진동했다. 1학년 때는 엄마가 만들어 준 보자기 책가방을 옆으로 메고 다녔는데, 2학년 때 책가방이 생겼다. 처음에는 날렵한 직사각형 틀이 잡힌 소중한 가방을 잃어버릴까 앞으로 메고 다녔다. 점점 익숙해지니 무거운 책가방은 빨리 벗어 던지고픈 천덕꾸러기가 되었다. 학교에서 집에 오는 길에 아름드리나무와 잔목 사이로 새들이 보이면 얼른 새알을 주워 담을 생각에 가방부터 집어 던졌다. 가출고개 풀숲을 뒤지면 달걀보다 조그맣고 얼룩무늬가 있는 새알이 여기저기 숨겨져 있었다. 억센 풀에 다리가 베이는 줄도 모르고 치마 한가득 새알을 모았다. 집에 가져오면 남순이 삶아줬는데, 안에 작은 새가 있어 깜짝 놀란 적도 있다.

다음 날 학교에 가려고 책가방을 찾는데 보이질 않았다. 새알에 정신이 팔려 가방을 벗어놓고 잊어버린 것이다. 눈치를 보며 안방 이불을 몇 번씩이나 들척이고, 할아버지가 자는 윗방엘 가 봐도 쌀가마니만 천장까지 쌓여 있을 뿐이었다. 온 집안을 뒤져도 가방이 안 보였다. 가방이 없으면 학교에 못 간다는 생각에 덜컥 겁이 났다. 울상이 되어 뱅글뱅글 집안을 도는데 남순이 불러 세웠다.

"요놈 새끼, 너 책가방 어디에 팔아먹고 왔어?"

꿀밤을 때리며 가방을 내밀었다. 장사하고 돌아오는 길에 고갯길에 버려진 가방을 주워 온 것이다.

아홉 살 때였다. 하루는 금숙이네서 만화책을 보다 해넘이에 집에 왔더니 남순이 욕을 퍼부었다. 귀옥은 서운했다. 욕을 하며 대들었더니, 남순이 손목을 잡고 나무 청으로 데려가려 했다. 팔목을 비틀고 빠져나와 발발이처럼 도망쳤다. 학교 가는 가출고개를 지나 새터고개까지 넘었다. 뒤를 돌아보니 남순이 욕을 하며 계속 쫓아왔다. 뱀마을까지 서로 욕을 해대며 쫓고 쫓기는 레이스를 계속했다. 키다리 아줌마로 불렸지만, 키만 크고 빼쩍 말라 어린 귀옥보다 달리기를 못했다. 숨을 헐떡이며 뱀마을 어귀에 주저앉아 고개를 절레절레 흔들었다. 앞서가는 귀옥을 불러 살살 달랬다.

"안 때릴 테니, 이제 집에 가자."

"안 가"

"내가 잘못했어. 집에 가자."

집에 돌아온 남순은 일절 그 일로 꾸짖지 않았다.

광성이 매를 들려고 해도 잽싸게 도망쳐 맞아본 적이 없었다. 한번은 말다툼하고 대들다가 광성이 크게 화난 걸 보고 도망을 쳤다. 허벅지까지 새하얀 눈이 쌓여 사방의 경계가 흐릿한 날이었다. 앞으로 발을 뻗으면 허벅지까지 쌓인 눈이 방해 공작을 펼쳐 뛰는 게 불가능했다. 급하게 도망치려다 눈밭에 처박혔다. 창피하고 뜻대로 되지 않아 서러웠다. 눈물이 났다. 쫓아오던 광성은 쌓인 눈을 한가득 퍼서 엉엉 우는 귀옥에게 뿌리고 두말없이 가버렸다. 개울가에서 물놀이할 때처럼 장난스러운 제스처였다. 집에 돌아온 귀옥을 다시 나무라지 않았다. 뒤끝이 개운한 건 둘이 똑같았다.

동생 영숙이 국민학교에 입학하자 등굣길이 편해졌다. 가을걷이가 끝나면 광성이 볏짚을 챙겨주는 대신 군인들이 차에 태워줬다. 집에 올 때는 걸어야 해서 꾀가 났다. 지나가는 차에 손을 흔들었더니 미군 지프차가 멈춰 섰다. 화물칸에 군인들을 잔뜩 실은 차는 좌우로 마주 보고 앉는 구조였다. 날쌔게 차에 올라 영숙의 손을 잡고 자리를 잡았다. 군복을 입은 하얀 백인들 사이에 온몸이 새까만 괴물이 군모 사이로 치아를 드러냈다. 충혈된 붉은 눈동자와 새하얀 치아가 공중에 떠다니는 듯했다. 시선을 돌리지도 못하고 그대로 얼음이 되어버렸다. 다시 내리겠다는 말도 못 하고 오줌을 지렸다.

고학년이 되면서 동네 아이들과 마을을 돌며 철근 도막이랑 못 대가리, 깨진 병 조각, 사격장의 총알 파편을 주워 고물상에 팔았다. 군부대와 연병장에서 주운 하잘것없는 것에 값이 매겨진다는 게 신기했다. 총알 파편은 값을 많이 쳐줘 아이들 사이에 인기였다. 큰 버스 차창 밖으로 들어오는 시원한 바람과 친절한 안내원을 만날 수 있는 버스비를 스스로 벌었다는 뿌듯함이 넘실넘실 차올랐다.

대부분은 도시락을 싸왔는데 학교에서 점심밥으로 가마솥에 옥수수죽을 쒀서 나눠주기도 했다. 겨울이 되면 각자 집에서 십시일반으로 나무 장작을 챙겨왔다. 책가방을 메고 장작 두 개를 양손에 들고 10리를 걸었다. 한 반에 일흔세 명이 공부해서 한두 개씩 챙겨오면 그해 교실은 춥지 않았다. 점심시간에는 난로 위에 양은 도시락통을 올리려고 경쟁이 붙었다. 봄에는 여자애들끼리 운동장 느티나무 아래 자리를 잡고 소풍하듯 도시락을 까먹었다. 시원한 그늘에 둘러앉아 서로의 도시락을 나눠 먹고 근처 개울가에서 빈 도시락통을 씻었다. 짓궂은 남자애들은 개울가 여자애들에게 돌을 던져 물을 튀겼다. 그날도 남자애들 장난에 돌멩이가 날아다녔다. 개울가에 앉아 도시락을 씻던 귀옥은 머리가 핑 돌아 휘청댔다. 앞에 있던 친구가 외쳤다.

"이마에 피!"

이마를 타고 붉은 피가 주르륵 흘러내렸다. 놀란 아이들이 귀옥을 데리고 양호실로 우르르 몰려갔다. 선생님은 빨간 약을 바르고 귀옥의 이마에 붕대를 감았다. 집에 갔더니 하얀 붕대를 보고 남순이 씩씩거렸다.

"어떤 놈이 귀한 우리 딸 이마를 흉 지게 한 거야. 당장 이름 대! 내가 가만 안 둘 테니!"

엄마가 참말로 친구를 혼낼까 봐 개울을 건너다 넘어진 거라 얼버무렸다.

어려서부터 유난히 눈에 탈이 자주 났는데 남순은 민간요법을 맹신했다. 화로에 고기를 구우면서 그 연기를 눈에 쏘이게 했다. 고기 연기가 눈에 용하다는 소문을 들은 것이다. 눈알에 녹두알 같은 게 생기면, 삼 잡는 사람을 데려왔다. 정화수를 떠놓고 큰 칼과 수수깡을 세워놓고 이상한 주문을 외웠다. 신기하게도 삼 잡는 사람이 다녀가면 금세 좋아졌지만 효과는 며칠 못 갔다. 광성은 의학의 힘을 믿었다. 주사약을 사서 손에 들려주며 주사 놓는 집에 다녀오라고 했다. 원인 모를 눈병은 고질병이 되어 좋아졌다 나빠지기를 반복했다. 보다 못한 광성이 서울 안과에 데려가기도 했다.

조침리 집 앞으로 개울이 흘러 빨래터를 이용하는 이웃들이 자주 왕래했다. 집 구조나 자재는 비슷한데 다른 집과 달리 방에도 앞뒷문이 있고 대문에도 앞뒷문이 달려 있었다. 광성의 도피로인 줄 모르는 귀옥은 한 번도 빗장이 잠긴 적 없는 대문이 이상했다. 두 번째로 이해 안 가는 건 우물을 집안이 아니라 대문 밖에 판 것이다. 앞대문으로 들어오면 기다란 구조의 정재가 터널처럼 뚫려 있었다. 이웃들은 스스럼없이 귀옥네 남문으로 들어와 정재를 가로질러 북문으로 나가 물을 뜨러 다녔다. 우물이 귀할 때라 아침저녁으로 밥할 시간이 되면 동네 사람들이 뻔질나게 들고 날고 했다. 정재 바닥에 길이 나 맨질하게 윤기가 흐를 정도였다. 앞마당은 사계절 볕이 잘 들어 귀옥이 좋아하는 곳인데 이웃들의 어수선한 왕래로 정신이 하나도 없었다. 세 번째로 이상한 건 가족들이 그런 불편을 당연한 듯 받아들이는 거였다.

봄가을로는 기분 좋은 소슬바람을 벗삼아 마당에 멍석을 깔고 밥을 먹었다. 싸리담 너머 물을 긷던 이웃은 가족들의 대화에 맞장구를 치기도 하고 자연스레 끼어들기도 해 비밀이 없었다. 광성은 우물 옆에 자두나무를 심었는데, '동네 자두나무'로 불렸다. 자두가 빨갛게 익으면 아이들은 가져온 물동이에 잘 익은 자두를 따 담았다. 아이들이 몰려와 "자두다!"를 외치면 귀옥도 싸리 담장을 돌아 우물가로 뛰었다. 아이들과 경쟁하듯 자두를 따서 치마에 담았다. 광성이 주인행세를 하면 좋을 텐데 귀옥이 골을 내도 웃고 말았다. 싸리담에 샛문을 내면 아침저녁으로 물 긷기도 편하고 자두도 빨리 딸 수 있을 텐데 속을 알 수 없었다. 대문밖에 넝마를 줍는 사람이 기웃기웃 배곯는 소리를 하면 남순은 된소리를 하며 돌려보내는데 광성은 먹던 밥까지 나눠줬다. 거지가 동냥하러 와도 마찬가지였다. 집에 있는 건 사람 가리지 않고 나눠먹었다.

열세 살 여름, 홍수가 나서 개울가에 있던 집 마당까지 물이 찼다. 군인들이 장독이랑 보리쌀 낱가리 묶음을 뭍으로 옮겨줬다. 개울물이 크게 불 때마다 걱정하던 광성은 이번 참에 집을 옮기기로 결심했다. 물 대기가 어려워 힘들게 농사짓던 논 아홉 마지기를 군부대가 이전하면서 민간으로 넘어간 불모지 연병장 땅과 바꿨다. 군인 차로 진흙을 몇 차씩 부어 자갈밭 맹지를 기름진 땅으로 바꿔 놓았다. 개간한 땅에 샘을 파고 양수기를 돌리니 농사지을 때 물 걱정할 필요가 없었다. 천수답을 수답으로 바꾸는 걸 보고 우리 아버지가 똑똑하구나 싶었다. 연병장 땅은 개울가 헌집보다 300m 정도 위쪽에 있어 신작로랑 가까웠다. 광성은 어른 몸통보다 몇 배나 큰 통나무를 사 와 새집에 사용할 대들보를 직접 재단했다. 기둥이 일곱 개나 나왔다. 2년에 걸쳐 디귿자 형태의 집을 차근차근 지었다. 방이 세 개나 있고 돌담 안에 너른 마당이 딸린 집이었다. 지붕에 돌기와를 얹고, 커다란 나무 대문도 만들었다. 할아버지가 지낼 윗방과 식구들이 함께 잘 안방은 이웃하고 마루랑 부엌 옆으로 창고랑 소마구도 지었다. 마루에서 우측으로 튀어나온 건넛방에는 따로 부엌을 만들어 군인 부부에게 세놓았다.

집이 완성되어 가는데 할아버지는 허름한 초가집을 떠나지 않겠다고 버텼다. 광성이 화를 내고 온 가족이 설득해도 할아버지의 고집을 꺾지 못했다. 남순이 밥과 찬거리를 해주면 귀옥이 할아버지한테 삼시세끼 밥을 날랐다. 남순은 개울가에 어둠이 깔리면 을씨년스러워 무섭다고 했지만 귀옥은 할아버지가 지키는 옛집이 무섭지 않았다. 여름이 지나고 가을이 되었다. 할아버지는 장작을 구하러 산에 갔다 넘어져 몸져 누웠는데도 헌집을 고집했다. 가족들이 번갈아 설득해도 무쇠 고집이었다. 기력이 쇠약해져 죽만 겨우 넘기는 할아버지가 비에 젖은 곤줄박이 새처럼 위태로워 보였다.

"할아버지, 저랑 새집 보러 가요. 집 앞마당에 우물도 있고, 할아버지 방도 엄청 넓어요. 저랑 같이 가요. 네?"

귀옥이 졸라도 고개를 저었다. 호롱불 아래 꼼짝도 안고 누운 할아버지가 얼마나 답답할까 싶었다. 두툼한 어둠이 개울가 헌집을 둘러쌀 때까지 친구들과 놀러 다닌 일을 재잘거리다 돌아왔다.

추석이 되어 광성이 비싼 소고기를 사 왔다. 남순은 고기를 듬뿍 넣어 소고기죽을 끓였다. 향긋한 참기름과 고기 향이 진동하는 죽을 식지 않게 보자기에 싸서 품에 안고 뛰었다. 수척한 얼굴의 할아버지는 겨우 눈만 마주쳤다. 귀옥이 따뜻한 죽을 호호 불어 한 수저 먹이는데 할아버지의 흰자가 뒤집혔다. 경련을 일으키는 모습에 놀라 죽그릇을 집어 던지고 오르막길을 내달렸다. 의사를 불렀지만 그대로 깨어나지 못했다. 열네 살 때 첫 죽음을 목격했다.

광성은 군대 가 있는 큰아들 영희한테 연락해 3일 휴가를 받았다. 군복 입은 영희 오빠가 할아버지를 산소에 파묻고 하관까지 마쳤다. 엊그제까지만 해도 재잘대는 소리에 미소짓던 할아버지가 축축하고 답답한 산 아래 묻혔다. 상여 나가는 소리와 비현실적인 장면들이 머릿속을 떠나지 않았다. 광성은 헌집의 판자를 뜯어 새집의 창고 자재로 사용했다. 안 그래도 허름하던 초가집이 앙상하게 뜯겨나가는 걸 보니 눈물이 났다. 할아버지와 추억이 공중 분해되고 있었다. 상례로 할아버지를 땅에 묻고 탈상하는 3년간 밥상을 차려놓았다. 헌집을 허물기 전에는 할아버지 방에 촛불을 켜놓고 아침저녁 하루 두 번 밥상을 차렸다. 상에는 좁쌀과 쌀밥을 섞은 고봉밥에 계절 나물 서너 가지랑 탕국을 올렸다. 새집으로 옮겨서도 상을 차렸는데, 상 주변에 광목을 천장에서 바닥까지 커튼처럼 늘어뜨려 놨다. 농사짓느라 바빠서 할아버지 영정만 가져오고 샛문 달 시간이 없었다. 바람이 불면 광목천이 긴 몸뚱이를 휘청이며 너울댔다.

"언니, 언니, 할아버지가 밥 먹고 갔어."

여섯 살 먹은 막냇동생 백자는 그걸 보고 할아버지가 다녀간 거라 했다. 광성은 바람에 나부끼는 광목천이 불효자라 꾸짖는 듯해 마음이 심란했다. 백자 꿈에 할아버지가 자주 나온다는 얘길 듣고 농사일을 멈추고 바로 샛문을 달았다.

농사꾼한테 마당은 보물이다.

대문 안에도 마당이 있고 대문 밖에도 넓은 마당을 만들었다. 마당이 모래밭이면 깨를 털 때 작은 깨와 모래가 뒤섞여 1년 농사를 망칠 수 있다. 참깨랑 콩을 도리깨질하고 수확한 고추와 볍씨를 말리는 마당질에 중요한 공간이었다. 광성은 연병장 자갈밭에 진흙을 겹겹이 발라 맨질맨질하게 연마했다. 연병장 터는 나무 한 그루 없는 허허벌판이라 개울도 샘도 없었다. 귀옥은 집 짓는 2년 동안 신작로 건너 다리 밑까지 물을 길으러 다녔다. 무거운 물동이를 들고 오르막길을 오르내리면 종아리에 알이 배었다. 광성은 농사지을 샘을 먼저 파고 새집 앞마당에도 우물을 팠다. 일꾼들을 불러와 스무 날 넘게 흙을 파내고 아래부터 사방에 돌을 쌓아 올렸다. 깊은 우물에 항상 맑은 물이 가득한 게 신기했다. 영희 오빠는 조카들을 데리고 조침리 집에 내려와 잠시 같이 살았다. 두레박 끈을 내려 물을 길었는데, 잘못해서 끈을 놓치면 방법이 없었다. 동생 영숙이나 백자가 내려간다고 하면 말리고 귀옥은 말리질 않았다.

"고모가 들어갈까?"

물으면 조카들이 고개를 끄덕였다. 귀옥은 우물 안을 들여다봤다. 어둠을 집어삼킨 우물의 깊이는 알 수 없지만 만드는 과정을 지켜봐서인지 무섭지 않았다. 우물 옆에 다리를 벌려 보니 오르내릴 만해 보였다. 두 다리를 쫙 벌리고 등을 벽에 기댄 채 양손으로 지탱했다. 다리와 손바닥 힘에 의지해 우물 아래로 내려갈수록 등 뒤로 짜릿하게 차가운 촉감이 느껴졌다. 두레박 끈을 가지고 올라가면 동생과 조카들이 기다렸다 박수치며 우러렀다. 한번은 의기양양하게 우물을 오르다 남순한테 들켜 호되게 볼기짝을 맞았다. 그 후론 동생들 입단속을 하고 망을 보게 했다.

금숙은 엄마 아빠가 없었다. 만홧가게를 운영하는 큰오빠랑 살았는데 외출 나온 군인들이 자주 이용했다. 금숙은 옆집 오빠랑 몰래 연애했는데 만날 때마다 귀옥을 데려갔다. 귀옥의 시선은 아랑곳하지 않고 야한 짓을 일삼아 민망해지곤 했다. 둘 다 국민학교를 졸업했지만, 금숙은 읽고 쓰는 게 서툴렀다. 연애하던 오빠가 군대에 가자 귀옥이 편지를 대필했다. '재성 오빠 보아요.'로 시작하는 편지글에 순정 만화에서 본 연애 감정을 쏟아부었다. 편지를 보내기 전, 귀옥이 콧소리 내며 읽어주면 금숙은 배꼽을 잡았다. 옆집 오빠는 제대 후에 금숙과 결혼했는데 귀옥에게 고맙다며 큰 앨범을 선물했다. 재성 오빠의 아버지는 폐병 환자였는데, 금숙의 남편이 일찍 사망했다는 얘기를 나중에 전해 들었다. 냄비 팔러 다니는 떠돌이 총각과 결혼한 친구도 있었다. 왜 그런 남자와 결혼하는지 이해되지 않았다. 귀옥은 다짐했다. 학벌도 가진 것도 없지만, 존경할 수 있는 사람과 결혼하리라.

뒷집 종숙도 귀옥보다 세 살 원데 조숙한 귀옥과 말이 잘 통했다. 종숙의 친척 남자애는 부모가 일찍 세상을 떠나 종숙이네서 지냈다. 또래 남자애가 같이 살게 된 후 종숙은 어딘가 불편해 보이고 낯빛이 어두워졌다. 걱정스러운데 알은체할 수 없었다. 어느 날 종숙이 귓속말로 고민을 털어놨다.

"나는 밤에 잘 때 옷을 하나 더 입고 자."

"이불 놔두고 왜? 답답하지 않아?"

"친척 애가 야한 영화를 보고 온 날 밤에 자꾸 내 몸을 더듬어. 싫은데 어떻게 해야 할지 모르겠어."

가족들이랑 한방에서 자는데, 알게 될까봐 옷을 두 겹으로 입고 참는다고 했다. 친구가 걱정되어 남순에게 이야기했는데 남자애를 단속하라고 종숙의 엄마한테 말해버렸다. 이웃집을 통해 딸이 추행당한 이야기를 들은 종숙의 엄마는 얼굴이 화끈 달아올랐다. 네가 칠칠치 못해 벌어진 일이라며 되려 종숙을 나무랐다. 며칠을 집에 틀어박혀 울다 귀옥을 찾아왔다.

"너를 믿고 비밀을 이야기한 건데. 이 고자질쟁이! 다시는 내 얼굴 볼 생각 하지 마!"

귀옥은 말문이 막혔다. 걱정되어 한 말이 친구를 곤란하게 만든 것이다. 그 사건을 계기로 종숙과 멀어졌다.

마을에는 동네를 가로지르는 큰 도랑이 있어 1년에 한두 번 어독초를 풀어 물고기를 잡았다. 극성맞은 귀옥만 마을 아줌마들을 따라 나가 기절한 미꾸라지며 피라미, 붕어를 한 바구니씩 잡아 왔다. 장사하고 돌아온 남순은 물고기를 손질해 미나리를 넣고 진한 매운탕을 끓였다. 생선을 안 좋아해도 직접 잡은 물고기가 저녁 밥상에 올라오면 젓가락이 갔다. 봄에 취나물이 나기 시작하면 동네 아줌마들은 큰 광주리와 보자기를 챙겨 깊은 산속으로 들어갔다. 하릴없이 지루한 봄철, 산행은 어떤 모험보다 재밌었다. 한번은 옆집 아줌마가 가출고개 너머에서 뱀을 잡아 자기 집에 가져다 놓으라고 귀옥에게 심부름을 시켰다. 되돌아가 뱀을 놔두고 오면 일행을 놓칠 게 뻔했다. '어차피 나를 줄 것도 아니면서!' 앞서가는 일행 쪽으로 자리를 피했다. 마을길은 굼뜨게 걷던 아줌마들이 산에만 가면 축지법이라도 쓰는 듯 발이 빨랐다. 잠깐만 한눈을 팔아도 일행을 놓치기 쉬웠다. 한번 산에 가면 고개를 몇 개씩 넘으며 산나물을 뜯어 뒤꽁무니를 따라다니기 바빴다. 나물 보따리는 홀쭉해도 시원한 계곡에서 먹는 점심이 기다려졌다. 학교를 졸업하고 집에만 있을 때는 고기반찬도 마다했는데, 산에서는 삼베 보자기에 싼 주먹밥에 김치 한 가지만 있어도 입맛이 돌았다. 시원한 계곡물 소리에 맞춰 부르튼 종아리를 문질렀다. 저녁나절에 산나물을 한 광주리 따서 가져오면 남순 얼굴에 화색이 돌았다. 밭에서 딴 깻잎이랑 대파 바구니에 귀옥이 따온 취나물과 고사리를 추가해 다음날 새벽 장사를 나갔다.

학교 졸업 후 친구들은 공장에 취직하거나 식모살이하러 외지로 떠났다. 영희 오빠도 국민학교만 졸업하고 서울에서 연탄공장에 다녔는데 연순 언니는 공부 욕심이 대단했다. 중학교 책을 사서 독학으로 공부하고 군인 가족한테 모르는 부분을 물어볼 정도로 열성이었다. 남순은 아들도 안 보낸 중학교에 가려고 기를 쓰는 연순을 억눌렀다. 속이 상해 편지를 남기고 수녀원에 들어간다고 떠난 언니를 포천터미널에서 잡아 오기도 했다. 그때 큰딸의 가방에 죄다 허름한 옷뿐인 걸 보고 남순은 속이 상해 울었다고 했다. 장사하고 돈 버는 일에 정신이 팔려 멀쩡한 옷 한 벌 사준 적이 없다는 걸 그때야 깨달았다. 결국 꿈 많은 연순 언니는 양장학원에 다녀 독립하겠다며 열여덟에 서울로 떠났다.

귀옥은 부모님이 하라는 대로 국민학교만 졸업하고 집에서 놀았는데 넷째 영숙은 중학교에 가겠다며 책상 앞을 떠나지 않았다. 반대하던 남순도 딸의 고집을 꺾지 못했다. 영숙은 중학교에 가서도 학교 공부에 열심이었다. 욕심이 많아 도서관에서 책을 잔뜩 빌려 놓고 교과서를 보느라 책을 읽을 시간이 없었다. 영숙이 빌려온 소설책은 귀옥이 소일거리로 읽었다. 다섯째 혜숙은 엉뚱한 데다 성질이 급해 제 뜻대로 안 되면 기절하기 일쑤였다. 광성은 그런 혜숙을 데리고 자고 수시로 챙겼다. 귀옥은 혜숙이 어리광을 부리면 호되게 야단쳤지만, 막냇동생 백자는 똑 부러지고 야무져 마냥 예뻐했다.

광성이 산에 나무하러 가면서 "누가 갈래?" 하면 귀옥만 따라나섰다. 산은 철마다 색동옷을 갈아입고 각종 나물과 알밤이 넘쳐났다. 광성이 쟁기에 쓸 나무를 골라 자르고 다듬는 동안 귀옥은 혼자이고 갈 수 없을 정도로 욕심껏 나물을 따 담았다. 묵묵히 할 일을 끝마친 광성은 쟁기용 나무를 끌고 앞장서서 걸었다. "힘드냐?"는 말 한마디 없이 성큼성큼 산길을 내려갔다. 무거운 나물 보따리를 이고 뒤따르면 머리가 짓눌려 깨질 듯이 아팠다. 잰걸음으로 쫓다 지쳐 눈물이 났다. 다 내던지고 싶은데 나물 보따리를 보고 좋아할 엄마 생각에 한주먹도 버릴 수가 없었다. 훌쩍이는 울음소리가 높아지면 광성은 저만치 멈춰 섰다, 울음이 잦아들면 뒤도 안 돌아보고 다시 걸었다. 산중에 걸린 해가 턱걸이하듯 사방을 붉게 물들이면, 귀옥의 걸음도 빨라졌다. '내가 다시는 아버지 따라가나 봐라!' 했다가 또 따라나섰다. 어린 동생들과 경쟁하지 않고 광성을 독차지할 수 있는 시간을 포기할 수 없었다. 물 없는 논 아홉 마지기를 팔아 새집을 짓고, 무논으로 만든 광성은 귀옥의 영웅이었다. 말수도 적고 키도 작았지만, 옆에 서면 든든했다.

열여섯 살 때 동네에 대형 저수지 공사가 시작되었다. 기계 없이 인력으로 저수지 기반 공사를 할 때라 인부 몇백 명이 투입되었다. 전국에서 돈 벌러 온 사람들이 흙벽에 판잣집을 짓고 살았다. 특히 전라도 사람들이 많았는데, 하루 벌어 하루 먹고 사는 사람들이라

비가 와서 공사장 일이 끊기면 귀옥의 집으로 고추장이며 된장, 김치를 얻으러 왔다. 일도 안 하고 곰방대만 피워대는 아내와 어린 형제를 책임지는 불쌍한 사내가 안쓰러워 먹을 걸 나눠줬다. 그 옆에는 전라도 6형제가 살았는데, 기운이 세고 과격해 동네에서 소문이 안 좋았다. 맨날 형제간 싸움에 바위가 날아다니고 큰소리가 담장을 넘었다. 동네 사람들은 천둥벌거숭이로 가난하고 과격한 전라도 사람들을 '개똥쇠'라 부르고 무시했다.

동네 친구들이 저수지 공사장에 일하러 간다고 해 귀옥도 따라갔는데 세 살 어린 미성년이라고 써주지 않았다. 전라도 사람들은 흥겹게 노동요를 부르며 바닥다짐 일을 했다. 듣고만 있어도 어깨가 들썩이는 노래들이었다. 귀옥은 혼자 집에 가고 싶지 않았다. 친구들 사이에 끼어 2인 1조로 나무토막에 끈을 연결해서 바닥 다지는 일을 도왔다. 묵묵히 일하는 걸 본 책임자는 한 달 후부터 밀가루랑 옥수수가루 두세 포대를 임금 대신 챙겨줬다. 집에 밥이나 찬거리가 떨어진 적은 없지만 여럿이 어울려 일하는 시간이 즐거웠다. 쓰임새 있는 사람이 된 기분이었다.

귀옥은 친구들과 푼돈을 모아 영화를 보러 군인극장에 다녔다. 돈이 없으면 담을 넘어 몰래 영화를 즐겼다. 부대에서 영화를 상영하는 날은 길게 늘어선 군인들 틈에 끼어들어 갔다. 아무 군인이나 사귀어 걸레라고 소문이 난 동네 철부지도 있어 몸가짐이 조심스러웠다. 머리는 커 가는데 마땅히 할 일이 없어 답답했다. 광성을 따라 밭에 일하러 나갔다가 들끓는 심장이 비쭉비쭉 튀어나와 자주 어깃장을 놓고 싸웠다. 보다 못한 남순이 동네 빵공장에 취직을 시켜줬는데, 몇 달 만에 공장이 문을 닫아 직장을 잃었다. 재미가 붙었는데 다시 집에 돌아와 지내니 불만만 늘었다.

농한기가 되면 광성은 잔뜩 멋을 부리고 읍내에 나갔다. 어깨가 넓어 보이는 긴 모직코트를 입고 옆 가르마에 포마드를 바르고 친구들과 어울렸다. 어린 시절 영웅이던 광성이 왜 평범한 사람들과 어울려 횡설수설하는지 당최 알 수가 없었다. 이미 얼큰하게 술이 오른 광성은 친구들을 데리고 집에 왔다. 남순은 싫은 내색 없이 안줏거리로 술상을 봤다. 광성이 불콰한 얼굴로 술심부름을 시키면 귀옥은 잔뜩 성이 난 채 싫은 티를 냈다.

"귀옥이는 기운 센 신랑 얻어줘야지. 안 그러면 울 너머로 던져버릴걸?"

함께 온 광성의 친구들은 귀옥의 심드렁한 모습을 보고 놀랐다.

영숙이 사온 잡지 뒷면에 적힌 베트남 파병군인 이름을 보고 처음 펜팔을 시작했다. 심심풀이로 편지를 썼는데 신기하게 답장이 왔다. 답답함을 털어놓을 친구가 생겨 좋았다. 펜팔은 귀옥이 현실을 벗어나는 유일한 탈출구였다. 미지의 군인에게 스스럼없이 달콤한 말을 적어 보내도 직접 만날 일이 없으니 마음이 편했다. 장난으로 연애편지 비슷하게 편지를 주고받았는데 파병 갔던 군인이 동네 빵집으로 찾아왔다. 그를 보고 덜컥 겁이 나 편지를 중단했다.

붉은 낙엽이 떨어지는 가을이었다. 불쏘시개용 낙엽은 갈퀴로 긁어모아 정재 한쪽에 쟁여두고 겨울 땔감을 찾아 가출고개를 넘었다. 그곳에서 군인 한 명과 마주쳤다. 군복을 입고 양지바른 언덕에 누워 책을 읽고 있었다. '우리 아버지처럼 탈영병인가?' 싶어 호기심이 들었다.
"길을 잃은 거면, 내려가는 길 알려줄까요?"
"유격부대 소속 군인이에요. 저수지에 훈련 나왔는데 지루해서 잠깐 바람 쐬러 빠져나온 거예요."
"탈영병인 줄 알고 깜짝 놀랐어요. 그 책 다 읽었으면 나 빌려줄래요?"
"벌써 몇 번이나 읽어 외울 정도예요."
그렇게 인연이 되어 종종 책을 빌리고 편지를 주고받는 사이가 되었다. 귀옥이 두세 장 편지를 쓰면, 그는 엽서에 붓글씨로 몇 글자씩 적어 보냈다. 마음 표현에 인색한 사람이었다. 그가 빌려주는 어려운 철학책을 읽으면 마음속 소용돌이가 태풍을 만난 듯 몸집을 부풀렸다. 귀옥을 흔드는 커다란 질문과 의문점을 대놓고 묻지 못했다. 그저 우문현답처럼 편지를 주고받으며 불안한 미래와 답답한 현실을 토로했다. 출구를 찾아 탈출을 감행하고 싶었지만, 할 줄 아는 게 없어 답답했다. 동생 영숙처럼 중학교에 가겠다고 할 걸 후회되었다.
불투명한 미래가 목까지 차올라 숨이 막힐 듯했다. 자신에 대한 불만을 가시 돋는 말로 되갚던 시절이었다. 몰래 펜팔을 계속하자 외출금지령이 내렸다. 화를 주체하지 못하고 광성에게 대들었다. 귀옥의 얼굴에는 어렸을 때 상처를 숯불로 지진 자국이 있어 인상을 쓰면 얼굴이 험상궂게 변했다. 구겨진 얼굴을 보이고 싶지 않아 광에 숨어버렸다. 남순은 부녀의 잦은 마찰에 골머리가 아팠다. 어느 편도 들을 수 없어 안절부절못했다. 격돌하는 부녀를 떼어놓으려고 숙식 제공하는 일동면 빵공장을 소개했다. 사장은 외지에 살고 달에 몇 번 공장을 방문했다. 주방 아주머니가 방 청소를 시켜 엉덩이를 치켜들고 걸레질하는데 지켜보던 사장이 손끝이 야무지다며 칭찬했다.

"너 우리 집 가서 살래?"
"식모살이는 싫어요……."
"요즘 애들은 왜 넘의 집에서 안 살려고 해!"
사장은 아쉬운 듯 돌아섰지만, 귀옥은 불쾌한 시선을 피해 빵공장을 그만뒀다.

비좁은 일동면에는 일할 곳이 마땅찮았다. 영등포 양장학원을 나와 서울에서 일하는 연순 언니한테 일자리를 알아봐 달라고 부탁했다. 처음 소개해준 곳이 당구장 카운터 업무였다. 당구대랑 담배 재떨이를 정리하고 카운터를 봤는데 학교에서 배운 주판 덕에 계산이 빨랐다. 영등포 사거리는 수많은 소음의 잔치마당이었다. 자전거랑 자동차 가는 소리, 길을 건너는 사람들의 소음이 뒤섞여 2층 창문을 통해 당구장으로 빨려들었다. 한적한 시골에서 살다가 도시의 소음이 폭발하는 당구장에서 일하니 머리가 터질 듯 지끈거렸지만 점차 소음에 무뎌졌다. 밤에는 3층 숙소에서 1층 다방 레지 언니들과 함께 잤는데 들락거리는 소리에 밤잠을 설치는 날이 많았다. 세끼 밥은 당구장 지하 식당에서 해결했다. 레지들은 파인 옷에 짧은 미니스커트를 입는데, 마담은 매일 다른 한복을 갈아입었다. 귀옥은 꿈에서 본 선녀처럼 예쁜 마담을 황홀하게 바라봤다. 카운터 일이 손에 익어 재미가 붙었는데 사장이 친척 여자애를 데려왔다. 당구장은 친척에게 맡기고 귀옥에게 1층 다방에서 주방 일을 도우라고 했다. 이유 없이 밀려나니 화가 갔다. 주방 일을 하고 싶지 않았다.

"내가 왜 주방에서 일해요? 그럴 거면 그만둘래요."

미련 없이 그만뒀다. 두 번째로 간 곳은 주스 공장이었다. 주스 원액 가루를 정량씩 떠서 분배하는 일을 했다. 사장은 가끔 공장을 돌며 공장 상황을 점검했다. 한번은 귀옥의 컨베이어 벨트 앞에서 걸음을 멈추고 주스 가루의 그램을 확인했다. 혹시 틀린 수치가 나오면 어쩌나 가슴이 두근거렸다. 몇 번의 테스트를 통과한 덕분이었을까? 처음에는 일당 70원을 받았는데, 그 후에 90원으로 올랐다. 같이 일하는 애들이 일당을 물어서 90원이라 했더니 흠칫 놀랐다. 1년간 일해도 일당이 오른 적이 없다며 시샘했다. 시급도 오르고 사장한테 인정도 받았는데 공장에 문제가 생겨 다시 실업자가 되었다.

더 이상 언니한테 부탁할 수 없어 서울역 근처 소개소에 찾아갔다. 양복을 멀끔하게 차려입은 사장은 허여멀건한 얼굴에 기름기가 돌았다. 오후 내내 귀옥을 데리고 다니며 친절하게 일자리를 알아봐줬다. 처음 소개한 곳은 작은 빵집이었다. 포천 살 때 빵공장에서 일하던 기억이 나 싫다고 했다. 저녁까지 헛걸음만 하고 마음에 드는 곳을 찾지 못했다. 사장은 여관에서 하룻밤을 자고 다음날 일찍 일자리를 알아봐 주겠다고 했다. 방심한 틈에 사장이 여관방에 따라 들어와 겁탈하려고 했다. 방에 있는 재떨이를 던지고 팔을 물어뜯었다. 남순한테 배운 쌍욕을 퍼부으며 손에 잡히는 대로 집어 던졌다. 허겁지겁 여관을 나와 서울역에서 남영동까지 걸었다. 성실히 일하면 좋은 일자리를 얻을 거라 기대했는데 꿈에 그리던 서울이 아니었다. 서글펐다.

연순 언니를 찾아갈 수도 없고 여관방은 꼴도 보기 싫었다. 언니가 자취한 적이 있는 남영동 주인집에 찾아가 재워달라고 부탁했다. 할머니 내외는 기꺼이 하룻밤 의탁할 수 있게 자리를 내줬다. 빈방이 없어 한방에서 잠을 청했다. 포근한 이불 안에서 부은 다리와 지친 마음을 달랬다. 할머니는 동이 트기 전에 새벽기도를 갔다. 뒤척이다 설핏 잠이 들었는데 이불 속으로 낯선 손이 들어왔다. 거죽만 남은 거친 손이 귀옥의 몸을 더듬었다. 소개소 사장을 피해 도망쳤는데, 믿었던 주인집 할아버지까지 귀옥을 욕망의 대상으로 취급한 것이다. 소리 지르며 뛰쳐나갈 의욕마저 집어삼킨 서글픈 밤이었다. 어둑한 새벽을 가르는 '꺼억 꺼억' 울음 외에 아무것도 존재하지 않는 밤이었다. 주인 할아버지는 민망했는지 조용히 자리를 피했다.

이제는 이판사판이었다. 귀옥은 서울역 근처 국밥집에서 든든히 배를 채우고 전날 갔던 소개소를 다시 찾았다. 어젯밤에 그런 일이 있었는데 또 나쁜 마음을 먹을까 싶었다. 사장은 얼굴이 잿빛으로 일그러졌다 겸연쩍은 웃음을 지어 보였다. 우비 공장을 소개받아 잠시 일했지만 그 후로도 불안정한 자금 문제나 판로 때문에 문을 닫는 회사가 많았다. 의지와 상관없이 1년 동안 여러 곳을 전전하다 정착한 곳이 금호동 눈썹 회사였다. 귀옥의 나이 열여덟 살이었다. 그곳에서 군자 언니를 만났다. 넉넉한 살집에 껄껄대며 호탕하게 웃는 모습이 매력적인 군자의 고향은 전라도 곡성이었다.
눈썹 만드는 공정은 여러 단계로 나뉘었다. 눈썹을 자르고 접착제를 발라 포장하는 과정 대부분은 정액을 받았지만, 눈썹 커트 공정은 일한 만큼 추가금을 받았다. 단순 반복 작업이지만, 정확성을 요구했다. 일하는 만큼 성과금을 받는 보상 시스템도 마음에 들었다. 수출 주문이 많으면 비상이 걸려 밤새워 일해야 했다. 새벽 1~2시가 되면 다들 지쳐 쓰러져 잠이 들었지만, 귀옥은 혼자라도 밤새워 작업량을 마쳤다.
눈썹 커트 일은 긴 테이블에 마주 보고 앉아서 했다. 여러 지방에서 상경한 10대에서 20대 여자애들이 모여지내니 사건사고가 끊이지 않았다. 장난기 심한 군자가 브래지어도 안 하고 종일 웅크린 채 일하는 곰 같은 여자애 가슴을 조물딱거리며 놀리면 여자애는 반항도 못 하고 울상이 되었다. 산만 한 덩치가 무색하게 쩔쩔매는 꼴이 우스워 다들 낄낄거렸다. 귀옥도 놀림 당하는 여자애를 보고 따라 웃었다. 때리는 시어머니보다 말리는 시누이가 더 밉다고 했던가? 항상 굼뜬 몸을 누에고치처럼 말고 당하기만 하던 여자애가 맞은편의 귀옥에게 가위를 던졌다. 얇은 자락치마를 뚫고 허벅지에 가위가 깊이 박혔다. 피가 뿜어져 나오고 작업장은 아수라장이 되었다. 함께 일하던 동료들이 수건을 가져와 귀옥의 다리를 묶었다. 피를 본 귀옥은 눈이 돌아갔다. 작업 책상을 넘어 인정사정 보지 않고 여자애를 쥐어팼다.
"내가 네 가슴 만졌어? 왜 나한테 화풀이야?"
작업 도구들은 방바닥에 나뒹굴고 난장판이 되었다. 누군가 싸움을 말리려고 사무실 사람을 불러왔다. 여직원이 다짜고짜 귀옥을 데려가려 했다.

"내가 피해잔데, 왜 내가 거기에 가? 저 여자애가 내 허벅지를 찔렀다고!"

사무실에 끌려가지 않으려고 악다구니를 썼다. 누군가를 괴롭히는 게 잘못인 것도 모르고, 말릴 생각도 없던 철부지 시절이었다.

유쾌한 군자 언니의 가장 큰 관심사는 연애였다. 휴일에 외출 갔다 돌아오면 판타지 소설처럼 설레는 연애담을 들려줬다. 그러고는 귀옥을 쿡쿡 찔렀다.

"너도 오빠 하나 삼을래?"

언니는 고향 오빠 자랑에 열을 올렸다. 고등학교를 나와 시골에서 농사짓는데 잘생기고 똑똑한 사촌 오빠라고 했다. 귀옥은 내키지 않았다. 불투명한 미래가 어깨를 짓눌러 낯선 이와 펜팔이 기대되지 않았다. 군자는 몰래 귀옥의 증명사진을 편지 봉투에 넣어 사촌 오빠에게 보냈다. 차분한 긴 생머리에 옆 가르마를 해서 인상이 차가워 보이는 사진이었다. 일을 끝내고 숙소에서 쉬는데 군자 언니가 편지를 건넸다. 손 글씨가 남자답고 편지에서 진중함이 느껴졌다. 호기심이 생겨 다섯 살 위인 청년에게 '미지의 벗에게'라며 답장을 썼다. 편지가 반복될수록 나보다 한 수 위라는 생각에 얕보던 생각을 접었다. '미지의 벗'에서 '오빠'로 호칭을 변경했다. 가방 줄은 짧아도 편지는 자신 있다고 생각했는데 자만심을 내려놨다. 글을 이끌어 가는 문장에서 힘이 느껴졌다. 한두 장을 써 보내면 일주일이 멀다 하고 대여섯 장 분량의 답장이 왔다. 곡성에서 농사를 짓는 청년에게서 여느 도시 청년보다 기품과 야망이 느껴졌다. 일본의 선진 농법을 적용해 쌀 수확량이 늘었다고 기뻐하기도 하고, 마을에 농로를 확장하는 일로 친척 어르신들과 언쟁이 붙은 이야기도 했다. 글로 교감하는 벗이 생겨 기뻤다.

귀옥은 서울에 직장을 잡은 후 포천 집에 가는 횟수가 줄었다. 광성은 딸이 보고 싶어 남순과 함께 서울에 와 다방 커피만 홀짝였다. 어찌 사는지 궁금해서 찾아온 듯한 데 말을 아꼈다. 가끔 편지라도 넣겠다는 무덤덤한 말에 기뻐하는 얼굴빛이 역력했다.

"얼굴 봤으니 되었다."

짧은 안부 인사에 귀옥의 마음이 울렁였다.

스물두 살 연순 언니는 야심차게 금호동에 양장점을 열었다. 하지만 단골손님을 잡기 쉽지 않았고, 일감이 부족해 경영난에 허덕였다. 도시의 외로움 때문이었을까? 언니는 주인집 고등학생과 사귀는 사이가 되었다. 경제적 빈곤을 사랑이라는 허울 좋은 비단치마로 덮으려 했으나 곧 비단치마에 구멍이 숭숭 나 누더기가 되었다. 연순은 가게를 처분하고 왕십리 양장점에 취직했다. 사당동은 서울 변두리라 고추나 깨 농사를 짓는 사람이 많았다. 맨 꼭대기 산동네에 집을 얻어 물이 나오지 않았다. 물장수가 짊어지고 다니는 물을 사서 먹고 씻는 것도 불편했다. 휴일에 언니 집에 가면 연순과 사귀던 고등학생이 기둥서방 노릇을 하고 있었다. 얼굴만 번듯하지 180cm가 넘는 큰 키가 아까울 정도로 속 빈 강정인데 함께 살면 행복할까? 한심해서 꼴도 보기 싫다가도 언니가 불쌍했다. 독립했으면 좋은 남자라도 만날 것이지. 몇 년째 서울에서 자리도 못 잡고 헤매는 꼴이 미래의 내 모습은 아닐까 불안했다. 귀옥은 언니의 자취방에 놀러 갔다가 둘이 싸우는 소리를 듣고 되돌아온 날이 많았다. 평소에는 회사에서 숙식을 해결하지만, 언니가 걱정되어 달에 한두 번은 찾아갔다.

일할 때 입는 편한 자락치마 차림으로 연순의 자취방을 찾았다. 언니는 일하러 가고, 남자친구만 빈둥대고 있었다. 작은 자취방 한쪽에 앉아 쉬려는데 녀석이 슬쩍 다가와 귀옥의 자락치마를 잡아당겼다. 직사각형 통치마의 허리를 끈으로 대충 묶어놓았더니 쉽게 벗겨졌다.

"지금 뭐 하는 짓거리야?"

화가 난 귀옥은 속치마 바람으로 짐가방을 들고 집을 나왔다. 사당동 꼭대기 집에서 한참을 걸어 내려가야 버스 정류장이었다. 누군가 어깨를 두드려 돌아보니 언니의 남자친구였다.

"미안해. 장난으로 그런 거야. 집에 가자."

"싫어. 오빠 혼자 가."

둘이 실랑이하는데, 속치마 바람의 귀옥을 보고 건달들이 다가와 농을 걸었다. 언니의 남자친구와 건달들 사이에 싸움이 벌어졌다. 모처럼의 휴일이 진흙탕 속에 처박힌 기분이었다. 마침 금호동 회사 가는 버스가 오길래 뒤도 안 돌아보고 올라탔다.

회사 기숙사에서 한숨 돌리려는데, 아래 다방에 손님이 찾아왔다는 전갈이 왔다. 연순 언니의 남자친구였다.

"아까는 장난친 거야. 미안. 화 풀어. 근데 혹시 연순이 새로 다니는 양장점이 어딘지 알아? 나한테는 말을 안 해주네."

"언니도 안 가르쳐준 걸 내가 왜 알려줘?"

귀옥은 화가 나서 다방을 뛰쳐나왔다. 도저히 참을 수가 없었다. 왕십리 가는 버스를 타고 연순 언니가 일하는 곳을 찾아갔다. 귀옥은 자취방 사건을 이야기하며 당장 헤어지라고 했다. 모질지 못한 연순은 눈물만 흘릴 뿐 대답을 못했다.

"그놈이랑 안 헤어지면, 다시는 내 얼굴도 못 볼 테니, 그리 알아!"

돈을 모아 자립도 하고, 연순 언니랑 그럴듯한 집을 얻어 함께 살고 싶었는데. 모든 게 혼자만의 꿈이었구나 싶었다. 짐을 싸서 금호동 회사를 나왔다. 아무도 모르는 곳에서 새로 시작하고 싶었다. 이 넓은 서울 땅에서 마음 편히 쉴 곳이 없다니 서글펐다. 정류장에 제일 먼저 도착한 버스에 올라탔다. 차창 밖으로 빌딩 숲이 즐비했다. 'OO산업'이라는 간판을 보고 무작정 버스에서 내려 2층 건물에 올라갔다. 눈썹 만드는 회사였다. 커트 경력이 있어 쉽게 취직할 수 있었다. 회사 경리가 이름을 물었다.

'황정애'라고 했다. 이름을 바꾼 것이다. 서울의 익명성이 귀옥을 자유롭게 해줄 것이었다. 모든 걸 백지로 만들고 새로 시작하고 싶었다. '귀옥'이라는 이름을 버렸다.

어린 시절 아버지 광성은 발음 나는 대로 '구역'이라 불렀다. 친구들도 따라 불러 이름이 '구역'인 줄 알고 자랐다. 어감이 안 좋아 '구더기'라는 놀림도 많이 당했다. '구더기'처럼 하늘의 존재도 모른 채, 더러운 흙바닥만 기어 다니다 인생이 끝나는 건 아닐까? 구역질나는 인생을 살 것 같아 싫었다. 어느 날 학교에서 생활기록부를 보고 '귀옥'이라는 예쁜 이름을 알게 되었다. 화도 나고 기쁘기도 했다. 헐레벌떡 뛰어와 따졌다.

"아버지는 왜 나를 '구역'이라 불렀어? 내 이름은 '귀옥'인데!"

광성은 별 거 아니라는 듯 되물었다.

"발음하기 쉽게 '구역'이라 부른 건데, 뭐가 달라져?"

"이름 때문에 얼마나 놀림을 당했는지 알긴 해? 다 아빠 탓이잖아!"

귀옥은 답답해 집을 뛰쳐나갔다. 귀할 '귀'에 구슬 '옥'이면 귀한 구슬이라는 뜻이니 소중하고 예쁜 이름인데, 진짜 이름을 말해도 친구들은 습관처럼 '구역'이라 불렀다.

꽃들의 속삭임도 들을 수 없는 서울의 장점은 익명성이었다. 그날 이후 모든 연락을 끊었다. 명절에도 집에 내려가지 않고, 언니랑도 연락하지 않았다. 잠시 떠나 있고 싶다는 마지막 편지를 끝으로 곡성 오빠와 펜팔 편지도 멈췄다.

세상 밖으로 향하는 마음의 창은 닫았지만, 계절마다 향기로운 것들이 비집고 들어와 귀옥의 마음을 흔들었다. 작은 몸뚱이 밖으로 탈출하지 못한 응어리만 켜켜이 쌓였다. 누군가 대화할 사람이 필요했다. 어디로 가야 하는지, 어디까지 갈 수 있는지 알 수 없는 불안이 귀옥의 목을 죄었다. 부치지 못한 편지가 쌓일수록 뱃멀미하듯 속이 울렁였다. 포천에 살 때 책을 빌려 보던 군인이 자주 가던 식당이 떠올랐다. 보내는 이의 주소를 생략한 편지를 식당으로 보냈다. 여전히 그가 군 복무 중이라면, 식당 주인이 전달해 줄지도 몰랐다. 몇 달간 회신을 차단한 일방적인 편지로 숨통이 트였다.

휴일 오후, 1층 다방에 기다리는 사람이 있다는 연통을 받았다.

귀옥의 소재를 알고 있는 사람이 없는데 어리둥절했다. 다방에는 일동면 식당으로 보낸 편지의 주인공이 앉아 있었다.

"제가 여기 있는 걸 어떻게 알았어요?"

"여기 회사 과장이 제 지인이에요. 서로 이야기하다 귀옥과 정애가 같은 사람이 아닐까 궁금해지더군요."

운명인가? 모든 인연을 끊었다고 생각했는데, 이 넓은 서울에서도 숨어 살기는 힘들구나 싶어 웃음이 났다. 그는 제대 후 서울에서 서예 선생으로 일하는 중이었다. 종종 귀옥이 쉬는 날 찾아와 데이트했다. 월급을 받았다며 '소고기 로스구이'를 사주기도 하고 서울 사는 작은엄마 집에 귀옥을 데려가기도 했다. 돌돌 말린 소고기는 생전 처음이었다. 만나지 못할 때는 붓글씨로 간단한 편지를 적어 보냈다. 엽서에 적은 한자 성어는 알 듯 말 듯 조심스레 행동하는 청년처럼 아리송했다. 미래를 알 수 없는 청년의 고달픈 서울살이는 귀옥과 닮아 있었다. 기쁨도 잠시 만남이 이어져도 불안이 가시지 않았다. 곡성 오빠의 구구절절한 연애편지가 그리웠다.

기다리던 답장이 왔다. 1년의 공백기가 무색하게 청년의 편지는 설레고 흥분되었다. 그는 희고 길쭉한 정체불명의 물건 두 개를 편지 봉투에 담아 보냈다. 누에고치였다. 안에는 누에 벌레가 있고 하얀 표면은 누에가 입에서 뽑아낸 비단실이라고 했다. 돈을 모아 고향 마을 근처에 뽕나무 농장을 살 계획이라고 했다. 벌레한테 뽕나무 잎을 먹여 키우면 돈을 벌 수 있다니 신기했다. 농장을 사면 꼭 보여주고 싶으니, 곡성에 놀러 오라고 했다. 귀옥의 마음은 동구 밖 등나무 넝쿨을 타고 곡성을 향했다. 사진을 본 적은 있지만 한 번도 만난 적이 없었다. 곡성에 내려가는 일은 결심이 필요해 망설여졌다.

부모님과 끊었던 왕래도 다시 시작했다. 집에 내려가 오랜만에 연순 언니 이야기를 들었다. 서울에 살던 연순을 데려와 강원도 화천 양장점에 취직시키고 그 남자애와 인연도 끊었다고 했다.

추석 명절이 되어 선물 꾸러미를 들고 고향 포천에 내려갔다. 모든 게 그대로였다. 남순은 보따리 장사를 관두고 광성과 함께 농사를 짓고 살았다. 알뜰하게 돈을 모아 여러 군데 땅을 샀다고 자랑했다. 오랜만에 보는 여동생 셋이 한꺼번에 품에 안겼다. 막둥이 백자가 벌써 국민학교 5학년이었다. 연순 언니는 그사이 얼굴에 살이 붙어 보기 좋았다. 영희 오빠와 새언니, 조카까지 오랜만에 가족들이 다 함께 모였다. 남순은 자식들 먹일 음식은 넉넉히 준비했다. 지짐이, 배, 사과까지 음식이 넘쳐났다. 어려서부터 쌀밥이 끊긴 적이 없고 겨울에도 닭 서너 마리를 상자에 담아 따뜻한 방안에서 키웠다. 달걀을 2~3일씩 모아 솜사탕처럼 부드러운 달걀찜을 만들거나 화로에 올려 찐 달걀을 만들었다. 오랜만에 온 가족이 모여 송편을 빚었다. 동그란 멥쌀 반죽을 오목하게 새 둥지처럼 벌린 후 안에 귀한 설탕과 빻은 참깨가루, 알밤 범벅을 터지도록 듬뿍 넣었다. 광성은 뒷산에서 솔가지를 꺾어와 진액이 묻지 않게 요령껏 솔잎을 뽑아 씻었다. 남순은 찜통 바닥에 싱싱한 초록 솔잎을 뿌리고 형제들이 만든 가지각색의 송편을 한꺼번에 넣었다. 귀옥의 닫힌 마음이 찜솥의 증기를 타고 끓어올랐다. 연기가 모락모락 피어오르는 찜통을 보며 무거운 마음을 연기 속에 날려 보냈다. 귀옥이 돌아온 걸 알고 동네 친구가 찾아와 누런 봉투를 건넸다. 서예를 하던 군인이 귀옥을 생각하며 쓴 글이 담긴 공책이었다. 표현은 서툴렀지만 '나를 특별하게 생각했구나.' 가늠할 수 있었다. 하지만 귀옥의 마음은 이미 곡성 오빠를 향하고 있었다. 바야흐로 중단되었던 인연의 숲에 다시 물줄기가 공급되어 메말랐던 심장이 활기차게 뛰었다.

이듬해 봄, 광성은 노곡리 군부대 근처에 가게를 샀으니 내려와 장사해보라며 귀옥을 불렀다. 포천 일동면과 이동면 사이라 사람들 왕래도 잦고 장사가 잘 될 거라고 했다. 점방 근처에는 외로운 군인들을 상대로 영업하는 색시집 집성촌이 성황을 이뤘다. 불시에 단속이 뜨면 색시집을 찾은 군인들이 헐벗은 채로 도망 나와 귀옥이네 점방으로 숨었다. 한번은 남순이 밭일을 마치고 점방에 왔다 발가벗은 군인들을 보고 기겁했다. 과년한 딸 귀옥과 혜숙에게 나쁜 일이 생길까 불안해 광성에게 가게를 자주 둘러보게 했다.

동생 혜숙은 귀옥에게 인형 그림을 그려달려고 자꾸 보챘다. 순정 만화 스타일로 동그란 눈에 곱슬곱슬한 웨이브를 넣고 공주풍 드레스를 입은 여자를 그려줘도 예쁜 그림을 자꾸 더, 더 그려 달라고 떼를 썼다. 점방에는 손님이 적어 할 일이 별로 없었다. 지루하게 가게를 지키다 혜숙에게 맡기고 친구와 영화를 보고 돌아오면 가게 문이 열린 채 혜숙이 보이질 않았다. 저녁나절에 돌아온 혜숙의 손바닥을 회초리로 때려 엄하게 단도리해도 고쳐지지 않았다. 하루는 공부밖에 모르던 영숙이 산에 가고 싶다고 했다. 점방은 혜숙에게 맡기고 둘이 다녀오자고 했다. 귀옥과 영숙이 채비를 해서 나오니 혜숙이 가게 문을 열어놓고 뒤따라왔다.

"언니가 금방 다녀온다고 했지! 빨리 들어가서 점방에서 기다려."

아무리 말해도 신경 쓰이게 따라왔다. 마음이 급한 영숙은 동생이 못 따라오게 하려고 발로 찼다. 성질 급한 혜숙은 영숙의 발차기 한 방에 기절해버렸다. 깜짝 놀라 몸을 한참 동안 주물렀더니 정신이 돌아왔다.

고향에 돌아온 후에도 귀옥의 탈출구는 책과 펜팔이었다. 책을 통해 세상을 여행하고 인간의 복잡 미묘한 마음을 가늠해보려 했지만, 산중에 널린 취나물이랑 찔레꽃에 홀려 길을 잃고 헤맬 때가 많았다. 기다리던 편지가 자꾸 없어졌다. 동생에게 가게를 맡겨놓고, 우체부 오는 시간에 맞춰 집에 가야 답장을 손에 쥘 수 있었다. 귀옥이 전라도 남자와 펜팔 하는 걸 알고 남순이 편지를 숨겨버린 것이었다. 화가 난 귀옥은 전라도에 다녀오겠다고 선언했다. 하지만 말리지도 못하고 큼지막한 눈물만 쑴벙쑴벙 쏟는 걸 보니 발걸음이 떨어지지 않아 주저앉았다. 1년간 운영하던 점방은 장사가 안돼 접고 조침리 집으로 돌아왔다. 홀가분했다.

남순은 전라도 사람은 죄다 빨갱이라고 했다. 거리에서는 박정희 정권 찬양 일색이고 이웃들도 정치를 잘한다고 치켜세웠지만, 귀옥은 눈살을 찌푸렸다. 잘 사는 게 무엇일까? 호롱불을 거둬내고 전기가 들어와 밝아진 집도 있었지만, 비싼 공사비를 엄두도 못 내는 이웃이 많았다. 비포장도로를 느리게 걷던 사람들은 신작로를 따라 더 빠르고 화려한 도시로 걸음을 재촉했다. 모두 앞만 보고 달렸다. 마을엔 뿌연 흙먼지만 자욱했다. 일흔세 명이나 되던 친구들 대부분은 도시로 떠나고 없었다. 쉴 곳을 찾아 돌아왔지만 예전의 활기

찬 동네가 아니었다. 군부대가 다른 지역으로 이전한 후 마을의 심장은 겨우 느린 호흡을 이어가고 있었다. 귀옥도 쇠락하는 고향을 벗어나 새로운 세상으로 데려가줄 배의 닻을 올리고 싶었다.

은숙: 엉금엉금

"어머니, 뭐에요? 뭐 낳았어요?"
"어짜쓰까나. 아들인 줄 알았는데, 이번에도 딸이다."
금세 시무룩해진 시어머니 얼굴에 눈물이 비쳤다. 산모도 참았던 눈물보따리가 터졌다. '여자로 태어나 아들 하나 낳는 게 이렇게 어려울까.' 속상하고 오기도 생겼다. 대명교회 목사님이 앞서 낳은 딸 은미와 은희처럼 셋째 딸의 이름은 은숙이라 지어줬는데, 그게 바로 나다.

아들이 아니어서 시어머니를 따라 울었다는 엄마의 이야기는 왠지 모르게 나를 움츠러들게 했다. 물론 할머니 말대로 내가 길을 잘 냈는지 넷째는 아들을 낳았다. 귀한 아들이라는 이야기를 들어서인지 언니들이랑 경쟁적으로 동생을 아꼈다. 남동생이 마룻바닥을 기어 다니기 시작하니 귀한 고추 떨어질까, 줄을 서서 손으로 받치고 따라다녔다. 가족들은 그 모습이 귀여워 한바탕 웃곤 했다. 내가 달고 나오지 못한 고추에 대한 부러움 때문이었을까? 겨우 세 살 차이 남동생을 자주 업어줬다. 조그마한 게 남동생을 귀히 여긴다는 칭찬을 받고 싶은 욕망이 부추긴 행동인지도 모르겠다. 언니들은 친구들과 앞서 나가는데 나는 쫓아가질 못해 샘이 났다. 손에 잡히는 대로 어린 남동생을 붙들었다.

시골이라 집에는 항상 개랑 닭, 고양이를 키웠는데 아빠는 유난히 개 욕심이 많았다. 다른 동물은 신경도 안 썼지만, 개를 선택해서 데려오는 일은 아빠의 특권이었다. 사냥용 아키다 성묘를 사와 소마구를 지키게 했는데, 어느 날부터인지 헌집 마당 나무 그늘에 묶어두었다. 새로 지은 은회색 벽돌집 좌측에는 폐허가 된 헌집이 을씨년스럽게 자리를 차지하고 있었다. 마당 느티나무 아래로 직사각형 미지의 세계가 우리를 유혹했다. 동네 아이들과 담력 시험 삼아 먼지 가득한 헌집 탐험을 하곤 했다. 헌집의 좌측 공간은 나무청으로 사용했고, 우측 끝은 재래식 화장실로 인분을 퇴비로 만드는 곳이었다. 가족들이 살았던 본채의 나무 바닥은 깨지고 어긋나 삐걱거렸다. 어지럽게 방치된 집기류가 을씨년스런 분위기를 자아냈다. 벽지와 창틀에 켜켜이 쌓인 먼지가 터줏대감 노릇을 했다. 세월의 흔적을 유적 박물관처럼 진열하고 있었다.

허름한 헌집 마당을 지키고 있던 아키다는 그 구역에서 가장 빛나는 존재였다. 하얀 백색 털을 뽐내며 늑대처럼 늠름하게 걷는 아키다는 도도한 매력을 발산했다. 이름을 불러도 전에 키우던 강아지처럼 방정맞게 꼬리를 흔드는 법이 없었다. 비록 목줄에 매여 움직이는 반경이 정해져 있었지만, 비굴한 모습은 찾아볼 수 없었다. 남동생과 나는 항상 아키다를 만져보는 게 소원이었다. 언니들은 놀러 나가고 집에는 남동생과 나뿐이었다. 햇살 좋은 봄날 오후였

돌 기념사진·정은숙

다. 빛을 받은 아키다의 털이 은근한 봄바람에 일렁이며 희고 매끄러운 손짓을 건넸다.

"아키다, 이리 와."

남동생 앞에서 시큰둥한 녀석의 머리를 쓰다듬는 모습을 보여주고 싶은 욕망이 두려움을 없앴다.

"누나가 하는 거 잘 봐."

녀석의 머리를 쓰다듬으려고 손을 들고 다가갔다. 서성이던 아키다는 망설임 없이 달려들어 내 정수리를 "큉 큉" 물었다. 머리를 물어 뜯기자, 비명을 지르며 뒷걸음질 쳤다. 국민학교 1학년인 남동생이 밭에 가 엄마를 불러왔다. 아빠 차를 타고 읍내에 나가 머리를 꿰매고 상처를 소독했다. 끔찍했던 그날 오후가 그렇게 지나가나 싶었는데……. 방에서 부모님이 숨 고르는 사이 일이 벌어졌다. 남동생이 나무 청에서 긴 막내를 골라 아키다를 응징하기 위한 용감한 결투에 나선 것이다.

"으악, 으아악!"

비명 소리에 부모님이 달려 나갔다. 사냥 본능이 발동한 아키다가 남동생의 손목을 물어뜯고 있었다. 아빠는 한 손으로 아키다를 제압하고 동생을 구했다. 남동생의 팔목도 심하게 다쳐 꿰매야 했다. 하루에 두 번씩이나 사냥 본능을 앞세운 아름다운 아키다는 다음날부터 보이지 않았다. 그날 이후 큰 개가 "큉 큉" 짖는 걸 보면 줄행랑을 쳐서 웃음거리가 되곤 했다.

우리 동네는 고깔콘 모양으로 생겼다. 고속도로와 나란히 놓인 신작로 길가 우측 공터에는 허리가 긴 소나무와 봉오리가 큰 묘가 두 개 있었다. 동네 아이들이 미끄럼틀로 이용하거나 늦가을에 불 쏘시개용 솔잎을 모을 때 자주 찾는 놀이터 같은 곳이었다. 우리가 태어나기 전, 뽕밭 농장일 때 아빠가 작은 마을을 만들었다. 신작로에서 우측으로 갈래진 길을 따라 80m 정도 걷다 보면 좌측에 아빠 친구 집과 축사가 있고, 맞은편 파란대문 집에는 친척 아저씨가 살았다. 파란대문 앞에서 위쪽을 향해 비탈길을 오르면 우리 집이었다. 좌측에는 소먹이용 볏짚을 보관하는 대형 슬레이트 창고가 있고 우측으로 엿가락을 늘여 놓은 듯 기다란 축사가 이어졌다. 폭이 넓은 돌계단 좌측에는 측백나무가 울창하고 우측의 앵두나무와 석류나무는 계절마다 탐스러운 열매를 맺었다. 그 옆으로 작두샘이 있어 시원한 샘물을 퍼 올렸다. 돌계단에서 고개를 들면 은회색 벽돌집과 넓은 마당이 시원하게 펼쳐졌다. 내가 태어나던 1978년에 짓기 시작했는데 공사가 늦어져 이듬해에 완공되었다. 벽돌집 옆 공터에는 시멘트를 바른 수도 시설이 있고 우측으로 다갈색 버섯포자가 옹기종기 키 재기 하듯 장독대가 있었다.

　네 살 때부터 뚜껑을 열어 훔쳐 먹을 정도로 달콤하고 맛있는 고추장과 된장, 각종 김치와 염장류가 즐비했다. 엄마가 밭에 가고 없는 날엔 커다란 마법 상자 같은 장독대 뚜껑을 몰래 열고 그 안을 구경했다. 고추장은 작열하는 태양을 감금한 듯 붉은빛을 띠었다. 달콤하고 매콤한 향의 유혹을 뿌리치지 못하고 손가락으로 찍어 맛을 봤다. 한 번만 먹어야지 다짐해도 달콤한 맛에 멈출 수 없었다. 입술 주변이 빨개지는 것도 모르고 계속 손이 갔다. 텃밭에서 일하다 새참 만들러 온 엄마는 꼬맹이의 고추장 사랑을 어이없게 바라봤다.

"무거운 장독대 뚜껑을 어떻게 열었어? 속병 날라, 나중에 밥이랑 같이 먹어."

엄마가 밭으로 돌아가면 장독대 탐험을 이어갔다. 간장독은 새까맣고 투명한 물에 내 얼굴과 지나가던 구름을 가뒀다. 갓 담은 된장은 유혹적인 황금빛을 띠지만 맛을 보면 짜고 쿰쿰한 맛에 질겁했다. 몇 년 묵은 된장은 상처 부위의 딱지처럼 표면에 검은 곰팡이가 슬어 코를 찔렀다. 고약한 냄새에 얼른 닫아버렸다. 내 키 높이의 반듯한 돌담이 아름드리 장독대를 감싸 안고 있었다. 수돗가 위쪽으로는 오르내릴 수 있는 작은 돌계단이 있고 가까이에 부추밭이 있었다. 낡고 어두운 재래식 화장실을 싫어해 4남매가 작은 일을 볼 때 화장실 대신 애용했다. 텃밭에는 부추와 고추, 가지, 초롱꽃을 심었고, 장독대 위 공터를 지나면 딸기밭이 있었다. 봄이 되면 작은 계단이 닳도록 오르내리며 빨간 열매 사냥에 나섰다. 더디게 익어가는 딸기는 애간장을 녹였다. 묵정밭의 딸기는 산딸기처럼 과실이 작고 단단했지만, 한 입 베어 물면 부드러운 속살이 톡 쏘는 신맛과 단맛의 이중주를 연주했고 깨알 같은 딸기 씨는 톡톡 튀는 변주곡을 연주했다. 그 조화로운 달콤함에 빠져 봄철 가장 즐겨 찾는 보물창고였다.

헌집 마당에는 닭장이 있었다. 암탉이 품은 달걀에서 부화하는 속도는 제각각이었다. 한 마리씩 부화해 막둥이 병아리가 세상 밖으로 나올 때까지 할머니와 함께 자는 큰방에서 돌봤다. 작은 상자 안의 어린 병아리를 자주 만지면 아플 수 있으니 눈으로만 보라는 어른들의 충고를 지킨 적은 없다. 따뜻하고 보드라운 노란 솜털에 둘러싸인 작은 생명체는 삐약삐약 작은 발로 뒤뚱뒤뚱 걸었다. 손바닥에 올려 가슴에 품으면 졸린 눈꺼풀을 들어올리려고 고개를 좌우로 흔들며 꾸벅꾸벅 졸았다. 사랑스러운 존재들과 함께 할 시간은 막둥이가 깨어날 때까지 일주일 남짓만 주어졌다. 암탉은 돌아온 새끼들을 모성 본능으로 철저히 보호했다. 병아리를 만지려고 다가가면, 개울가의 지렁이 사냥을 포기하고 날아와 억센 부리로 쪼았다. 어미 닭에게 호되게 쪼인 후론 감히 병아리를 만지지 못했다.

옥수수 파지를 닭 모이로 주면 참새떼가 날아와 먼저 먹으려고 했다. 엄마는 대나무 장대를 건네며 참새 쫓는 일을 일임했다. 지루한 오후, 느티나무 아래 와상에 앉아 언니들과 인형 놀이하며 참새를 쫓았다. 대나무를 엮어 만든 지름 80cm 정도의 반원형 닭장 아래 닭 모이를 뿌리고 작은 막대를 지렛대 삼아 내부 공간을 만들었다. 막대에 긴 줄을 매달고 기다리면 닭 모이를 탐내는 참새떼가 모여들었다. 대부분의 신중한 참새는 닭장 안으로 들어가지 않고 가장자리 모이만 먹었다. 욕심 많고 겁 없는 참새가 등장해 깊숙한 곳의 모이를 탐내야 순발력을 발휘할 기회가 생겼다. 참새와 4남매의 순발력 테스트에서 승자는 항상 참새였다. 매번 허탕 치다 지쳐 포기하고 느티나무 아래에서 잠들 때가 많았다. 낮잠 자는 동안 여우바람이 지렛대를 쓰러뜨려 애달픈 우리에게 닭장에 갇힌 참새를 선물하면 서로 가슴에 품고, 작은 새소리에 귀를 기울였다.

동네에는 세 집뿐이었지만, 아빠의 친구와 친척 아저씨의 나이가 비슷해 자녀들 역시 또래였다. 우리 집은 4남매, 아빠 친구는 3남매, 친척 아저씨 아이들은 5남매였다. 1학년에서 6학년까지 골고루 있어 언니 동생 하며 잘 어울렸다. 보통 한 집에 제사가 서너 개씩 있어 제사 다음 날에는 한데 모여 아침을 먹었다. 집집이 번갈아 제사를 지내니 한 달이 멀다 하고 진수성찬을 먹을 수 있었다.

학교에 가려면 인도 없는 신작로를 걸어 고속도로 사거리를 건너고 저수지와 논두렁 사이를 가로질러 30분 이상 걸어야 했다. 국민학교 1학년 때는 앞서가는 언니 오빠들을 따라가기 버거웠다. 언니들은 자기들끼리 재잘대며 앞서가는데, 나는 걸을수록 뒤로 밀려나 간격이 벌어졌다. 알아들을 수 없는 수다에 낄 수 없는 것도 서럽고, 뒤처지는 게 싫어 울음을 터트렸다. 내가 울면 저만치 앞서가던 언니들이 안절부절못했다.

"은숙아, 울지 말고 빨리 와."

큰언니가 다가와 손을 잡아끌면, 민망하고 부끄러워서 신작로 바닥에 주저앉아 발을 구르며 울었다. 멜빵치마와 하얀 스타킹은 학교에 도착하기 전에 먼지로 더럽혀졌다. 달랠수록 커지는 울음소리에 언니가 고개를 절레절레 흔들었다.

"나도 모르겠다, 지금 안 일어나면 학교 늦어!"

울보 동생과 실랑이하던 큰언니는 앞서 기다리는 작은언니 손을 잡고 뛰었다. 그러면 언니들을 놓칠까 겁이 나 따라 달렸다. 언니들은 뒤돌아서 동생을 챙겼다.

"빨리 와, 같이 가자."

언니들의 챙김을 받으면 고맙고 서러워 바닥에 주저앉았다. 울보 동생을 데리고 다니느라 지각할 때가 많았다. 언니들이 우등생이라 꾸중을 많이 듣진 않아 다행이었다. 선생님의 가정 방문 날에는 엄마가 고기반찬에 진수성찬을 대접했다. 등굣길에 울음보가 터지는 일은 큰언니가 중학교에 간 후 없어졌다. 동네 아이들이 있어도 작은언니가 앞서가지 않고 나를 챙겨 학교에 갔다. 큰언니와 작은언니 사이를 시샘할 필요가 없는 등굣길에 평화가 찾아온 것이다.

국민학교 다닐 때는 운동회나 소풍, 명절을 제외하고 용돈 받을 기회가 없었다. 문방구를 들락날락하며 김일성 과자와 왕사탕, 쭈쭈바를 사 먹는 애들이 부러웠다. 등하굣길에 저수지에 핀 삐삐를 뽑아먹거나 찔레나무 껍질을 벗겨 과자 대신 먹었다. 포도송이처럼 주렁주렁 열린 아카시아 꽃봉오리를 뜯어 꽃대를 빨면 향긋한 꿀맛이 났다. 가을에 피는 코스모스는 하굣길에 가위바위보로 꽃잎을 튕기는 놀이 도구로 애용했다. 잎이 좌우로 가지런히 뻗은 길쭉한 아카시아 나뭇잎도 손가락 튕기기 게임에 잘 어울렸다. 학교 밖에서는 손가락 힘 조절을 잘해 먼저 나뭇잎을 떨어뜨리는 애가 부러움의 시선을 받았다. 빈대를 뻥튀기한 듯 징그럽게 생긴 콩알 크기 남색 열매는 터트리면 보라색 물이 쏟아졌다. 터트릴 때 손가락 사이에 느껴지는 긴장감도 좋지만, 손톱에 바르면 보라색 물이 들었다. 우리는 담임선생님의 붉은 손톱을 흉내내며 매니큐어 대신 열매로 손톱을 칠했다. 8월에는 마당에서 봉숭아 꽃잎을 따서 백반을 넣고 찧었다. 자다가 빠지지 않게 손톱 위에 올린 봉숭아 꽃잎을 비닐조각으로 감싼 후 명주실로 칭칭 동여맸다. 백반 때문인지, 너무 세게 동여맨 명주실이 압박해서인지 손가락이 찌릿찌릿했다. 어둠 속에서 양손에 남아 있는 비닐캡 수를 가늠해 보느라 밤잠을 설쳤다. 첫눈이 내릴 때까지 손톱에 봉숭아물이 남아 있게 하려고, 반에서 가장 늦게 물을 들였지만, 야속한 손톱은 너무 빨리 자라나 겨울이 오기 전에 사라졌다. 크리스마스가 다가오면 동네 아이들과 집에 있는 곡괭이와 낫을 들고 등굣길에 있는 완만한 산을 올랐다. 각자 마음에 드는 소나무를 구해와 큰 화분에 심고 크리스마스 준비를 시작했다. 다락방 선물상자를 꺼내고 금색, 은색으로 빛나는 트리 장식을 걸었다. 반짝이는 볼도 군데군데 달고, 솜털도 뜯어서 붙였다. 매년 TV 속 아이들이 선물 받는 모습을 보며 우리 집에도 산타 할아버지가 찾아오길 두 손 모아 기도했다. 크리스마스 산타를 만난 적은 없지만, 정기적으로 선물보따리를 사들고 오는 반가운 손님이 있었다.

우리의 물욕을 채워준 산타할아버지는 할머니의 막내 남동생 부부였다. 무등일보 편집장과 국민학교 교사로 우리는 편하게 광주할아버지, 광주할머니라 불렀다. 큰언니랑 작은언니의 또래인 큰아들과 작은아들이 항상 따라왔다. 목이 길고 예쁜, 무용을 전공하는 언니는 아주 가끔 따라왔다. 광주할아버지는 올 때마다 유명한 궁전제과 빵이나 종합과자선물세트를 사왔다. 두근거리며 선물상자를 열면, 학교 앞 문방구에서는 구경도 못해본 다양한 고급 과자가 한 꾸러미 가득했다. 황홀한 눈빛으로 과자를 꺼내 먹으려 하면 사촌오빠들이 재촉했다. 들로 산으로 쏘다니며 개구리 사냥을 하고 긴 꼬챙이에 꿰어 빨래터 가는 길에 세워 놨다. 남동생과 사촌오빠들이 개울에서 올챙이알을 터트리고 개구리를 잡아 잔인하게 죽이는 모습을 보며 눈살이 찌푸려졌다. 광주할아버지는 아빠보다 두 살 위로 아빠가 조대부고 다닐 때 함께 자취해서 무척 가까웠다. 온화

한 성격의 광주할머니는 시골 국민학교 선생님처럼 매섭고 투박하지 않았다. 단발머리를 풍성하게 부풀린 우아한 헤어 펌과 하얀 피부, 세련된 말투는 도시에 대한 동경심을 자아냈다.

뽕나무 농장을 개간해서 만든 탓인지 우리 마을은 평지가 아니었다. 아랫집에서 우리 집으로 올라오는 길뿐만 아니라, 담벼락도 높이가 달랐다. 벽돌집 좌측에는 아빠가 만든 커다란 정원이 있었는데 그 경계면이 담이었다. 가죽나무와 향나무, 감나무, 배나무, 장미나무를 비롯한 다양한 바위로 멋을 낸 정원의 가장자리는 낮은 돌담을 둘렀는데 해가 갈수록 묵정밭으로 변했다. 아빠는 간단한 나무 전정만 하고, 풀 뽑기는 4남매 몫이었다. 아빠가 시키면 빨리 끝내려고 직사각형 정원을 네 구역으로 쪼개 각자 할당된 공간의 풀을 뽑고 도망치기 바빴다. 정원 좌측엔 어른 키 높이 담장과 파리똥 나무가 있었다. 담장은 텃밭 쪽으로 갈수록 낮아졌다. 그곳에서 동네 아이들끼리 담력 시험을 했다. 가위바위보를 해서 진 사람부터 담벼락에서 뛰어내렸다. 횟수를 더해 담장 끝으로 갈수록 높아져 담력시험의 난이도를 높였다. 나는 울렁거리는 심장 때문에 첫 번째 높이도 통과를 못했다. 날쌘 남자애들만이 뽐내듯 담력시험 레이스를 이어갔다. 자연스레 여자애들은 구경꾼이자 참견꾼이 되어 대리만족의 기쁨을 맛보았다. 몇 그루 남은 늙은 뽕나무와 파리똥나무는 여름철 아이들의 배를 불리기 충분했다. 서로 먼저 따먹는 사람이 주인이었다.

설에는 만두, 추석에는 송편을 빚었다. 설날 새벽, 4남매는 거실에서 들려오는 리드미컬한 칼질 소리에 잠이 깼다. 할머니와 엄마가 나무 도마 위에 떡국을 써는 소리였다. 쫀득한 가래떡을 조청에 듬뿍 찍어주면 받아먹으려고 줄을 섰다. 가래떡 썰기가 끝나면 할머니가 전을 부치는 동안 엄마는 3kg 밀가루 한 봉지를 대야에 쏟아부었다. 1차 반죽 후 두세 시간 동안 숙성되게 비닐로 덮어놓았다. 잡채, 고사리나물, 두붓국, 생선조림 등 갖가지 명절 음식이 익어가는 부엌은 엄마의 부산한 움직임과 뜨거운 열기, 짭짤한 간장, 고소한 참기름 향으로 가득 찼다. 아빠는 손가락 두께의 단단한 가죽나무 가지를 잘라 일정한 크기로 자르고 다듬었다. 손안에 들어오는 작은 간장 종지 안에서 자유롭게 춤추는 윷을 만드는 세심한 칼솜씨를 지켜보느라 시간 가는 줄 몰랐다. 우리는 철 지난 달력을 찢어 윷놀이판을 그렸다. 환호성과 좌절의 감탄사가 윷놀이판을 가득 채울 때 엄마가 우리를 불렀다. 어린 내가 누워도 될 정도로 큰 대형 도마 위에 밀가루를 샥샥 뿌린 후 숙성된 반죽을 올렸다. 만두피 만드는 일은 손이 야무진 엄마와 할머니의 전유물이었다. 새알심만한 반죽을 뱅뱅 돌리며 다듬잇방망이로 얇은 피를 만들면 주전자 뚜껑으로 수제 만두피를 찍어냈다. 우리는 얇은 피가 찢어질까 걱정하면서도 갖은 재료를 듬뿍 넣어 배불뚝이 만두를 만들었다.

  추석 연휴가 시작되면, 엄마는 읍내 떡방앗간에 가서 빨간 대야에 하얀 찹쌀가루를 가득 빻아왔다. 뭐든 넉넉하게 만들어 명절에 인사 오는 친척한테 한 봉지씩 들려 보냈다. 양을 줄이자 해도 고집을 꺾을 수 없었다. 정이라 했다. 엄마가 반죽을 시작하면, 아빠랑 남동생은 뒷산에 가서 싱싱한 솔가지를 꺾어왔다. 속 재료를 넣은 찹쌀 덩어리를 양 손가락 사이에 놓고 꾹꾹 누르면, 손가락 모양을 따라 가로줄 무늬가 생겼다. 나는 양 끝을 버선코처럼 잡아 빼서 돛단배를 닮은 송편을 만들었다. 엄마는 너희가 만든 게 예쁘고, 내 건 못생겼다고 했다. 낯선 곡성에 시집와 농사일로 굳은살이 박이고 마디가 무뎌진 손을 닮아 납작하고 안쓰러웠다. 날선 돛단배 모양의 내 송편은 형태가 뚜렷해서 겉보기엔 그럴듯해도 속이 덜 차서 심심했다. 엄마의 납작 송편은 참깨랑 설탕을 넉넉하게 넣어 자꾸 손이 갔다. 찜통에서 솔잎 향으로 샤워하고 나온 달콤한 송편에 참기름을 발라 접시에 담으면 식을 새도 없이 입안으로 직행했다.

영철이 아재는 서울에서 고향 금계에 내려올 때마다 새까맣고 질긴 면을 선물했다. 냉면 공장에서 일하던 아재 덕분에 냉면을 처음 먹어봤다. 까맣고 얇은 뭉치를 손바닥 사이에 놓고 사정없이 비벼야 가닥가닥 분리되었다. 엄마는 처음 보는 냉면을 국수처럼 삶아 상추와 초고추장, 채 썬 오이를 넣고 비볐다. 엿가락처럼 질겨서 오래 씹지 않으면 삼킬 수가 없었지만, 초고추장 양념을 곁들이면 제법 먹을 만했다. 신문물을 선물한 덕분인지 아빠는 아재를 일꾼으로 들였다. 키다리 영철이 아재가 축사 옆 작은 방으로 귀향하면서 축사와 볏짚 창고, 아재의 구들방이 우리의 놀이터가 되었다. 아재는 키도 크고 힘도 좋아 아빠 대신 우리의 친구가 되었다. 온 가족이 안방에 모여 저녁밥을 먹고 아재한테 매달리면 번쩍 들어 목마도 태워주고, 단단한 팔뚝에 매달려 앞뒤로 그네를 태워줬다. 싫은 내색 한번 없이 생긋 웃어주는 까만 피부에 곱슬머리 아재는 우리의 친구였다. 발이 땅에 닿아 그네 놀이를 그만둬야 했을 때는 쑥쑥 자라는 키가 야속했다. 아빠는 그런 우릴 보고 흐뭇한 웃음을 지었을까, 아니면 민망함에 고개를 숙였을까. 한 번도 해준 적 없고, 우리도 바란 적이 없었다. 태어나면서부터 무뚝뚝하고 살가운 표현이 없는 아빠가 익숙했다.

 겨울이 되면, 뒷산에 그물을 치고 토끼몰이를 나섰다. 두꺼운 철사를 꼬아 만든 목 메달을 그물에 설치하고 토끼몰이하면 뒷다리가 긴 토끼의 내리막길 속도가 느려져 아재한테 잡혔다. 아재는 나무청에서 토끼 가죽을 벗겨 손질한 후 엄마한테 건넸다. 엄마가 끓인 토끼탕은 겨울철 별미로 종종 밥상에 올라왔지만, 발가벗겨진 새빨간 토끼가 생각나 감히 먹지 못했다. 그런데 이상했다. 엄마가 사각무를 넣은 토끼탕은 징그러운 붉은색은 온데간데없고 맑고 투명한 빛을 띠었다. 아빠랑 아재가 순백의 가슴살과 국물을 호로록 호로록 먹는 모습은 죄책감을 내려놓게 할 만큼 유혹적이었다. 엄마의 권유를 뿌리치지 못하고 처음에는 국물 한입, 다음에는 순백의 가슴살 한입, 맛만 보려다 담백한 맛에 중독되었다.

 집에 TV는 있어도 안테나 성능이 형편없어 채널이 서너 개뿐이었다. 아빠는 시사 프로그램이나 심야 영화를 좋아했는데 우리한테는 수면제처럼 지루했다. 해가 짧은 겨울에는 저녁 식곤증이 빨리 찾아왔다. 9시도 되기 전에 무거운 눈꺼풀이 내려앉았다. 아빠는 TV를 보다 입이 궁금하면 엄마를 보챘다. 가을에 수확한 고구마를 지하실에서 꺼내와 길쭉하고 도톰하게 채를 썰어 튀겼다. 튀김옷을 거짓꼴로 입힌 고구마튀김에 흰 설탕을 뿌리면 달콤하고 기름진 겨울 별미가 완성되었다. 엄마는 큰방으로 와 잠자는 우리를 깨웠다.

심야 영화가 방영 중인 안방에 몽유병 환자처럼 건너가 고구마튀김을 입에 넣었다. 튀김은 꿈처럼 달콤하고 바삭했다. 아빠는 해가 길어지는 여름에도 9시를 넘기지 못하는 우리를 이해하지 못했다. 깨어 있기만 해도 아이스크림을 사주겠다고 했지만 잠은 아이스크림보다 달콤했다.

아빠는 종일 노동으로 지친 몸의 피로를 풀기 위해 자주 보성강을 찾았다. 왠지 발걸음이 가벼운 날은 어김없이 아빠의 지령이 떨어졌다.

"낚시 갈 사람은 깨 벌거지 잡아 와라."

우리는 말이 끝나기 전에 들깨밭으로 뛰었다. 키보다 높은 들깨 사이를 오가며 잎사귀에 붙은 연두색 애벌레를 잡았다. 아빠는 실개천에서 미끼로 쓸 지렁이를 잡아 작은 미끼통에 담았다. 엄마는 버너와 냄비, 밥, 김치 등 간단한 저녁거리를 챙겼다.

"출발!" 해 질 무렵 나들이에 차도 신이 나는지 금세 섬진강 변에 닿았다. 아빠는 도로가에 차를 세우고 낚시가방을 들고 앞서나갔다. 우리는 엄마가 챙겨온 저녁거리와 다슬기 채집용 플라스틱 바구니와 빨간 양파망을 챙겼다. 아빠가 낚시터에 자리를 잡고 낚싯대를 펴기 시작하면, 우리는 노을 지는 강변을 따라 돌을 뒤집어 다슬기와 송사리를 잡았다. 그 사이 엄마는 큰 돌로 바람막이를 만들고 강물을 떠서 김치찌개를 끓였다. 새콤달콤한 김치찌개 향이 코를 자극하면 자동으로 엄마 곁으로 모였다.

어둠이 깔리면 작은 랜턴에 의지해 다슬기를 잡았다. 잉크처럼 깊고 푸른 밤이 강변을 삼킨 후에야 느린 걸음의 다슬기가 강가를 거슬러 올라왔다. 강물에 손을 집어넣어 큰 바위의 옆면을 조심스럽게 훑으면 크고 작은 다슬기가 한 움큼씩 잡혔다. 우리는 경쟁하듯 엄마한테 달려가 자랑했다. 아빠는 떠드는 소리에 물고기가 도망간다며 투덜거렸지만 저녁 낚시에 우리를 빼놓고 간 적이 없었다. 강에서는 대왕 다슬기를 잡는 사람은 우러르는 시선을 한몸에 받았다. 거드름 피울 기회도 대왕다슬기를 손에 쥔 자의 전유물이었다. 허리를 굽히고 강줄기를 훑으면 피곤이 야금야금 몰려왔다. 시원한 강변 바람에 들뜬 마음도 9시가 넘으면 시들해졌다. 낚시하는 엄마 아빠를 뒤로하고 트럭에 똬리를 틀고 달콤한 잠을 잤다. 밤새 낚시를 끝낸 아빠의 낚시가방에는 빠가사리와 메기가 가득했다.

엄마는 졸린 눈으로 도시락을 쌌다. 허겁지겁 학교에 가면 교실에서 졸음이 쏟아졌다. 긴 머리칼을 흔들며 헤드뱅잉을 하다 도시락을 까먹었다. 저녁 밥상에 올라올 살이 쫀득한 빠가사리매운탕이 기대되어 하교시간을 기다렸다. 큰언니와 작은언니는 광주에서 자취하며 고등학교에 다니고, 할머니도 언니들 밥해주러 가 있을 때라 넷이 단출한 강낚시를 자주 갔다.

아빠는 공부 욕심이 많아 1등을 놓치는 걸 이해 못했다. 6학년 졸업식 날 성적을 합산에서 전교 1등과 2등에게 교육감상과 교육장상의 상징인 메달을 걸어주는 게 전례였다. 언니들은 당연한 듯 메달을 목에 걸고 졸업했지만 나는 서툰 인간관계의 어려움에 골머리 썩느라 먼 산을 바라보는 시간이 많았다. 친구의 말과 행동을 곱씹느라 수업에 집중하기 어려웠다. 아빠는 청소년 전집을 선물로 준다는 외판원의 말에 학습지 구독을 신청하고 불시에 학습지 검사를 했다. 지루한 학습지는 한 달 만에 애물단지 쓰레기가 되었다. 책상 한켠을 쌓아뒀다가 아빠의 검문이 있기 전에 답안지를 베껴 적었다.

언니들은 청소년 전집뿐 아니라 아빠의 책장까지 열어 『보봐리 부인의 사랑』, 『주홍글씨』, 『폭풍의 언덕』, 『사냥꾼 이야기』 같은 소설책을 꺼내 읽었다. 나도 언니들을 따라 책을 골랐다. 『검은고양이』였다. 책에는 중간 중간 흑백 삽화가 그려져 있어 호기심을 자극했다. 남편이 와이프를 죽인 후 벽장에 넣고 시멘트를 바른 이야기는 끔찍했다. 벽을 허물었더니 웨딩드레스를 입은 여자의 부패한 얼굴이 있었다. 얼굴에 숭숭 구멍이 뚫린 삽화는 충격적이고 괴기스러웠다. 우리 집 벽에도 시체가 묻혀 있을지 모른다는 엉뚱한 상상으로 심장이 요동쳤다. 두려움을 이기지 못하고 책상의 발치 서랍장에 『검은고양이』 책을 감금했다. 하지만 책상에 앉으면, 어느 순간 백골의 신부가 서랍장을 열고 다리를 잡아당길 듯해 불안했다. 『검은고양이』의 공포에서 벗어나려고 엄마 몰래 성냥을 훔쳤다. 메마른 밭에서 삽화를 뜯어 화형식을 거행했지만 공포심이 사라지지 않았다. 항상 노랑 고양이를 키웠는데, 그때 키운 건 검은고양이였다. 책 속의 고양이가 남자의 신경을 거슬러 눈 밖에 났듯 내 공포의 이유를 연약한 고양이에게 돌리고 싶었다. 부뚜막에 잠든 검은고양이의 목덜미를 움켜잡았다. 따뜻하고 작은 생명체가 손아귀에서 꿈틀댔다. 원망의 눈빛과 마주치는 순간 죄책감에 손을 놓았다. 책 속의 남자처럼 느껴졌다.

국민학교가 있던 근촌마을에는 큰 당산나무가 있고 그 맞은편에는 늙은 감나무가 있었다. 여름이면 마을 사람들이 감나무에 누런 개를 묶어놓고 몽둥이로 때렸다. 처절한 비명에 놀라 물어보니 보신탕용 개라서 살이 연해지라고 일부러 몽둥이로 때려죽인다고 했다. 뜨거운 햇빛 아래 폐부를 찌르는 날카로운 비명이 누렁개의 공포감을 대변했다. 잔인한 어른들의 행동에 진저리를 쳤다.

 집에서 돼지를 키운 후로는 맑은 물이 샘솟던 작두샘에 붉은 핏물이 홍건한 날이 잦아졌다. 돼지 먹따는 소리는 늙은 개의 비명보다 날카롭고 우렁찼다. 잘린 돼지머리와 내장 사이로 붉은 피가 끝도 없이 흘렀다. 절단된 목은 100년 세월의 나이테를 두른 고목처럼 두꺼웠고 구불구불한 내장과 붉은 선지가 담긴 빨간 대야는 세상의 공포를 한자리에 모아놓은 지옥의 문 같았다. 고개를 돌리고 싶은데 피비린내 나는 작두샘에 자꾸 눈이 갔다. 엄마는 피순대를 만들거나 제육볶음을 해줬는데 죽은 돼지가 어른거려 먹을 수 없었다. 엄마는 아이 때는 뭐든 잘 먹더니 클수록 가리는 음식이 많아진다며 의아해 했다. 잔인한 죽음을 목격한 후라는 걸 알아채지 못했다.

 육고기 다음으로 싫어하는 음식은 '달떡'이었다. 바람 들어간 반달 모양의 떡을 베어 물면 그 안에 담긴 단팥이 선지처럼 보였다. 검붉은 단팥은 너무 달콤해서 한 입만 먹어도 속이 울렁거리고 머리가 지끈거렸다.

 주말이면 아빠의 불호령이 무서워 학습지를 한꺼번에 몰아서 풀거나, 답안지를 보고 답을 베꼈다. 공부에 관심이 없어 성적이 들쭉날쭉 춤을 췄다. 아빠는 중간고사나 기말고사 성적이 떨어지면 마당에 나가 매를 끊어오라는 지령을 내렸다. '내가 맞을 매를 어떻게 고르지!' 마당 둘레에는 향나무와 가죽나무가 심어 있고, 정원에는 가시 돋은 장미와 배나무, 사과나무, 철쭉나무가 즐비했다. 많은 나무 중에 어떤 걸 골라야 매가 덜 아프고 혼도 적게 날지 가늠이 안 되었다. 너무 두꺼운 나뭇가지는 멍도 오래 가고 아플 것 같고, 얇은 가지는 '이것도 매라고 꺾어 왔냐!'는 불호령이 떨어질까 겁났다. 그때부터 방황의 시간이 시작되었다. 마당을 서성이며 아이의 한계를 넘은 고민이 길어지면, 창문 너머로 아빠가 부르는 소리가 들렸다. 급하게 나무 청에서 손에 잡히는 대로 굵기가 다른 서너 개의 나뭇가지를 꺾어 안방으로 들어갔다. 매를 맞을 때의 고통보다 내가 직접 매를 고를 때의 고뇌가 선명한 상흔으로 남아 있다. 아빠의 회초리 덕에 졸업식 날 겨우 턱걸이로 금메달을 목에 걸 수 있었지만, 기쁨보다는 안도감이 컸다.

중학교에 올라가면서 매 대신 '원산폭격'으로 바뀌었다. 아빠는 2대 독자라서 결혼 후 정식 군대 대신 훈련병을 거쳐 지역 무기고에서 근무했는데, 그때 부대에서 단체로 받은 벌이 '원산폭격'이라고 했다. 머리는 땅에 박고 양손은 뒷짐을 져서 엉덩이 위에 올린 채 양다리와 정수리 힘으로 버텨야 했다. 1분만 지나도 피와 체중이 머리로 쏠려 죽을 것처럼 아팠다. 후들거리는 원산폭격을 시전하는 남동생과 나를 옆에 두고 아빠는 유유히 고추를 따거나 깻잎을 땄다.

엄마 아빠는 과수원과 축사 일로 항상 바빴다. 동네 계모임에서 1년에 한두 번 도림사나 뱀사골로 가는 물놀이도 빠질 때가 많았다. 우리가 따라가고 싶어 보채면 아랫집 식구들 보호 아래 딸려 보냈다. 다른 아이들은 부모님이 챙겨주는 음식과 물놀이로 신이 나는데 우리 남매만 눈칫밥을 먹다 우울하게 돌아오곤 했다. 그런 우리가 안쓰러웠는지 다음해엔 도림사 계곡에 갈 때 부모님도 함께 갔다. 국민학교 저학년 때였다. 어른들이 너른 도림사 바위에 돗자리를 깔고 음식과 수다로 바쁜 사이 아이들은 아래쪽 경사진 바위 쪽으로 내려가 미끄럼을 타고 놀았다. 도림사 계곡은 평지처럼 너른 바위 계곡이 이어져 움푹 파인 곳에 천연 수영장이 형성되었다. 위에서 내려온 물줄기가 엄마의 가슴처럼 봉긋하게 솟아오른 바위를 따라 실개천이 흘렀다. 이끼가 낀 미끄러운 구간이 2m 정도인데 40도 가까운 경사면을 따라 미끄럼을 타고 내려가면 계곡물이 허리높이까지 왔다. 그 아래쪽은 주걱으로 파먹은 것처럼 갑자기 깊어져 어른 키 높이가 넘었다. 동네 남자애들과 언니들은 신이 나서 이끼 낀 천연 미끄럼틀을 타며 환호성을 질렀다. 검푸른 물구덩이는 끊임없이 내려오는 아이들을 삼켰다가 토해냈다. 저 깊은 물에 잡아먹히는 건 아닐까 걱정되어 미끄럼틀을 타지 못했다. 용감한 아이들이 신나게 환호하는 모습을 멀찌감치 앉아 부럽게 바라봤다. 아이들은 줄을 서서 연속으로 미끄럼을 탔는데, 한 아이가 발을 헛디며 국자처럼 파인 깊은 물에 빠져버렸다.

"살려줘, 살려주세요!"

외침과 함께 다음으로 떨어지는 아이의 팔을 잡아당겼다. 다음에 떨어진 아이도 물에 빠진 아이의 팔에 붙들려, 아이들이 줄줄이 깊은 물속으로 딸려 들어갔다. 위에 있는 어른들은 멀리 떨어져 있어 외침을 듣지 못했다. 나는 메두사의 얼굴이라도 본 것처럼 몸이 굳어 움직일 수 없었다. 바위에 앉아 힘껏 우는 게 전부였다.

여름 휴가철이라 계곡 위 도로를 지나는 이가 많았다. MT를 왔는지 한 무리의 대학생이 통기타를 들고 지나가다 울고 있는 나를 발견했다. 곧바로 물에서 허우적대는 아이들에게 시선이 향했다. 서너 명의 대학생이 아이들을 모두 건져냈는데 바위가 미끄러워 뭍에 올려놓으면 다시 미끄러지기를 반복했다.

"어른들은 안 계셔?"

나는 훌쩍이며 위쪽을 가리켰다. 그렇게 몰살당할 뻔한 마을의 아이들이 살아났다. 용기 있는 대학생들에 의해. 그때부터 통기타를 든 대학생을 선망의 눈으로 바라봤다. 방학 때 농활을 나온 대학생들이 경악마을 회관에서 일주일씩 숙식하고 지내면 언니들과 구경을 가서 그들의 일거수일투족을 눈으로 좇았다.

엄마는 농한기에 짬이 나면 서울이모가 보내준 원단으로 옷이나 리본 같은 액세서리를 만들었다. 작은언니는 국민학교 내내 짧은 단발이었는데, 나는 항상 긴 머리였다. 매끈하게 빗어 올려 하나로 묶어줬는데 넓은 이마가 콤플렉스였다. 엄마는 앞머리를 일자로 잘라 이마를 가리고 보라색 공단으로 만든 커다란 리본을 달아줬다. 국민학교 고학년이 되면서 외모에 관심이 많아져 보라색 공단 리본으로 반 묶음머리 하는 걸 좋아했다. 옷욕심이 많아 할머니를 따라 시장에 가면 예쁜 주황색 투피스를 사달라고 보챘다.

봄이 되면 언니들을 따라 산을 오르내렸다. 청미래 열매가 알알이 영그는 여름에는 명주실로 엮은 초록색 진주목걸이를 왕관처럼 머리 위에 쓰고 공주 놀이를 했다. 언니들은 예쁘다는데 나는 공주 역할이 싫었다. 바늘에 실을 꿰어 초록 열매를 연결하는 건 언니들의 전유물이었다. 나도 해보고 싶은데, 알이 비뚤어지면 안 된다고 말렸다. 꼭두각시처럼 예쁜 원피스로 갈아입고 머리 위에 얹은 초록 왕관이 떨어질까 조심스럽게 앉아 있어야 했다. 아빠 친구들이 집에 오면 항상 형제들과 닮지 않은 외모를 지적했다. 어른들은 아무렇지도 않게 웃으며 이야기했다.

"다리 밑에서 주워 와서 그래."

수도 없이 들은 그 이야기는 가슴에 비수처럼 꽂혀 진실이 되었다. 한창 농번기로 바쁜 6월에 태어나 엄마의 미역국을 못 얻어먹을 때가 많았는데 '엄마, 내 미역국 어딨어? 또 까먹은 거야?' 대차게 물어보지도 못하고 울상이 되었다. 다리 밑에서 주워 온 아이라 차별하는 거라 단정해버렸다. 내 슬픔을 위로하는 건 변화무쌍한 자연이었다. 우울할 때는 홀로 산으로 계곡으로 몸을 숨겼다.

엄마는 작은언니를 낳을 때 하열을 많이 해서 죽을 뻔했다. 연약하게 태어난 언니는 엄마 젖 이외에 먹지 않아 작고 외소했다. 말을 배우고도 밭에 가는 엄마를 따라다니며 "젖 줘! 젖 줘!"를 외쳤다. 엄마는 안쓰러워서 젖을 물렸다가도 부드러운 가슴을 젖니로 깨물면 아파서 눈물이 찔끔 나왔다. 젖을 끊으려고 가슴에 빨간약을 발랐다가도 삐쩍 마른 작은딸이 안쓰러워 마른 젖을 물렸다가 끊기를 반복했다. 아빠는 애 헷갈리게 오락가락한다며 핀잔했지만, 엄마는 모성과 신체적 고통 사이에서 갈등했다. 나는 태어나자마자 아빠가 사온 분유를 타줘도 잘 먹었다며 칭찬했지만, 언니가 부러웠다. 내

기억 속에는 엄마의 부드러운 젖가슴을 탐한 적이 없었다.

학교 입학 전까지 벽에 손을 짚고 방 안을 빙빙 돌던 언니의 모습을 기억한다. 가족들의 우려와 달리 언니는 학교생활에 빨리 적응했다. 친구도 많고 엄마를 설득하는 기술도 빨리 터득했다. 언니의 놀라운 성장을 부럽게 바라봤다.

마을을 벗어나 학교에 가면서 친구들과 어울리고픈 마음이 봄철 논둑의 풀처럼 쑥쑥 자라났다. 수줍고 사람 사귀는 게 서툴러 친구들한테 먼저 다가가지 못했다. '무슨 말을 꺼내야 하지? 거절당하면 어쩌지?' '이상한 애 취급받지 않을까?' '친구도 나를 좋아할까?' 논둑을 타고 흐르는 수많은 질문의 씨앗을 줍느라 홀로 분주했다. 그날도 책상을 벗어나지 못하고 창밖의 목련과 대화를 시도하는데 반 아이가 다가왔다.

"내 생일파티에 올래? 다들 우리 집에서 놀고 자고 가기로 했어."

감격스러운 생일파티 초대였다. 신이 나서 집까지 한걸음에 내달렸다. 엄마한테 허락받아야 하는데, 적절한 타이밍을 잡기 어려웠다. 낮에는 밭이나 축사에 가서 일하고 저녁에는 가족들 식사 준비로 분주했다. 엄마는 도대체 언제 쉬는 거지? 주중에도 바쁘고 주말에도 쉼 없이 집안일에 몰두했다. 무표정한 얼굴에 웃음꽃이라도 스쳐야 가슴이 말랑해진 엄마가 허락할 텐데. 종일 꽁무니를 쫓으며 분위기를 살피느라 애간장이 녹았다. 주말이 끝나가고 있었다. 말도 못 꺼내고 월요일이 올까봐 가슴이 콩닥콩닥 뛰었다. 머릿속에 빨간 고추장을 사정없이 넣고 버무린 듯 문장의 형태를 알 수 없는 단어들만 둥둥 떠다녔다. 어서 말을 꺼내야 한다는 조급함에 더는 기분을 살필 겨를이 없었다.
"엄마, 친구가 생일파티에 초대했어요. 다음 주말에 친구 집에서 자고 와도 돼요?"
"왜 집 놔두고 남의 집에서 잠을 자? 친구 집에서 자야 하는 이유를 대봐."
엄마는 학독에 고추를 갈며 무뚝뚝하게 반문했다.
"친구가 생일파티 한다고 반 아이들을 초대했어요. 저도 가고 싶어요."
"친구 생일? 학생이 남의 집에서 자도 된다고 생각해?"
꼬리에 꼬리를 무는 집요한 질문에 같은 말만 반복했다.
"가고 싶어요, 친구 생일파티에……."
'언니는 보내주고 왜 나만 허락 안 해줄까?' '나를 못 믿나?' 대들지도 못하고 닭똥 같은 눈물을 흘렸다. '엄마는 내 눈물을 보지 못했을까?' 신경질적으로 고추를 갈아대더니 매운 고춧가루를 들고 가버렸다. 친구들과 가까워질 절호의 기회인데 엄마는 그런 내 마음을 몰라줬다. 야속한 뒷모습을 한참을 바라봤다. 서툰 아이의 간절함은 엄마의 매서운 마음을 허물지 못했다. 눈물을 감추려고 빨래터가 있는 계곡으로 내달렸다. 좁은 외길 낭떠러지를 따라가면 작은 빨래터가 보였다. 겨우내 움츠렸던 버들강아지가 솜털 옷을 꺼내 입기 시작하는 이른 봄이었다. 이를 악물고 한 발 두 발 차가운 물에 발을 내디디며 마음속 전쟁을 치렀다. 허벅지까지 차오른 물에 옷이 젖을까 밖으로 돌아 나왔다. 젖은 채로 집에 들어가면 혼날 게 뻔했다. 한숨을 쉬며 고개를 떨구는데 맑은 물 위로 구름 조각이 부드러운 솜사탕처럼 떠다녔다. 시린 하늘을 올려다봤다. 높은 하늘의 존재를 모르는 버들치는 황금빛 모래와 작은 조약돌 사이로 멋진 수영 솜씨를 뽐냈다. 버들치처럼 단순한 세상에 살고 싶었다. 무리 지어 헤엄치는 모습을 넋을 잃고 바라봤다. 계곡에 찾아든 햇살이 투명하게 부서졌다.

봄바람에 잔물결이 웃음 지었다. 차례차례 옷을 벗어 평평한 바위 위에 놓았다. 체온을 뺏기지 않으려고 팔짱을 끼고 계곡에 발을 넣었다. 나만의 전쟁을 끝내고 싶었다. '내가 엄마 자식이 아니라 차별하나?' '진짜 언니들이랑 닮은 구석이 하나도 없나?' '이 집에 계속 살아도 되나?' '진짜 생일이랑 학생부 생일이 다른 이유는 뭘까?' '내 친부모는 따로 있나?' 꼬리를 잇는 질문에 '네 부모는 따로 있어' 대답을 듣게 될까 두려워 입 밖으로 꺼내지 못했다. 머릿속 생각들을 댕강 잘라 계곡물에 흘려보내고 싶었다. 이빨이 닥 다닥 부딪혔다. 추위에 깊숙이 똬리 튼 생각 주머니가 줄행랑을 쳤는지 아무 생각도 나지 않았다. 한계치까지 숨을 참았다가 밖으로 뛰쳐나왔다. 몸의 물기를 손으로 털고 옷을 챙겨 입었다. '딱딱 따다 딱' 방정맞게 부딪치는 치아를 달래며 할머니 방으로 뛰었다. 이불장에서 두꺼운 솜이불을 꺼내 안으로 파고들었다. 창가에 날아든 꽁지새의 재잘거리는 소리에 스르르 잠이 들었다.

중학교는 버스를 타고 다녔다. 석곡에서 옥과 가는 버스가 하루 두 대뿐이라 곡성행 버스를 타고 가다 삼기삼거리 못 가서 내려야 했다. 농소마을 입구에서 농로 길을 가로질러 학교에 다녔다. 중학교는 단발 규정이 있어서 귀밑 2cm 똑단발로 긴 머리를 잘랐다. 리본을 달 수 없어도 첫 단발머리에 설렜다. 삼기중학교는 성출봉에서 초악산을 지나 들머리로 이어지는 괴소마을 입구에 바로 보였다. 우람하게 솟은 암봉 줄기를 타고 두 개 국민학교의 학생을 합쳐 반도 두 개였다.

학교 앞에는 위아래로 두 개의 점방이 있었는데 항상 문전성시를 이뤘다. 특히 윗 점방에는 딸이 둘인데 중3인 첫째 딸은 날씬하고 예쁜데다 반에서 1등을 놓치지 않아 점방을 찾는 남학생이 많았다. 둘째 딸 미선은 덩치도 크고 성격도 괄괄했는데 우리 반이었다. 경기도에서 이사 온 미선은 가게에서 챙겨온 과자와 재미있는 이야기보따리로 반에서 인기가 많았다. 한번은 남자애랑 팔씨름 경기를 하려다 선생님께 들켜 호되게 야단맞았다. 포기할 줄 알았는데 선생님이 교무실로 사라지자, 친구들을 조용히 시키고 A4 한 장을 손바닥 사이에 낀 채 팔씨름 경기를 끝마쳤다. 미선이 남자애를 이기는 광경을 지켜보던 아이들이 환호성을 질렀다. 세련된 경기도 사투리와 도시 냄새나는 그 애의 분위기에 끌렸지만 먼저 다가가지 못했다. 부러운 시선으로 외향적인 그 애를 좇았을 뿐이었다.

쉬는 시간에 책상에 앉아 멍하니 밖을 보는데 미선이 손을 내밀었다.

"나랑 화장실 같이 갈래?"

"응? 응, 좋아!"

미선과 친해지면서 메마른 가슴에 작은 새싹이 돋아났다. 성격은 정반대지만 남녀 사이처럼 끌렸다. 미선은 반 아이들에게 둘러싸여 있다가도 화장실에 갈 때나 점심을 먹을 때 항상 나를 챙겼다. 집으로 초대해 방을 구경시켜주기도 했다. 윤기가 흐르는 삼익피아노 위로 하얀 레이스가 깔려 있고 책상은 밝은 우드톤이었다. 나는 할머니랑 남동생과 한방을 썼는데 미선의 방은 아늑하고 잘 정돈되어 있었다. 점방 안쪽 공터에는 시멘트로 짓다 만 한 평 남짓 공간이 있었다. 우리는 서로 좋아하는 물건을 챙겨와 둘만의 아지트로 꾸몄다. 촛불을 켜면 은근한 불빛이 작은 공간을 가득 채웠다. 편지도 주고받고 정원에 핀 장미꽃을 꺾어 미선에게 선물하기도 했다. 아빠가 큰 배를 사왔는데 미선이 생각이 먼저 났다. 둥근 배 껍질 위에 깨알같은 편지를 적어 선물하고 잊어버렸는데 어느 날 친구 방 피아노 위에서 썩어가는 배를 보고 놀랐다. 편지가 새겨진 배를 먹을 수 없었다는 수줍은 대답에 괜시리 설렜다. 식용 달팽이를 봉지에 담아 선물로 건네기도 했다. 아빠는 집 뒤에 작은 하우스를 짓고 그 안에 직사각 인공 수조를 만들어 식용 달팽이를 키웠다. 우렁이보다 껍질이 얇은 식용 달팽이는 알을 낳으려고 위로 올라가 낙하하는 습성이 있었다. 끊임없이 낙하하는 달팽이는 물에 떠 있는 달팽이와 부딪힐 때 충격으로 껍질이 깨져 죽었다. 1년 넘게 키우던 달팽이는 우리 집 단골 반찬으로 올라오다 자취를 감췄다.

"우리 우정 절대 변치 말자!"

2년을 줄곧 붙어 다니며 그 말을 지키려 무던히 애를 썼다. 그런데 이상했다. 감정이 새어 나가지 못하게 빗장을 잠글수록 서로가 짐스럽게 느껴졌다. 3학년 때 서로 다른 반이 되어 자연스레 멀어졌다. 오래된 연인처럼 보이지 않는 사슬에 매여 지내다 홀가분한 자유를 만끽했다.

중학교 2학년 가을 소풍은 의암저수지가 있는 근처 산으로 결정했다. 아이들은 저수지에서 낚시하면 재미있겠다며 흥분했다. 하지만 낚싯대를 가진 친구는 없었다.

"내가 우리 집에서 낚싯대 가져올게. 아빠랑 자주 낚시 다녀서 할 줄 알아."

"우와, 멋있다."

아이들의 부러운 시선을 한 몸에 받았다. 소풍 전날 아빠의 낚시 가방을 뒤적거려 작은 밤색 낚싯대를 훔쳤다. 다음날 가져갈 요량으로 소마구 옆 볏짚 창고에 숨겼다. 소풍날 엄마가 싸준 김밥 도시락보다 기분 좋은 건 손에 든 아빠의 낚싯대였다. 선생님을 따라 좁은 임도를 올라 고갯길을 한 시간 넘게 걷다 보니 슬슬 지쳤다. 가방에 들어가는 않는 기다란 낚싯대는 산길에서 거추장스러운 짐이었다. 친구들과 김밥을 나눠 먹는 동안 선생님이 소나무 숲에 보물찾기 종이를 숨겼다. 저수지에 도착하면 낚시할 생각에 보물찾기에 집중하기 어려웠다. 아이들은 나뭇가지나 돌 사이에 숨겨진 종이를 잘도 찾았다. 여기저기 환호성이 들릴 때마다 다급해진 손이 이미 헤집어진 수풀을 뒤적거렸다. 허탈하게 끝난 보물찾기 후 낚싯대를 들었는데 이상했다. 누가 밟고 지나갔는지 중간대가 부러져 흔들거렸다. 멋지게 펼쳐보기 전에 낚싯대가 망가진 것이다. 아이들은 장기 자랑하느라 분주한데 홀로 상심의 저수지를 허우적거렸다. 다행인지 불행인지 저수지에 머무는 시간이 없어 낚싯대를 신경 쓰는 사람은 나 혼자뿐이었다. 낭창하게 휘어지는 밤색 낚싯대로 친구들의 환심을 사려던 야심 찬 계획은 부러진 낚싯대만 남긴 채 흐지부지 끝났다.

같은 동성으로 마음의 파동을 일으키던 미선과 소원해질 즈음 까까머리가 남자애가 눈에 들어왔다. 국민학교 졸업할 때 165cm던 내 키와 비슷했다. 그 애는 배려심이 많아 소외되는 친구가 없게 단체 놀이를 주도했다. 반장으로서 책임감도 강해 모두가 좋아했다. 동그란 얼굴에 내 눈보다 더 큰 눈과 짙은 눈썹이 순정만화에서 튀어나온 듯했다. 뭐가 그리 즐거운지 항상 미소를 장착하고 지냈다. 점심시간에 여자애들끼리 고무줄놀이를 하면, 옆에 서서 발동작을 따라 해 웃음을 터트렸다. 운동장에서 소외된 친구가 보이면 구슬치기나 딱지치기를 함께하자며 챙겼다.

자연스레 함께 어울려 놀 기회가 생겨 주말에 여러 친구와 도림사 계곡으로 놀러 가기로 했다. 둘만 가는 것도 아닌데 가슴이 두근거려 잠을 설쳤다. 어떤 옷을 입을까 밤새워 고민하다 엄마가 사준 아끼는 청재킷을 꺼냈다. 앞가슴에 두 개의 포켓이 있고 운동화처럼 흰 끈을 크로스로 묶어 포인트를 준 디자인이었다. 계곡물이 차가워 물놀이는 못했지만, 그 친구와 도림사 계곡을 거니는 것만으로도 들뜬 영혼이 날개짓했다.

어느 순간 까까머리 반장이 가는 곳마다 내 시선이 뒤따르는 걸 인식하고 깜짝 놀랐다. 처음에는 일기장에만 그를 향하는 열렬한 감정을 적었다. 흘러넘치는 감정의 폭포수를 일기장에 쏟아내면 학교에서는 태연한 척 감정을 숨길 수 있을 거라는 계산이었다. 첫 가슴앓이가 시작된 것이다. 온 신경이 그 아이의 행동에 쏠리고 미소

짓게 되는 내가 이상했다. 문방구에서 무지 스프링 노트를 사서 학교 책상 깊숙한 곳에 두고, 감정의 폭포수를 받아 적었다. 나를 흥분시키는 그 애의 작은 행동과 싱긋 웃는 모습까지 고스란히 기록했다. 이름은 없지만 한 페이지만 넘겨도 누구를 향한 마음인지 눈치 챌 정도였다. 노트 페이지가 쌓일수록 감정의 알갱이는 눈사람처럼 몸집을 부풀렸다. 누군가 내 모습을 지켜보는 것도 모르고 감정 노트를 여닫는 손이 바빠졌다. 쉬는 시간에 화장실에 다녀와 노트를 꺼내려는데, 한 친구가 다가와 속삭였다.

"너, 반장 좋아하지? 노트 봤어."

순간 얼굴이 화끈거려 말문이 막혔다. '왜 남의 노트를 훔쳐봐?' 따지지도, 부정하지도 못한 채 굳어버렸다. 감정에 빠져 관찰 대상이 된 걸 눈치 채지 못한 나를 자책했다. 노트를 집에 가져와 아궁이에 넣고 불태웠다. 일기장도 서랍장 깊숙이 넣고 닫아버렸다. 내 감정을 글로 남기는 건 어리석은 일이다. 들키고 싶지 않은 속내를 텍스트로 변환하는 순간 타인이 내 마음을 훔쳐볼 기회가 생긴다. 차라리 냄비 속 찌개가 부글부글 끓다 못해 내용물이 뭉그러지고 짠맛밖에 남지 않은 순간까지 내버려 두는 편이 낫다. 들키고 싶지 않은 마음을 숨길 수 있으니까! 나를 엿볼 기회를 차단할 수 있으니까! 엉금엉금 걸음마를 배우던 마음이 찻길 위에 버려진 깡통처럼 찌그러져 만신창이가 되었다. 화장실 벽에 새겨진 'A랑 X랑 사귄다!' 낙서를 볼 때마다 나와 그 애 이름을 본 것처럼 얼굴이 화끈거렸다. 내 짝사랑은 이루고 싶은 대상이 아니었다. 마른 심장을 연분홍빛으로 물들일 봉숭아 꽃잎과 향기로운 아카시아꽃을 피워줄 봄바람이 필요했을 뿐이다.

고등학교 진로를 결정할 시기가 왔다. 언니들은 시험 봐서 광주고등학교에 진학했지만 그 사이 정부 방침이 바뀌었다. 농촌 학생 유출을 막겠다며 고등학교 진학시험을 없애버렸다. 대부분 곡성지역 인문고등학교나 실업고등학교로 진로를 정했다. 그중에 집안 좋고 공부 잘하던 남자애 한 명만 미리 주소를 옮겨 광주 고등학교에 진학했다. 나도 언니들처럼 광주로 가고 싶었지만, 중학교 2학년 때 부모님이 관광농원을 시작해 주소를 옮길 수 없었다. 변변한 영화관도, 최신가요 노래 테이프를 파는 음반가게도 없는 답답한 시골을 벗어나고 싶었다. 나를 안다고 착각하고 '너는 이런 사람이야!' 멍에를 씌우는 고정관념으로부터 탈출할 기회였다.
'새로운 곳에 가면, 남의 시선에 구애받지 않는 새로운 나로 살아볼 수 있지 않을까?' 그때 처음으로 부모님한테 내 의견을 말했다.
"광주로 못 간다면, 창평고등학교에 진학하고 싶어요."
아빠는 꼬치꼬치 묻지 않고 그러라고 했다. 큰언니가 중앙여고에 진학하면서 광주에 월세방을 얻었고 작은언니가 살레시오여고를 다닐 때도 그 집에서 살았다. 자취방 근처까지 학교 셔틀버스가 다니고 무등도서관과 시외버스터미널도 가까워 주말에 공부하러 가거나 시골 집에 다녀오기 좋았다. 말바우시장 골목 주택가에 있는 회색 벽돌집이었는데, ㄱ자 형태로 달아낸 직사각형 방에 좁은 부엌이 딸려 있었다. 잔디밭 정원은 집주인 가족보다 그 집 애완견인 치와와 군이 산책코스로 자주 이용했다. 눈에 왕사탕을 박아놓은 듯한 큰 눈의 갈색 치와와는 우리를 볼 때마다 앙칼지게 짖었다. 큰언니는 고등학교부터 대학까지 7년을 봤는데도 꼬리를 흔드는 법이 없었다. 셋방 가족을 면박하는 주인행세를 단단히 했다. 큰언니는 조경학과 4학년이고 작은언니는 재수하며 함께 지냈다. 정원 조경에 관심이 많은 큰언니는 근교로 답사 갈 때마다 함께 가자고 졸랐다. 담양 소쇄원, 면앙정, 식영정을 돌며 정원 스케치도 하고 조경수를 관찰하기도 했다. 키가 비슷한 세 명이 어울려 다니면 세 쌍둥이냐고 묻는 사람도 있고, 세 친구로 보는 사람들도 있었다. 닮은 듯 닮지 않은 우리는 사람들 반응을 보려고 더 자주 뭉쳐 다녔다.

  할머니는 새벽에 일어나 갓 지은 밥으로 도시락을 싸줬다. 우리를 학교 보낸 후 광역버스를 타고 옥과터미널에서 내려 다시 군내버스를 타고 시골 집에 갔다. 식당 일을 돕기 위해서였다. 깻잎이랑 옥수수, 마늘, 고추 같은 농산물을 수확해 광주 말바우시장에 내다 판 돈으로 찬거리를 샀다. 종일 농원 식당에서 단체 손님 뒤치다꺼리하다 저녁 막차를 타고 광주로 돌아와 손녀딸들의 귀가를 반겼다. 할머니는 오래된 습관처럼 그 일을 즐겼다. 고등학교 3년간, 할머니의 따뜻한 도시락은 마음의 버팀목이었다. 우리는 젖을 떼면서부터 할머니 방에서 함께 잤다. "이제 자자!" 말이 떨어지기 무섭게 할머니를 가운데로 하고 두 명씩 옆에 누웠다. 불이 꺼지면 네 개의 손이 두 개뿐인 할머니 가슴 쟁탈전을 벌였다. 할머니는 양쪽 가슴과 팔을 아낌없이 내주었다. 옆으로 밀착한 상태로 밀고 밀치는 팔들의 전쟁을 쉽게 결론 나지 않았다. 시끌벅적한 어둠의 난투극이 벌어지면 졸린 목소리로 한마디했다.

"부산병 난다, 이제 자자."

우리는 삐져나오는 웃음을 참으며 키득거렸다. 어둠 속 쟁탈전을 멈출 수 없었다. 성장하는 동안 매일 할머니의 크고 처진 가슴에 파묻혀 위로받았다. 가슴은 섬진강 줄기처럼 넓고 포근해 가지각색으로 자라는 4남매를 무한대로 품어줬다. 한 올의 흐트러짐도 허락하지 않는 매끈한 올백 머리에는 항상 은비녀가 꽂혀 있었다. 아침마다 정성껏 참빗질로 완성한 윤기나는 머리는 잘 가꿔진 정원처럼 아름다웠다. 하지만 아빠가 관광농원을 시작하면서 할머니는 환갑까지 고집했던 비녀를 포기했다. 실용적인 단발 파마를 선택한 것이다. 비녀를 벗어 던진 할머니는 젊은 시절보다 활동적인 보폭으로 광주와 곡성을 오가며 가족의 울타리를 돌봤다.

창평고등학교는 2년 전까지만 해도 '똥통학교'의 대명사였다. 광주로 시험 봤다 떨어진 2군 학생들이 차선책으로 선택하는 곳이라 촌스러운 초록 버스가 매캐한 매연 방귀를 뀌며 지나가면 '창고' 지나간다며 손가락질했다. 하지만 지방 학생의 광주고교 입시가 금지되면서 전라남도 22개 시군 중학생이 창평고로 몰려들었다. 학교 정문에 들어서면 우측으로는 미술실과 은행나무밭이 있고, 좌측에는 단풍과 철쭉 정원이 있었다. 운동장 경계면을 따라 시멘트 계단이 층계를 이루고, 외부 통제를 위해 촘촘하게 심어진 등나무 군락이 시원한 그늘을 선사했다. 1년에 하루, 운동회 날은 교실 밖 자유가 허락되었다. 종일 시원한 등나무 아래서 친구들 경기를 응원하며 목청을 높였다. 공식적으로 공부에서 해방되는 날이라 엄격하던 선생님도 느긋하게 고삐를 풀었다. 오후가 되면 딱딱한 시멘트 계단도 버겁고 경기를 응원하는 것도 시들했다. 단짝 친구 한 명을 데리고 등나무 틈새로 탈출을 시도했다. 학교 밖도 논밭만 펼쳐진 고립무원이었지만 상관없었다. 논두렁을 따라 흐르는 개울물에 발을 담그고 올챙이와 개구리를 친구삼아 놀았다. 논두렁을 촘촘하게 채운 클로버 군락에서 네잎클로버라도 찾으면 기쁨의 폭죽이 가슴속에서 터져나왔다.

　50명씩 열두 개 반이 있는 큰 학교라 담양지역 졸업생을 제외하면 대부분이 나처럼 홀로 유학 온 아이들이었다. 각자 다른 환경에서 자란 108개의 중학교 출신 아이들이 아침 여덟 시부터 밤 10시까지 학교라는 울타리 안에서 함께 지냈다. 그곳에서 익명성이 주는 안온함을 처음 느꼈다. 학교는 순천고나 장성고의 명성을 좇아가려고 정규 수업 후 성적순으로 A, B, C반을 운영했다. 평소에는 남학생 여섯 반, 여학생 여섯 반이 따로 공부했지만, 저녁 특별반은 성적순으로 남녀 혼합반을 구성했다. 중간고사와 기말고사 시험 결과에 따라 3개월에 한 번씩 반이 바뀌었고 전교 30등 안에 드는 학생은 기숙사가 필수였다. 대학을 목표로 치열하게 공부하는 애들도 있었지만, 대부분은 순수한 시골 아이들 특유의 유쾌함과 배려심으로 성적과 상관없이 함께 어울렸다. 고향이 흑산도인 친구는 일찍 공부를 포기하고 학교 밖에서 남자친구를 사귀고 담배도 피웠지만 학교 안에서는 순수한 여고생으로 돌아왔다. 영어 단어를 외워 오지 않거나 반성적이 떨어지면 선생님이 반 아이들 전체를 책상 위에 무릎 꿇려 허벅지에 체벌을 가했다. 점심시간에도 30분 만에 도시락을 먹고 나머지 30분은 자율학습을 강요했다. 점심시간에 자율학습을 안 한다며 단체 매를 때리는 건 예사였고 수업시간에 졸다 걸리면 책상을 들고 복도로 나가 수업 받도록 했다. 그중에 학생들이 선호하는 체벌은 운동장 풀 뽑기였다. 친구들과 두런두런 이야기하며 지정된 구역 풀을 뽑다 보면 공부 스트레스도 풀리고 머리가 맑아졌다.

중학생 때는 취침시간이 밤 9시 전이었는데 갑자기 새벽 6시 반부터 밤 11시까지 깨어 있어야 해서 곤욕이었다. 블랙커피를 사발로 마셔도 수업시간에 졸음을 쫓기 어려웠다. 특히 점심 도시락을 먹은 후 몰려오는 식곤증은 호환 마마보다 무서웠다. 선생님의 판서가 시작되면 머리가 태엽 감는 인형처럼 자동으로 헤드뱅잉 했다. 허벅지를 꼬집고 눈에 잔뜩 힘을 주며 칠판에 집중하려 해도 흔들리는 머리를 통제할 수 없었다. 헤드뱅잉이 클라이맥스에 오르면 화가 난 선생님이 분필을 집어던졌다. 충격의 일격에 눈이 번쩍 뜨였고 교실은 웃음바다가 되었다. 나중에는 꾀가 나서 커다란 학습지는 펼쳐 그 뒤에 숨었다. 학습지는 졸음 마귀가 쓰여 제멋대로 춤추는 머리의 방패막이로 탁월해 선생님의 분필 공격을 피할 수 있었다. 창평은 곡성보다 평야가 많고 학교 주변은 죄다 논밭뿐이었다. 쉬는 시간에도 외부 출입금지라 학교 매점만 이용할 수 있었다. 매점의 판매 목록은 시중에서 볼 수 없는 하모니카빵(길쭉한 직사각형 모양의 축축한 페스츄리 안에 앙금이 들어 있고 겉면에 하모니카처럼 가로줄 칼집 모양)과 팥앙금빵, 컵라면 정도였다. 짧은 쉬는 시간에 매점에 갔다가 결정장애가 발동해 눈빛이 흔들리면 친구가 옆구리를 찔렀다.

"나는 앙금빵 살 테니까, 너는 하모니카빵 사. 같이 나눠 먹자."

다양한 선택지 앞에서 결정하는 걸 어려워하는 단점이 눈치 빠른 친구들 덕에 두드러지지 않았다. 친구들과 어울리며 일상의 무게를 덜어내고 가볍게 다루는 법을 배워갔다. 엉덩이가 무거워야 하는 고등학교에서 엉금엉금 느린 행동은 친구들한테 신중한 성격으로 비쳤다. 짝꿍은 '나무늘보'라는 별명을 지어줬다. 중학교 때라면 움츠러들고 기분 나빠했을 텐데, 애칭이 생긴 듯 좋았다. 언니들과 달리 책을 좋아하지 않아서일까? 빠르게 지문을 읽고 속뜻을 해석해야 하는 수능 국어시험이 수학보다 어려웠다. 국어 성적은 노력을 배신할 때가 많았다. 반면 영어나 수학은 깜지 쓰고 암기하면 노력의 결과가 딸려와 공부하는 재미가 있었다. 고2 수학을 만만하게 보고 이과를 선택했는데, 1학년 때랑 차원이 달랐다.『수학의 정석』을 닳도록 넘기며 머리카락을 뽑고 손톱을 물어뜯어도 도통 알 수 없는 문제뿐이었다.

작은언니는 서울에 있는 대학교에 다녔다. 명절이나 방학 때 집에 오면, 반짝이는 큐빅이 박힌 최신 유행 헤어핀이나 볼록한 반구 형태의 특색 있는 시계를 사왔다. 불어 한두 마디는 할 줄 알아야 입장이 되는 강남의 나이트클럽 체험기와 대학로의 예술영화전용관에서 본 영화 이야기는 서울에 대한 환상을 심어줬다. 데모 현장에서 노래패 공연하며 겪은 생생한 체험은 느린 태엽의 세계를 벗어나 청룡열차에 탑승하게 이끌었다.

고2 봄이었다. 주말에 집에서 TV 채널을 돌리다 새로운 세상에 눈을 떼지 못했다. 화려한 무대 조명과 음악, 아름다운 옷을 입고 무대를 횡단하는 모델들의 당당한 워킹은 조화롭고 충격적인 그 무엇이었다. 중학교 짝사랑 이후 멈췄던 심장이 다시 뛰었다. 국민학교 담임이 강요하던 과학자도, 아빠가 바라는 선생님도 아니었다. 패션디자이너가 되어 내가 디자인한 옷을 입은 모델들의 워킹을 상상했다. 황미나 작가의 순정만화에 나오는 주인공들처럼 로맨스 가득하고 화려한 디자이너의 삶을 꿈꾸면서 답답한 고등학교 생활을 버텼다.

아빠는 관광농원 식당으로 돈을 벌자 더 많은 돈을 벌기 위해 더 많은 돈을 투자했다. 대형버스와 운전기사를 두고 광주지역 단체 손님을 실어 날랐다. 쏨쏨이도 커졌고 전통 방식의 기와를 얹은 대연회장을 새로 지었다. 한두 달에 한 번 시골 집에 가면 펜션 방이나 야외에서 식사하는 손님들 음식 서빙을 도왔다. 계산한 돈뭉치가 앞치마를 가득 채울 때라 여전히 장사가 잘되는 줄로 알았다. 고3 때, 남동생이 같은 학교에 입학해 광주 자취방에서 함께 지냈는데 담임이 교무실로 불렀다. 육성회비와 학비가 미납상태라 했다. 얼굴이 화끈거렸다. 무리한 사업 확장으로 IMF 1년 전부터 빚에 허덕였지만, 가족들에게 말하지 않아 재정 상태를 알지 못했다.

아빠는 내가 사범대학을 나와 안정적인 직업을 갖길 원했다. 할머니는 아빠 고2 때 화재만 안 났으면 공부를 중단하지 않고 선생님이 되었을 거라며 평생의 한을 되새김질했다. 아빠는 그런 할머니의 미련을 딸이 이뤄주길 원하는 걸까? 아니면 본인이 가지 못한 길을 동경한 것인지 알 수 없었다. 하지만 내 꿈은 아니었다.

"패션을 전공하고 싶어요. 작은언니도 있으니까, 서울에 있는 대학에 지원하려고요."

 부모님의 사업이 허덕이는 걸 알았지만 알은체 하고 싶지 않았다. 내 길을 가고 싶었다. 서울에서는 해마다 패션위크가 열리고, 대형 원단시장이랑 도매시장도 서울에 집중되어 있었다. 지방에 남을 이유가 없었다. 광활한 도시의 화려함에 매혹되어 다른 선택지는 떠오르지 않았다. 엉금엉금 느리게 걷던 아이도 도시에 가면, 달리는 법을 터득하는 날이 오지 않을까? 큰언니는 졸업 후 조경회사에 다니다 아빠의 사업을 돕기 위해 시골로 돌아왔고 책을 좋아하던 작은언니는 국문학과 학생이었다. 의상디자인학과는 예체능과 이과, 문과 고등학생이 선택할 수 있는 대학이 구분되어 있었다. 수능 성적을 고려해 대학 원서를 접수하는데 작은언니가 다니는 대학의 의류학과가 이과 계열이었다. 배움에 대한 목마름이 있었던 부모님은 어려운 형편에도 내 선택을 존중해줬다. 엄마가 만들어준 보라색 공단 리본을 가슴에 품고 의류학과에 진학했다.

2부
20대, 삼기면에서 회기동을 거쳐 신림동까지

귀옥: 가족

새언니가 애를 낳아 몸조리하러 내려왔다. 남순은 서울에 혼자 남은 큰아들 영희가 걱정되어 수를 내었다.
"귀옥아, 너 서울 좀 다녀오련? 오빠 밥도 해주고 바람도 쐬고 좋지 않아?"
"오빠도 다 큰 어른인데 혼자서 밥도 못 해 먹을까 봐? 알았어."
시큰둥하게 대답했지만, 남순의 눈물바람으로 포기했던 곡성에 내려갈 좋은 기회였다. 들뜬 마음으로 곡성에 기별을 넣었다. 영희 오빠 집에 짐만 던져 놓고 서울역으로 향했다.
서울에서 곡성까지는 완행열차로 여덟 시간 정도 걸렸다. 1972년 2월 21일, 곡성역에서 3년간 펜팔하던 청년 동신을 처음 만났다. 햇볕에 그을린 피부에 다부진 어깨, 날카로운 콧날과 눈매가 사진과 그대로였다. 함께 버스를 타고 동신이 편지로 자랑하던 농장 앞에서 내렸다. 앙상한 겨울 뽕나무 가지가 하늘로 머리를 풀어 헤치고 양팔 벌려 반겼다. 짧은 해가 통명산 너머로 줄행랑치고 있었다.
"우리 아들이 결혼하고 싶다던 아가씨가 진짜로 내려왔네. 반가워요."

햇살 깃든 첫 보금자리·황귀옥

동신의 어머니 순복은 귀한 손님이 내려왔다며 반갑게 맞이하고 서둘러 자리를 피했다. 종일 아무것도 먹지 못해 배가 꼬르륵거렸다. 쌀이 어디 있는지 물었다. 밥해준다고 하니 동신이 머쓱한 웃음을 지으며 쌀 항아리로 안내했다. 물은 빨래터에서 길어서 먹는다고 했다. 우측 비탈길로 이어진 빨래터는 깨끗한 계곡물이라 식수를 겸하고 있었다. 물을 길어와 부뚜막에 가마솥을 걸고 밥을 해먹었다. 동신은 어둑한 방에 호롱불을 켰다. 창문에 호롱불을 매달아 은은한 불빛이 방안을 포근하게 감쌌다. 포천 집은 몇 년째 전기를 사용하는데 전라도는 아직이었다. 남순이 알면 기겁하겠다 싶어 웃음이 났다. 방에는 셰익스피어 전집과 농사 관련 책들이 즐비했다. 예상대로 책을 좋아하는 사람이었다. 셰익스피어 희곡을 꺼내 번갈아 가며 한 소절씩 읽었다. 듣기 좋은 중저음 목소리가 방 안 가득 차올랐다.

　동신은 편지로 전하지 못한 이야기를 꺼냈다. 육군 사관학교에 가려다 결격사유에 걸려 포기했다고 말했다. 돌 전에 아버지가 반란군 누명으로 돌아가셨고 그게 발목을 붙잡는 빨간 줄이 되었다. 아버지의 억울한 죽음은 가족의 깊은 상처라 했다. 동신은 순복의 소원대로 교사가 되려 했다. 하지만 운명의 여신 라케시스는 동신이 두 번째 꿈에 안주하게 내버려두지 않았다. 고2 방학을 앞둔 12월 5일은 인생행로가 뒤바뀐 날이라 똑똑히 기억했다. 학교로 전화가 와서 급하게 고향에 내려갔다. 마을에 큰불이 나서 집과 그해 수확한 벼가 잿더미로 변해버린 후였다. 순복과 함께 뒷바라지를 해주던 할아버지가 큰 화상을 입었다. 집도 새로 지어야 하고 먹을 거라

고는 도반장(쌀 창고)에서 긁어모은 탄 볍씨가 전부였다. 동신은 조대부고로 돌아가지 못했다. 당장 먹을 것, 입을 것도 없고, 할아버지의 병원비도 마련해야 했다.

열여덟 살 겨울, 학교를 중퇴하고 농부가 되었다. 순복이 바라던 교사는 아니지만, 꼭 농사로 성공하리라고 마음먹었다. 할아버지는 이듬해 가을을 넘기지 못했다. 열아홉 살에 가장이 되었다. 농사를 시작하고 보니, 일반적인 농사법은 쌀 수확량이 너무 적었다. 당시 농업 선진국이던 일본의 농법서를 보고 '비닐 보온막 터널 못자리' 농법을 따라했다. 한 달 먼저 모내기한 논은 제일 먼저 황금물결로 일렁거렸다. 다수확의 꿈도 잠시, 금계 다랭이논 돌무더기에 숨어 살던 쥐들이 몰려와 주린 배를 채웠다. 황금물결은 쥐떼의 습격으로 폐허가 되었다. 다음해엔 주변 논과 수확 시기를 맞춰 다수확에 성공했다.

동신의 고향인 금계는 통명산 자락에 옹기종기 모여 살아 풍광은 좋았지만, 경운기나 차가 왕래할 수 있는 넓은 도로가 없었다. 농사 규모를 키우려면 잘 닦인 농로가 필수였다. 마을회의에서 도로 확장 문제를 꺼냈다. 농로를 내려면 인력 지원은 물론 길에 편입되는 논밭 주인의 허락이 필요했다. 이장 직함을 걸고 설득했지만 반대가 거셌다. 정씨 집성촌인 금계마을에 남아 과거를 답습할 것인지, 밖으로 나가 꿈을 펼칠지 결단을 내려야 했다. 동신은 그때부터 노치, 연반, 금반 등 인근 땅을 보러 다녔다. 멀리 입면 땅도 매물로 나왔지만 마지막에 틀어졌다.

1969년 여름, 순복이 겸면 친정집에 제사 지내러 가는 길에 블로치고개 농장에 들렀다. 수박을 사러 갔다가 뽕밭 1정 4반(4,200평)이 매물로 나온 얘기를 듣고 아들에게 이야기했다. 동신의 결정은 빨랐다. 논 다섯 마지기와 1년 농사지어 번 돈에 송아지까지 팔아 165,000원에 농장을 샀다. 탁 트인 전경에 늙지 않는 고개라는 '블로치' 명칭도 마음에 들었다. 귀옥이 농장 입구에서 본 '협업상전' 푯말은 세 사람이 공동 운영하는 뽕나무농장을 뜻했다. 농장은 공평한 분할을 위해 손으로 깍지를 낀 것처럼 세 사람 땅이 맞물려 있었다. 지금은 농장 삼분의 일만 소유하고 있지만, 돈을 모아 12,000평 땅을 모두 살 계획이라 했다. 동신을 사로잡은 땅의 매력이 궁금해졌다.

다음날 새벽, 달그락거리는 소리에 눈을 떴다. 마을에서 잠을 자고 온 순복이 아침밥을 준비하고 있었다. 가만히 있기 황송해 부엌일을 도왔다. 순복은 읍내에서 기념사진을 찍으라며 집안 고모뻘인 경자를 불렀다. 동신은 하얀 와이셔츠에 줄무늬 넥타이를 매고 양복을 걸쳤다. 코트까지 입으니 넓고 다부진 어깨가 두드러졌다. 곡성 읍내 사진관에서 그날을 박제하고 기차에 올랐다. 1박 2일의 짧은 일정이지만 긴장한 탓인지 돌아오는 기차 안에서 쓰러져 잠을 잤다.

3개월 후엔 동신이 서울로 올라와 영희 오빠랑 셋이 창경궁 데이트를 즐겼다. 함께 저녁을 먹고 아쉬운 작별 인사를 나눴다. 곡성에 다녀온 후 4개월간 새언니 대신에 영희 오빠를 챙겨주다 포천으로 돌아왔다.

동신은 어머니가 보고 싶어 하니 한 번 더 곡성에 내려오라고 편지했다. 눈치가 보여 운천 이모네 다녀오겠다며 집을 나섰다. 운천에 들렀다 곡성 가는 기차를 탔다. 곡성터미널에서 석곡행 버스가 자주 없어 옥과행 버스를 타고 가다 삼기삼거리에서 내렸다. 한 시간을 기다려야 버스가 온다고 했다. 지루한 게 싫어 걸어가자고 했다. 여름이라 미니스커트에 구두를 신었는데, 비포장 신작로에 트럭이 지나가면 뿌연 흙먼지가 안개처럼 피어올랐다. 동신은 조심스레 오른팔을 내밀었다. 긴장한 팔에 단단한 근육이 느껴졌다. 새 구두가 뒤꿈치를 물어뜯어 저릿한 고통이 귀옥을 흥분시켰다. 동신과 함께 걷는 이 길이 끝나지 않기를 바랐다.

두 번째로 곡성에 다녀온 후 청혼 편지를 받았다. '나는 할 줄 아는 게 없어요.' 망설이는 이유였다. '일 시키려고 결혼하자는 게 아니야. 너니까 결혼하고 싶은 거야.' 짧은 문장에 흔들리는 마음이 붙들렸다. 귀옥에게 '가족'이라는 배의 선장이 되어줄 사람이었다. 시간이 멈춰버린 조침리를 벗어나 동신의 배로 옮겨 타 새로운 곳을 항해할 때가 된 것이다. 인생길에 순풍도, 역풍도, 태풍도 만나겠지만 둘이 함께라면 극복할 수 있지 않을까. 용기 내기로 했다.

긴 머리를 잘랐다. 복잡한 시골생활에 긴 머리는 거추장스러울 게 뻔했다. 미용실에서 탐스러운 갈색 머리칼이 아깝다며 붙임머리 가발을 만들어주었다. 집에 가져가 가발을 내밀었다. 남순은 전라도 남자랑 결혼하면 동네 창피해서 못 사니 저수지에 같이 빠져 죽자고 했다. 이미 마음먹은 터라 남순의 울음에 흔들릴 귀옥이 아니었다. 신중한 광성은 달랐다.

"좋아하는 사람 생겼을 때 결혼시켜야지. 올라오게 기별 넣어라."

다음날 남순은 가을걷이하러 가자며 귀옥을 불렀다. 포대 자루와 낫을 들고 산길을 따라 올랐다. 신경질적으로 앞서가며 자꾸 혼잣말했다.

"지가 좋아서 간다는데 내가 어째……. 고생 한번 해보라지!"

말라비틀어진 콩대를 신경질적으로 베며 중얼거렸다.

"일을 해봤어야 무서운 걸 알지? 왜 거기 사람들을 개똥쇠라 부르겠어! 귀한 집으로 시집가라고 일도 안 시키고 아껴 키웠더니 대관절 전라도가 웬 말이야!"

연신 혀를 끌끌 찼다. 괜히 말 보태봐야 된서리보다 무서운 속사포가 쏟아질 게 뻔했다. 늦가을 햇볕보다 따가운 눈초리를 받으며 묵묵히 콩대를 날랐다. 이제는 동생들 쫓아 가파른 가출고개를 넘을 일도 없겠다 싶어 고갯길을 마음에 담았다.

큰오빠 영희는 벌써 애가 둘인데 자리를 못 잡아 땅이랑 살 곳을 따로 마련해줬다. 연순 언니는 강원도 양장점에 자리를 잡았고 언니를 연모하는 남자가 매일 양장점을 찾는다고 했다. 똑똑한 영숙은 고등학교 졸업 후 농협에 취직해 집안의 자랑이었다. 혜숙은 잠잘 때도 살뜰하게 챙기는 아버지 광성이 곁에 있어 마음이 놓였다. 마냥 사랑스러운 막내 백자는 영숙보다 공부 욕심이 많았다. 아버지가 100점 맞으면 100원을 준다는 말에 한 번도 안 빠지고 100점짜리 성적표를 흔들었다.

10월 23일, 동신이 새벽 열차를 타고 해넘이에 조침리에 당도했다. 광성은 친구들과 약주를 마시고 일찍 잠자리에 든 후였다. 식구들끼리 저녁을 먹는데 반가운 헛기침 소리가 들렸다. 동신이었다.

인사드리러 오겠다는 약속을 지키려고 가을누에를 수확하자마자 새벽 열차를 탔다고 했다. 눈이 휘둥그레진 남순은 조용히 저녁상을 차려주고 내일 이야기하자며 사랑방에 재웠다. 귀옥은 아버지가 새벽에 일어나 일한다는 귀띔을 했다. 동신은 새벽 기침 소리에 깨어 광성을 따라다니며 일을 도왔다. 점심때가 되어 식사 준비를 하는데, 광성이 동네 어르신 두 분을 증인으로 모셔와 즉석 약혼식을 치렀다. 남순은 금반지랑 시계, 닷 돈짜리 목걸이를 해주지 않으면 절대 시집보내지 않겠다고 으름장을 놨다. 귀옥은 마음이 불편했다. 시집가는데 돈에 팔려 가는 것처럼 첫 대면에 예물 요구가 과했다. 그렇게라도 어깃장을 놓고 싶은 모양이었다. 증표로 일동면 사진관에서 약혼사진을 찍기로 했다. 짧은 머리를 실오라기 하나 남지 않게 참빗으로 빗어 묶음 머리를 했다. 남순은 손수 바느질한 연분홍 치마저고리를 내밀었다. 잔잔한 꽃 자수가 놓인 고급 원단이었다. 옷고름 대신 커다란 크리스탈 브로치를 달아주었다. 곤색 양복 차림의 동신과 어깨를 맞대고 약혼사진을 찍었다. 사진사는 웃으라는데 긴장해서 자꾸 얼굴 근육이 굳었다. 괜찮다고 해도 동신이 예물 맞추러 가자고 고집을 부렸다. 연순 언니는 결혼예물로 신랑 양복을 직접 만들어주겠다며 치수를 쟀다. 추워지기 전에 결혼식을 올리기로 했다. 11월 26일로 날을 받았다. 한 달 뒤면 결혼이라니 얼떨떨했다.

    시간의 꽃잎이 빠르게 손끝 아래로 흩어졌다. 결혼식을 2주 앞두고 남순이 아침부터 외출 채비를 했다. 설거지하는 귀옥에게 옷을 갈아입으라고 보챘다. 동대문 장롱가게에 들러 화려한 봉황 문양에 여닫이문이 달린 12자 자개장롱을 골라줬다. 비단 금침이불과 입고 벗고 할 여벌옷도 샀다. 동대문에서 일꾼 둘을 사서 장롱이랑 이불을 화물차로 내려 보냈다. 곡성에 미리 기별도 못 넣고 쪽지를 적어 화물 편에 보냈다. 동네 창피해서 못 산다며 대차게 반대하던 남순이 일사천리로 결혼 준비를 도왔다. 미안하기도, 섭섭하기도 했다. 금숙이 결혼선물로 황금색 양장 앨범을 선물했다. 두툼한 앨범 가득 추억을 채우라는 응원도 잊지 않았다. 결혼식이 임박했는데, 언니가 만들어준다던 신랑 양복이 도착하지 않아 애간장이 녹았다.

동신은 우인 대표 봉석과 친할아버지를 상객으로 데려왔다. 어머니와 함께 동신을 기른 할아버지는 여러 번 새장가를 들어도 자손을 보지 못했다. 친할아버지는 둘째 형의 딱한 사정을 듣고 첫째 아들을 양보했다. 동생의 아들을 호적에 올리고 얼굴이 동그랗고 야무진 순복을 며느리로 점찍었다. 음력 정월 열하레 날에 대사(大事)를 치렀다. 순복은 겸면에서 삼기면 금계마을로 시집왔는데 동네에서 뚝 떨어진, 호랑이가 달칵 물어갈 대나무밭에 신접살림을 차렸다. 시아버지가 새 장가들 때 자손이 많이 나는 곳을 택해 지은 집이었다. 순복은 시집와서 1년 만에 첫아들을 낳았다. 시어른들 사랑을 듬뿍 받던 아이가 음력 8월 14일에 경풍이 나서 눈이 뒤집히고 뒤로 벌떡 넘어갔다. 지초를 캐서 우려낸 꽃자주색 물을 먹이니 죽게 생긴 아이가 되살아났다. 하지만 그 후로 자주 머릿몸이 아파 열이 가시지 않았다. 추석 지나고 음력 9월 9일에 풍년을 기원하는 '올게심니' 풍습이 있었다. 떡이랑 음식을 나눠 먹고 젖을 물린 뒤 아이를 시부모님 방에 데려다줬는데, 시어머니가 잠을 깨웠다. 10월이면 돌인데 뭐가 급한 지 1년을 못 채우고 떠났다. 첫애를 잃고 1년 만에 둘째 아들을 낳았는데, 그 애가 동신이었다. 아버지 정수태는 순복과 함께 있다가 마을 청년들이 불러 잠깐 다녀오겠다는 말을 남긴 채 소식이 끊겼다. 실종된 줄 알았는데 아들 돌잔치 전에 시체로 돌아왔다. 키워준 할아버지도 동신의 결혼을 못 보고 양아들 곁으로 떠났다. 돌고 돌아 친할아버지가 손자의 결혼식 상객이 되었다.

우인 대표가 함진아비를 했는데, 결혼식 전에 함지기한테 밀가루와 달걀을 던지는 풍습이 있었다. 남순은 식 끝나고 먼 길 내려갈 사람이니 옷을 더럽히면 안 된다고 신신당부했다. 마을 청년들에게 고기와 술을 잔뜩 먹여 딴짓 못하게 했다. 동신이 도착한 날 새벽에 연순 언니가 만든 맞춤 양복이 도착했다. 곤색 양복 위에 흉배가 있는 단령을 입고 사모관대를 걸쳤다. 신랑 일행이 신부 집에 가는 걸 장가간다고 하는데, 초행은 사모관대를 갖춰 입고 말을 타고 가는 게 일반적이다. 대반(신랑의 시중드는 사람)이 말 대신에 신랑을 등에 업고 신부 집 마당으로 들어오니 짓궂은 사람들이 코뚜레를 만든다며 대반의 코를 잡아당겼다. 좌중이 웃음보를 터뜨렸다.

귀옥은 초록 저고리와 빨간 치마를 입고, 그 위에 스란치마와 장삼을 걸쳤다. 짧은 머리에 가체를 올려 족두리를 쓰고 비녀를 꽂아 드림댕기를 내렸다. 신랑 측이 나무로 만든 기러기를 신부 측에 전달하는 것으로 혼례가 시작되었다. 절을 할 때는 신부가 먼저 두 번, 신랑이 답배로 한 번, 신부가 다시 두 번, 신랑이 다시 한 번 했다. 절을 마치고 준비된 세숫대야에 손을 씻으면 교배지례가 마무리되었다. 수모(신부 시중드는 사람)가 술을 표주박에 떠서 신부에게 주면, 신부는 살짝 입에 대고 대반을 통해 신랑에게 넘겼다. 대반이 술을 떠서 신랑에게 주면, 신랑도 입만 살짝 대고 수모를 통해 신부에게 넘겼다. 세 번째 잔은 합환주라 서로 잔을 교환해 진짜로 마셨다. 전라도는 장가간 집에서 하룻밤을 보낸 후 신부를 집으로 데려가는데, 경기도는 그런 전례가 없었다. 대사를 치른 후 잔치 음식을 나눠 먹는데 11월 끝자락에 함박눈이 장관이었다. 혼례 때 입은 치마저고리 대신 두꺼운 모직 저고리로 갈아입고 그 위에 겨울 코트를 걸쳤다. 아버지 광성이 요객으로 곡성까지 동행하기로 했다. 남순이 음식을 바리바리 싸서 남편 손에 쥐어주는데 광성은 먼 길 가는데 거추장스럽다며 손사래 쳤다. 지켜보던 당고모가 음식 보자기를 들고 따라가겠다고 나섰다.

"곡성이 서울만큼 가까운 덴가? 애미인 나도 못 따라가는 걸. 애비 혼자 다녀오게 두세요."

서운한 마음 갖지 말라며 귀옥에게 귓속말을 전했다.

"큰 부잣집에 시집가는 것도 아닌데 괜히 말 물어낼까 무섭다."

호되게 내린 첫눈으로 도로가 마비 상태였다. 3륜차들은 삐딱삐딱 길가에 세워져 있고 대형버스만 겨우 다녔다. 흔들리는 만원 버스에 올랐다. 동신과 우인, 상객(신랑 할아버지, 아버지 대신), 요객(신부 아버지), 귀옥까지 총 다섯 명이 눈길을 달려 서울역에 도착하니 한밤중이었다. 급행열차 안에서 첫날밤을 함께 보냈다. 덜컹거리는 기차 안에서 동신이 귓속말을 했다.

"여보!"

피곤함을 잊고 행복감이 밀려왔다. 미지의 벗이 오빠가 되고 남편이 되었다. 뽕나무농장과 정 많은 시어머니 순복이 귀옥을 기다리고 있을 터였다. 밤샘 기차 안에서 머리가 엉망이 되었다. 새신부인데 혼례 축하잔치에 그대로 갈 수 없어 곡성 미용실에 들렀다. 머리를 매만지는 동안 네 남자는 미용실 간이의자에 나란히 앉아 꾸벅꾸벅 졸았다. 남순은 새색시가 돈 가지고 시집가면 가난하게 산다고 했고, 연순 언니가 챙겨준 돈으로 미용실 값을 치렀다. 밤새 내린 눈이 곡성을 하얀 눈의 왕국으로 만들었다. 석곡행 버스가 힘겹게 신작로 위를 기어갔다. 삼기삼거리를 지나 블로치 입구에서 내렸다.

동신이 앞서 걸으며 눈길을 냈고, 그 뒤로 우인, 요객, 상객이 뒤를 따랐다. 귀옥이 맨 뒤에서 모직치마를 들고 5분 남짓 오솔길을 걸었다. 김장배추 키만큼 눈이 내려 발이 풍풍 빠졌다. 하얀 눈에 파묻힌 배추가 초록 대가리를 내밀고 앞서 반겼다. 곡성 집은 잔치가 벌어져 진한 참기름 향과 지글지글 전 부치는 소리에 앞마당까지 들썩거렸다.

광성은 딸이 살 집을 조용히 살폈다. 전기도 들어오지 않는 딱한 사정을 보고 눈물을 삼켰다. 말도 못하고 먼 산만 바라보는 아버지 모습에 귀옥도 눈물이 났다. 흐르는 눈물에 거치적거리는 인조 눈썹을 쭉쭉 뜯어 앞마당에 던져버렸다. 고달픈 시골생활에 무슨 필요가 있을까 싶었다. 순복이 친정에 가져갈 온갖 산해진미를 싸줬는데 광성은 한사코 마다하며 그날 저녁 빈손으로 떠났다.

쉰 명이 넘는 사람들이 신부 구경하겠다고 찾아와 요리조리 뜯어보고 '눈이 이쁘네' '코가 이쁘네' 한마디씩 건네는 통에 부끄러워 얼굴도 들지 못했다. 전라도는 대반(신부 시중드는 사람) 풍습이 있어 곡성 집에 도착하는 순간부터 극진한 대접을 받았다. 또래의 대반은 온종일 곁을 지키며 밥도 떠주고, 인사할 때 앉고 일어나는 타이밍을 알려주었다. 화장실에 가고 싶은 내색을 하면 인사온 사람들을 물리고 데려갔다. 낯선 곳에서 살뜰히 챙겨주는 대반이 곁에 있어 의지되었다. 나중에 물으니 동신의 고향 금계에 사는 동수 형의 마누라라고 했다. 잔치는 밤새 이어져 먼 길 온 친척들은 가운데 방에 한데 모여 자고, 대반이 안방에 신랑 신부 이부자리를 봐줬다. 얇은 미닫이문 너머로 뒤척이는 소리와 코 고는 소리가 들려 숨을 쉬기도 어려웠다. 두 번째 긴긴밤이 지나가고 있었다.

밤새 뒤척이다 새벽녘에 잠이 들어 늦잠을 자버렸다. 순복은 새색시를 깨우지 않고 새벽부터 일어나 조용히 아침밥을 준비했다. 손님들은 일찍 돌아가고 없었다. 산중 해는 늦게 떠올랐지만, 그 빛이 강렬해 전날 내린 대설을 순식간에 녹여 내릴 기세였다. 좁쌀보다 작은 누에씨를 깨운 후 연한 뽕잎을 먹여 네 번 잠을 재우고 깨우는 과장을 반복할 때 한결같이 돌봐야 건강한 누에고치를 수확할 수 있다고 했다. 사랑하는 사람과 함께 가족을 이루고픈 꿈을 이뤘지만, 이제부터 시작이었다. 반복적이고 고단한 시골생활을 정성스레 살아야 빛나는 비단실을 뽑는 누에고치처럼 값진 인생을 건져 올릴 것이다. 동신이 이끄는 인생 항로에 발맞춰 노를 젓다 보면 농장도 커지고, 호롱불 대신 전깃불 아래 엎드려 다시 한번 셰익스피어 전집을 번갈아 읽을 날이 올 것이다. 스물한 살 귀옥은 떨리는 가슴으로 동신이 일궈온 농장을 바라봤다. 이제부터 시작이었다.

동신은 2대 독자라 군대를 연기했는데, 다시 영장이 나와 이듬해 3월에 방위병으로 입대했다. 임신 4개월 차였다. 장성 근처 광주 31사단 훈련소에 3주간 입소해 교육을 받는다고 했다. 양복을 입고 귀옥이 챙겨준 갈아입을 속옷과 양말 가방을 어깨에 둘러멨다. 동신을 태운 버스가 보이지 않을 때까지 손을 흔들었다. 순복 몰래 흐르는 눈물을 훔쳤다.

훈련을 마친 동신은 까까머리로 돌아왔다. 잠을 자다 깼는데 암만 봐도 뒤통수가 낯설었다. 남의 남자 같고 이상했다. 동신은 남들 36개월 군 생활을 압축해서 경험했다며 너스레를 떨었다. 취침 전 점호할 때 관등성명을 틀린 사람이 한 명이라도 나오면, 야밤에 연병장을 돌았다. 6시 기상나팔 소리에 일어나 3월 꽃샘추위와 싸우며 야전 훈련을 받았다. 교관들은 맛 좀 보라는 식으로 호되게 돌렸다. 식사시간은 5분만 주어져 느긋하게 먹을 시간이 없었다. 서너 입 먹고 남은 밥을 퇴식구에 밀어 넣어야 했다. 첫 일주일은 견딜 만했는데 그 이상 넘어가니 주린 배를 참기 힘들었다. 주말에 PX에 가서 빵이라도 사 먹어야 버틸 수 있었다. 씻을 곳도 없고, 속옷을 갈아입을 시간도 없었다. 집으로 돌아온 남편의 속옷 가방을 열어 보니 새까만 이가 흰 속옷을 점령군처럼 차지하고 있었다. 깜짝 놀라 손도 대지 못하고 가마솥에서 푹푹 삶았다. 까다로운 식성이라 가리는 음식이 많았는데, 훈련소에서 굶다시피 하니 옥수수떡이든 돌멩이든 다 삼킬 정도라고 했다. 집에 돌아와 먹성 좋게 먹는 걸 보니 속까지 다른 사람이 된듯해 웃음이 났다.

6개월간 출퇴근하며 근촌마을 무기고를 지키는 방위 근무를 했다. 두 명씩 밤샘 교대근무를 이틀씩하고 3일째 집에 왔다. 김신조 사건에 이어 비극적인 실미도 사건이 일어난 지 몇 년 되지 않았을 때라 현역 군인이 불시 검열을 자주 나와 군기가 바짝 든 상태로 무기고를 지켰다.

귀옥이 첫딸 은미를 낳던 날도 동신은 무기고 밤샘 근무 중이었다. 가을누에를 키울 때라 일손을 보태려고 와있던 금계 기동떡과 순복이 딸을 받았다. 안방에서 어설픈 솜씨로 애 젖을 먹이는데 순복이 삶은 옥수수와 김치를 귀옥에게 가져다줬다. 물러진 치아로 단단한 옥수수를 베어 무니 치아가 흔들렸다. 그날 먹은 신김치 때문에 신물이 넘어오고 속병이 나서 오래도록 고생했다. 귀옥이 해산한 날 먹은 옥수수 때문에 치아가 약해졌다고 하면 순복은 믿지 못하겠다는 투로 받아쳤다.

"나는 아무 이상 없던데 너만 왜 그런다니?"

귀옥은 서러운 티도 못 내고 속으로만 삼켰다.

이틀 밤샘 근무하고 돌아온 동신은 새 생명의 탄생에 놀라워했다.

"다리도 길고, 손가락도 길고, 영 이쁘게 생겼네."

보수적 교육을 받고 자란 동신은 어른 앞이라 조심스러워 애를 안아보지 못했다. 대신 고생했다며 등을 두드렸다. 위아래 집으로 배가 불러 아랫집 아짐이 6개월 먼저 애를 낳고 그 후에 귀옥이 첫딸을 낳았다. 아랫집 애는 태어난 지 반년이 넘어 볼살이 통통하게 올랐는데, 우리 애는 마르고 자그마해 예쁜지를 몰랐다.

누에고치 농사로 바쁠 때라 몸 풀고 3일 이상 누워 있는 게 눈치 보였다. 젖먹이를 시어머니한테 맡기고 끼니때마다 일꾼 수십 명분 밥을 했다. 한겨울에는 쉬었다가 봄부터 순복을 따라다니며 밭일을 배웠다. 누에는 밤 12시에 마지막 밥을 주고 새벽 4시에 첫밥을 줘야 해서 항상 잠이 부족했다. 누에가 마지막 네 번째 잠을 자기 직전에는 더 많이 먹어 아가씨들 열댓 명이 집에서 자며 누에를 돌봤다. 귀옥은 벽에 기대 꾸벅꾸벅 졸았다. 딸애가 울기라도 하면 젖 준다는 핑계로 쉴 텐데, 한번 먹으면 보채지도 않고 잘 잤다. 아가씨들은 딸이 눈치 없이 잠만 잔다며 놀렸다.

첫딸이 태어나고 집에 전기가 들어왔다. 앞마당에 작두샘도 파서 물 긷기가 수월해졌다. 1년 만에 손녀딸을 보러 온 광성의 표정이 밝았다.

"너네는 도깨비 살림살이냐?"

한해가 다르게 나아지는 살림살이를 보고 좋아했다. 전기가 들어오고 얼마 안 있어 텔레비전을 샀다. 지붕에 설치된 위태로운 안테나에 의지해 방안에서 영상을 볼 수 있는 게 신기했다. 채널은 몇 개 안 되지만 신세계였다. 텔레비전이 한 대라 순복은 물론 일꾼들도 저녁밥을 먹으면 건너가 자지 않고 드라마를 보며 자울자울했다. 시어머니 눈치를 보며 이부자리를 펴야 일꾼들도 졸린 눈을 비비며 건넛방으로 갔다. 자연스레 부부간에 대화가 줄었다. 동신은 신문물인 전기밥솥도 사왔다. 끼니마다 불을 때서 밥하는 시간을 덜어주고 싶어서였다. 순복은 사용도 안 해보고 반대부터 했다.

"가마솥에 밥을 해야 군불로 누룽지도 해먹지. 이렇게 쓸데없는 걸 왜 사왔어? 당장 다시 갖다 줘라."

전기밥솥은 숲속 마녀의 항아리처럼 신비로웠다. 전선이 연결되어 종일 밥이 따뜻했다. 끼니마다 밥을 안 해도 반찬만 준비하면 뚝딱 먹을 수 있었다. 처음에는 펄펄 뛰고 화내던 순복도 아들이 사온 전기밥솥의 편리함에 감탄했다. 사용하던 밥솥이 고장나자 빨리 가서 사오라고 재촉한 건 귀옥이 아니라 순복이었다.

친정엄마 남순의 생일은 음력으로 9월 12일이고, 아버지 광성의 생일은 9월 17일인데, 시어머니 순복의 생일이 9월 16일이었다. 어쩔 수 없이 순복의 생일상을 차려주고 그날 아침 열차로 포천에 올라갔다. 순복은 친정 가져가라며 살아 있는 토종닭을 보자기에 싸줬다. 닭이 놀랐는지 열차 안에서 물똥을 싸대서 똥물이 기차 바닥에 지도를 그렸다. 민망하고 부끄러운데 산 닭을 버리지도 못하고 난감했다. 그 후로는 시장에서 제일 큰 황금빛 참조기를 사줘서 그걸 들고 고향에 갔다. 명절 지나고 오랜만에 포천 집에 갔더니 남순이 동신을 앉혀놓고 하소연했다.

"자네 먼저 곡성 내려가게. 너무 멀어 딸 얼굴을 자주 못 보니 올라온 김에 두어 달 데리고 있어야겠네."

동신은 그 말이 진담인 줄 알고 밤새 같이 내려가자고 졸랐다. 보채는 게 재미있어 대답을 안 했다.

시집오고 첫해에는 눈치도 없고 살림도 서툴렀다. 순복은 밭일 갈 때 며느리는 두고 아들만 데리고 나가 일했다. 집 안 청소를 마치고 창문 너머로 동신과 순복이 두런두런 이야기하며 일하는 게 보였다. 혹시 내 흉을 보나? 무슨 이야기를 저렇게 재미나게 할까? 묘한 감정과 질문들이 떠올라 서운했다.

겨울에는 한갓지게 쉬고 화풍이 건듯 불어오면, 동신은 면사무소에 신청한 누에알을 받아왔다. 누에고치를 까고 나온 나방은 한 번에 2,000개의 알을 낳는데 서숙 알보다 작았다. 집에서 직접 알을 까기 힘들어 군 잠업계에서 뽕나무밭 보유량에 따라 신청한 누에알을 봄가을로 두 번 받아왔다. 누에는 부화할 때 온도와 습도가 중요했다. 10일 전후로 부화하는데 이때 온도 차를 최대한 줄여야 한 번에 깨울 수 있었다. 따뜻한 온돌방 채반 위에 누에알을 놓고 환기를 시켜야 까맣고 작은 개미누에가 깨어났다. 새벽 4시에 첫밥을 먹어 동신은 2시에 일어나 뽕나무밭으로 갔다. 물기가 있거나 농약 묻은 뽕잎을 먹으면 누에가 병들어 죽기 때문에 새벽이슬 맞은 뽕잎은 물기를 말린 후 사용했다. 부화한 누에에게 연하고 부드러운 뽕잎을 새벽마다 따서 잘게 썰어 먹였다. 주인처럼 입맛이 까다로워 시들하고 뻣뻣한 잎은 먹지 않았다. 5~6일간 잘 먹은 누에는 더 이상 먹지 않고 머리를 치켜들고 흔들었다. 잠잘 시기가 왔다는 신호였다. 잠을 자면서 껍질이 딱딱해지는데, 허물을 벗고 나오면 누에가 커졌다. 누에가 잠잘 때는 뽕나무밭 간사리 땅에 콩, 도라지, 참깨를 심었다. 누에가 허물을 벗으면 열두 시간 이내에 첫 뽕잎을 주고 지저분한 똥은 바로 치워야 했다. 그렇게 네 번 잠을 자고 일어난 누에는 5령이 된다. 5령 누에는 7~8일간 왕성하게 뽕잎을 먹어 마을 처녀 열댓 명이 숙식하며 누에를 돌봤다. 한창 먹을 때는 하얀 누에 몸에 푸른빛이 도는데, 5령의 누에는 먹은 걸 다 배출해 몸이 맑고 노랗게 변했다. 처음 태어났을 때보다 1만 배 크기로 커졌다. 누에가 먹는 걸 멈추고 머리를 하늘로 향하면 익은 누에가 된 것이다. 볏짚을 지그재그로 엮어 만든 누에섶을 올려주면, 누에가 섶에 자리를 잡고 입에서 토해 낸 실로 타원형의 고치집을 지었다. 완성된 고치집은 수확해서 자루에 담았다. 매상 시기가 되면 경운기에 한 차씩 싣고 면사무소에 가져갔다. 양잠업은 국가기간사업으로 쌀처럼 등급을 매기고 무게를 달아서 매상했다. 잘 키운 누에는 껍질이 단단하고 굵어서 최고등급을 받았다. 누에를 팔아 번 돈으로 협업상전의 나머지 땅을 차례로 샀다. 대명교회 장로님이 운영하던 구역은 결혼 후 3년 만에 35만원을 주고 샀다. 그 후로 농장 근처에 고속도로가 나면서 땅값이 10배로 뛰었다. 이순철씨가 운영하던 나머지 뽕밭은 360만원에 샀지만, 투자라고 생각해 아깝지 않았다. 한 간살씩 손가락 깍지를 낀 것처럼 엉켜 있던 협업상전의 주인이 되었다. 누에는 박정희 군사정권 시기에 시골 소득을 창출하기 위해 국가 주도로 이루어진 사업이었다. 야전을 개간하여 밭을 만들고 뽕나무를 심어 누에고치를 키우도록 장려했다. 경기가 좋을 때는 누에고치를 한 경운기씩 매상하면 1년에 200~300만원을 벌었다. 면 직원 월급이 3~4만원 미만일 때라 몇십 년 치 봉급을 한 번에 번다며 부러워했다.

　새로 난 고속도로 주변으로 빠르게 주택개량사업이 이뤄져 저리 융자로 집을 짓는 사람이 늘었다. 동신은 돈을 벌어 인색하지 않게 주변 사람을 챙겼다. 국민학교 동창에게 잠실 한 동을 새로 지을 값만 받고 농장 땅 150평을 집터로 내줬다. 교회 장로님의 뽕밭을 소작하던 상수네는 먼 친척 벌이라 집 지을 땅을 공짜로 줬다. 블로치 입구에서 우측으로 들어오면 좌측이 국민학교 동창집이고, 그 맞은

편 파란대문이 상수네였다. 갈림길에서 위를 바라보면 귀옥의 집이 보였다. 통명산 자락을 끼고 비슷한 나이의 세 가족이 모여 사는데 집집마다 아이가 서넛이라 활기가 넘쳤다. 제사 지낸 다음 날 아침은 세 가족이 한 집에 줄줄이 상을 펴고 음식을 나눠 먹었다. 시골 특유의 순진함으로 똘똘 뭉친 아이들은 함께 어울렸고 자연스레 형이랑 누나가 동생을 챙겼다. 세 집뿐이지만 부족함 없이 사이좋은 마을이었다.

동신은 일꾼들과 어울려 새벽부터 밤까지 일했다. 함께 사는데 결혼 전보다 대화시간이 부족했다. 저녁에도 잠들기 전까지는 순복이 함께 있어 부부간에 이야기할 기회가 없었다. 동신이 성실하게 가정을 이끌어가니 감사한 일이지만 배불리 먹고도 가끔 허기가 몰려왔다. 부모님이 있는 포천까지 가려면 꼬박 열한 시간 열차와 버스를 갈아타야 했다. 이제는 딸린 자식이 여럿이라 설 명절에 부모님 얼굴 보러 가기도 어려웠다. 엄마가 욕을 하면 되바라지게 욕으로 응수하던 당찬 소녀는 어디로 갔나. 소녀는 어느새 세상의 무게를 짊어진 어른이 되어버렸다.

6월의 태양은 가마솥 장작처럼 제멋대로 타올랐다. 남도라 그런지 고향 포천의 태양보다 뜨거웠다. 순복이 뽕나무밭 간사리 땅에 팥을 심으라 해서 소쿠리에 들고 나갔는데 심을 줄을 몰랐다. 자존심이 상해 물어보기 싫었다. 내키는 대로 간사리에 팥을 듬뿍 뿌렸다. 팥씨를 다 뿌렸는데도 갈아놓은 이랑이 많이 남았다. 아차 싶었다. 이랑 사이를 뒤적거려 팥씨를 주워 담으려고 흙바닥에 앉았다. 태양을 삼킨 붉은 흙이 아궁이에 불을 지핀 듯 뜨거웠다. 흙에서 조그만 팥을 가려내려니 눈이 찌릿찌릿, 머리가 지끈지끈했다. 되돌릴 수 없겠다 싶어 그만두고 집으로 왔다. 귀옥은 조심스레 팥씨가 모자랐다고 했다. 순복은 새색시의 수줍은 이야기에 발씬 웃었다.

더위에 한 달간 비가 내려 풀이 쑥쑥 자랐다. 웃자란 풀이 팥보다 많았다. 방동사니랑 도꼬마리 풀숲을 뒤져야 겨우 작은 팥나무가 보였다. 풀 뽑기가 징글징글해 제초제를 뿌렸는데, 약이 독했는지 어린 팥나무까지 타죽고 남은 게 별로 없었다. 순복은 귀옥이 팥을 넉넉하게 뿌려 먹을 게 남았다며 잘했다고 했다.

잠실을 개조한 귀옥의 집은 깍두기를 이어 붙인 듯 단순한 직사각형 구조였다. 좌측 나무 청 옆에 순복이 자는 안방이 있고 넓은 가운데 방에서 누에를 키웠다. 맨 우측 갓방이 부부의 방이고, 갓방 옆에 작은 소마구가 있었다. 동신은 틈틈이 소를 키워 목돈을 만들었다. 봄부터 가을까지 영양가가 높은 누에똥을 먹여 송아지를 키우면 성장 속도가 빨라 금세 우량 소가 되었다. 동신이 영민하게 목돈을 만드는 모습을 보고, 귀옥은 친정아버지를 떠올렸다.

산달이 되어 애가 도는데 양수만 터지고 애가 안 나왔다. 몸이 불덩이라 순복이 세숫대야에 찬물을 받아 몸을 닦는데도 식은땀이 줄줄 흘렀다. 비명이라도 속 시원하게 지르고 싶은데 시어머니 앞이라 조심스러웠다. 상영이가 TV에 정신이 팔려 방안에 죽치고 앉아 있는 모습에 짜증이 났다. 마천목 장군의 자손인 상영이는 남편과 먼 친척 간으로 귀옥보다 두 살 어렸다. 특별한 직업이 없어 누에 키울 때 와서 도와주고, 일이 없을 때도 자기 집처럼 편히 지냈다. 어렸을 때 아버지가 넝마꾼에게 밥을 먹여 보낸 기억으로 귀옥도 평소에는 상영이가 불편하지 않았다. 하지만 산통을 치르는 여자 옆에서 눈치없이 TV 보는 모습에 부아가 치밀었다.
"아재, 옆방에 좀 가 있으소."
그제야 비쩍비쩍 일어난 상영이 안방으로 건너갔다. 은미 낳고 2년 만에 둘째를 낳으려는 참이었다. 양수가 터지고도 3일간 애가 나오지 않아 의사를 불렀다. 하혈을 해 순복이 대야로 핏덩이를 담아버렸다. 아무것도 먹지 못하고 피를 쏟으니 고개 돌릴 힘도 없었다. 하얀 눈을 담뿍 뒤집어쓴 의사가 긴급조치만 하고 더 급한 환자에게 가버렸다. 어떻게 아이가 나왔는지 기억도 안 났다. 순복이 태어난 아이를 포대기에 싸서 주는데 젖은커녕 아기를 안을 힘도 없었다. 순복이 첫국밥으로 미역국을 끓이고 탯줄을 확인했다. 탯줄이 한쪽으로 돌았으니 다음에는 아들을 낳을 거라 했다. 딸 하나, 아들 하나 낳고 싶었는데 또 딸이었다. 이름은 은희라 지었다. 죽다 살아나니 일주일간 아이를 쳐다볼 수 없었다. 남편도 2대 독자고 친정도 아들이 귀한 집안이라 꼭 아들을 낳고 싶었는데 뜻대로 되지 않았다. 뭐라는 사람도 없는데 스스로 위축되었다.
"이마는 좁고 눈은 송곳으로 그려 놓은 것 같네. 꼭 작은집 우철이를 닮았네."
고생해서 낳은 앤데 남편 말처럼 이쁜 구석이 없었다. 애를 낳고 20일이 넘도록 베개에서 고개를 떼지 못했다. 6개월간 팬티에 붉은 피가 묻어 나와 순복에게 이야기했다. 용한 집을 수소문해 한약 두 재를 먹고 하혈이 멈췄다. 안 그래도 젖양이 적은데 몸이 정상이 아니라 젖이 턱없이 부족했다. 분유라도 먹으면 좋은데 애가 젖만 찾았다. 나오지도 않는 젖을 빨아대니 아픈데 비쩍 마른 걸 보면 속이 상했다. 처음에는 예쁜지도 모르겠더니 젖 먹을 때 까막까막 쳐다보는 아이 눈을 보고 정이 들었다. 빨려 들어갈 듯 투명한 아이 눈동자를 바라보면 무장해제 되었다. 살이 물렁한 갓난애라 뒤통수 예뻐지라고 베개를 사서 반듯하게 뉘었다. 그런데 자꾸 아기 머리가 한쪽으로 돌아갔다.

"하나도 안 서운한데 왜 자꾸 돌아간다냐."

순복이 무심코 한 말에 속이 상했다. 딸 둘을 낳고 엄마 생일에 친정에 갔더니 딸 다섯을 낳은 남순이 한탄했다.

"엄마도 딸, 딸도 딸, 며느리도 딸, 소도 딸, 강아지도 딸, 죄다 값 어치 없는 딸만 낳으니 이를 어쩌냐."

셋째를 임신하고 1978년 봄부터 집터를 새로 닦았다. 동신은 원등에서 건축하는 선배랑 머리를 맞대고 양옥집 설계도를 짰다. 선배는 여름장마 전에 공사를 끝낸다고 호언장담했는데, 문어발 공사로 완공이 자꾸 늦어졌다. 셋째는 새집에서 낳을 줄 알았는데 택도 없었다. 유난히 많은 비가 블로치의 들녘을 두드렸다. 지하실 공사 중에 빗물이 계속 고여 여름내 양수기로 물을 퍼냈다.

사람이 참 미련했다. 둘째 때 고생한 기억으로 더 이상 애는 못 낳겠다 싶었는데, 귀엽고 예쁜 아이들 웃음에 죽다 살아난 기억은 잊고 셋째를 임신해 벌써 만삭이었다. 누에 키우러 온 근촌마을 어른들은 배가 앞으로 튀어나오지 않고 옆으로 퍼진 걸 보니 이번에는 분명 아들이라 장담했다.

찬 기운과 더운 기운이 실랑이하듯 다투는 6월이었다. 잦은 비에 하루가 멀다고 풀들이 쑥쑥 자랐다. 두 딸도 농장의 들풀처럼 키가 쑥쑥 자랐다. 동신은 일꾼을 데리고 누에한테 먹일 뽕잎을 채취하러 가고 없었다. 점심나절 식구들과 일꾼들 밥을 삶아내고 뒷정리를 도맡았다. 창문 너머로 올려다보니 순복 혼자 텃밭 풀을 거둬내고 있었다. 마음이 불편해 수건을 머리에 두르고 텃밭으로 나갔다. 이번에는 진짜 아들일까? 부른 배가 거치적거려 김매기가 쉽지 않았다. 하늘 구름이 속도 경쟁하듯 뒷산으로 달음질치는 오후였다. 내일은 시원하게 비라도 내릴 모양이었다. 겨우 고추밭 한 고랑 풀을 거뒀는데 진통을 시작했다.

"어머니, 애 나오려나 봐요."

"아가, 어여 들어가자."

순복은 신이 났다. 가마솥에 물을 끓이고, 안방에 이부자리를 폈다. 마당에서 놀던 딸들도 동생이 태어난다는 말에 신이 나 따라 들어왔다. 벌써 세 번째인데 애 낳는 일은 처음처럼 힘들었다. 의사도 없이 순복이 산파 역할을 했다. 진통이 잦아졌다. 갈수록 정신은 혼미한데 순복의 "힘줘! 힘줘!" 소리를 아이들이 따라 외쳤다. 흐르는 땀을 닦아내는 순복의 손이 빨라졌다. 속옷까지 흠뻑 젖었다.

'우리 엄마는 어떻게 여섯이나 낳았을까? 나는 다시는 애 못 낳겠다. 아들이면 애는 고만 낳겠다고 말해야지.'

귀옥의 머릿속은 두서없는 생각들로 가득 찼다. 하늘이 번쩍번쩍했다.

"다 되었다. 아가, 애 나온다! 조금만 더 힘줘!"

아기 몸에 묻은 피를 닦아내고 소독한 가위로 탯줄을 잘랐다.

"어머니, 고추 달고 나왔어요?"
"애가 참 잘 생겼다. 하나 달고 나왔으면 인물값 했을 텐데……."
아기를 품에 안았다. 유난히 얼굴이 훤하고 체구도 좋았다.
"고생했다. 탯줄을 보니 이 녀석이 길을 잘 내서 다음번에는 꼭 아들 낳겠다."
순복은 고생했다, 잘했다, 하면서도 눈물을 훔쳤다. 귀옥도 참았던 눈물이 터졌다. 여자로 태어나 아들 하나 낳는 게 이렇게 어렵나 싶었다. 기저귀를 가지고 동네 빨래터에 갔는데, 아랫집 혜영이 엄마가 아래로 아들 둘을 낳아 딸 옷이 필요 없으니 주겠다고 했다. 딸만 낳아 속상한 어미 맘을 어찌 그리도 몰라주는지! 서운해서 눈을 흘겼다.
셋째 은숙을 낳고 일주일도 안 되었는데 순복이 모과나무밭에 뽑아둔 돈부 대를 가져오라고 했다. 대야에 수북이 쌓인 돈부를 어거지로 이고 날랐더니 고개가 젖혀지지 않았다. 오른쪽 목부터 팔까지 저릿저릿한 것이 목을 삐끗한 듯했다. 오른팔을 하늘 높이 쳐드는 게 불가능한데, 치료할 생각도 못하고 살았다.
갓난아기가 한기 들면 안 된다며 담요로 꽁꽁 싸매두니 자주 울었다. 소매 없는 메리야스를 사서 입히고 방에 아기그네를 설치해서 눕혔더니 안 깨고 잘 잤다. 항시 젖이 부족해 우유랑 분유를 사서 같이 먹였다. 이유식 할 때는 여러 가지 곡물을 빻아 죽으로 먹였다. 은숙은 '보리밥도 감사, 쌀밥도 감사' 주는 대로 잘 먹고 순했다. 뭐든 잘 먹던 애가 크면서 가리는 음식이 많아졌다. 네댓 살 먹은 은숙을 목욕시키는데 제 언니들과 달리 갈비뼈가 볼개볼개했다.

얼굴 살이 통통해 몸에도 살이 오른 줄 알았는데 의외였다. 바지를 입으면 벨트로 졸라매 허리가 잘록하게 들어가고 유난히 치마를 좋아했다. 한 뱃속에 나왔는데 외모만큼 취향도 달랐다.

마을 앞으로 고속도로가 뚫려 느릿하게 신작로를 달리던 차량 속도가 빨라졌다. 동신이 서운하게 하면 말주변이 없어 속으로 삭였다. 유일한 내 편인 남편과 전쟁하면 타지에 홀로 남겨질까 두려웠다. 대형 트럭이 고속도로에서 큰 경적을 울리면 그 소리가 꼭 기차 소리 같았다. 기차를 타면 엄마를 보러 갈 수 있을 텐데. 멀리 시집와 1년에 한 번밖에 보지 못해 서러운 마음이 북받쳐 올랐다. 짙은 어둠이 깔리면 도로가에 나와 경적에 맞춰 서럽게 울었다.

우시장에서는 동신이 눈을 깜박일 때마다 돈 몇십만원이 오르내렸다. 송아지 고르는 안목이 높아 사람들이 동신의 눈을 좇았다. 소 가죽을 만져보고 털이 마르고 거칠거칠한 소는 제외하고 가죽이 부드러운 소를 골랐다. 코끝은 번들번들하고 털 색상은 붉은 빛을 연하게 띠는 소가 살이 잘 쪘다. 허리와 몸통이 곧고 균형 잡힌 송아지는 체구가 큰 우량 소로 성장할 가능성이 높았다. 마르고 건강한 소를 사서 몇 달간 비육으로 키웠다. 누에똥과 누에가 먹다 남긴 뽕잎 찌꺼기는 소를 살찌우는 1등 재료였다. 미깡(쌀겨, 보리겨)을 싸게 사서 건조한 누에똥과 뽕잎을 섞은 소죽을 끓여 먹이면 서너 달 만에 살이 올랐다. 비육 소 한 마리가 100만원 정도고 25평 집을 짓는 비용이 350만원 정도였다. 동신은 양옥집이 완성되면 목돈 들어갈 것에 대비해 송아지 두 마리를 사와 비육으로 키웠다. 추석 전에 공사를 끝낸다고 해서 소를 못 팔고 기다렸다.

마을 앞으로 고속도로가 뚫려 외부 차량이 톨게이트 없는 고속도로와 국도 사이를 자유롭게 드나들었다. 곡성이랑 순천, 주암 등 고속도로 주변 마을에 소도둑을 맞았다는 흉흉한 소문이 돌 때라 매일 밤 축사에서 보초를 섰다. 축사에서 잠을 설치니 하루 종일 졸음을 참기 어려웠다. 밤이 되면 구수한 소똥 냄새에 취해 달콤한 졸음이 몰려왔다. 깜짝 잠이 들었다 깨어보니 소 한 마리가 사라지고 없었다. 추석 한 달 전이었다. 명절을 앞두고 키우던 소를 잃어버린 동신은 화가 나서 쇠꼬챙이가 달린 장대를 방에 세워두고 독하게 불침번을 섰다. 귀옥은 딸한테 젖을 주다 까무룩 잠이 들었다. 부부가 곯아떨어진 새벽, 2주 만에 소도둑이 다시 찾아왔다. 마지막 남은 소도 '음매' 소리 한번 내지 않고 감쪽같이 사라졌다. 어떤 마술피리에 홀린 건지 알다가도 모를 일이었다. 경찰에 신고하고 인근 소도축장을 샅샅이 뒤졌지만, 흔적도 찾을 수 없었다. 소문에는 훔친 소를 고속도로 차 안에서 도축해 식당에 고기로 팔아버린다고 했다.

사연 많은 양옥집은 이듬해에 완공되었다. 어쩔 수 없이 빚을 지고 이듬해 누에를 키워 공사대금을 갚았다. 동신은 평생 살 집이라며 벽돌 사이에 이중 단열재를 넣고, 나중에 아이들이 크면 2층을 올린다며 마루에서 옥상으로 통하는 나무 계단을 냈다. 현관문을 열고 들어서면 넓은 마루 거실이 시원하게 펼쳐졌다. 거실 벽면은 벽지 대신 고급 합판을 마주 대어 붙였다. 다갈색 유리 진열장과 책장, 진녹색 소파, 커다란 자명종 시계가 조화로운 거실은 귀옥이 애정하는 공간이었다. 거실 소파에 앉아 책 읽는 여유가 없어도 힘들지 않았다. 우측 안방에는 양쪽으로 큰 창문을 내 바람이 잘 통했다. 가슴이 답답한 날은 창문을 열고 느린 호흡으로 바람을 삼켰다. 느티나무 가지 사이로 높다란 하늘과 조개구름이 위로의 말을 건넸다. 뒷문을 열면 입식 부엌과 연결되고 지하실로 오르내리는 계단도 건물 내부에 있었다. 지하 저장고는 두 개를 만들었는데 하나는 식재료와 담금주를 저장했고, 맞은편의 다섯 평짜리 지하실은 씨감자 저장고로 사용했다. 거실 소파와 지하실에 가득 찬 농산물을 볼 때마다 부자가 된 기분이었다. 입식 부엌 안에 연탄보일러를 놨는데, 자꾸 연탄가스가 안방으로 새 들어와 보일러를 밖으로 뺐다. 계절마다 일꾼이 들고 날고 하는 집이라 입식 부엌만으로는 부족했다. 양옥집에 슬레이트 지붕을 달아 나무 청을 만들고 가마솥 두 개를 걸 수 있는 부뚜막도 만들었다. 나무 청에는 철마다 잘 마른 땔감을 쌓아뒀다. 마루 갓방에는 귀옥이 시집올 때 가져온 자개장롱과 재봉틀을 두었다. 북향이라 항상 서늘해 명절에 만든 깨강정과 엿과 곶감을 보관하기 좋았다. 양옥집 안에 화장실 겸 욕실을 만들기로 했는데 순복이 펄쩍 뛰었다.

"누가 집안에서 더러운 똥을 싼 다냐!"

예부터 화장실은 멀리 대문 언저리에 두는 문화에 익숙한 시어머니 고집을 꺾지 못하고 세면대만 만들었다. 기술이 부족했는지 욕조와 세면대 물이 자주 막히고 고장이 잘 나 애물단지가 되었다. 욕실 옆 계단은 부부의 꿈의 계단이었다. 아이들이 크면 2층에 방을 따로 만들어 주기로 했다. 시멘트 옥상은 볕 좋은 날 나물이랑 고추 말리기에도 좋고, 산에 오르지 않고 맞은편 근촌마을 저수지까지

내다볼 수 있었다. 젖만 떼면 순복이 아이들을 데려가 큰방에서 아이들과 함께 지냈다. 육아를 도맡으니 애 키우기가 수월했지만, 문득문득 허전했다. 공장처럼 애만 생산하고 빼앗긴 기분이었다.

도로변 땅에 대나무 하우스를 지어 봄 무를 심었다. 파종해서 두세 달을 키우니 5월 중순에 수확할 수 있었다. 그해 봄무는 유난히 풍년이라 크고 껍질을 잘라 맛을 보면 달고 물이 많았다. 근촌마을 아짐들을 불러와 하우스 한 동에서 트럭 한가득 무를 뽑았다. 동신은 다음 날 광주 공판장에 내다 팔 생각에 신이 났다. 새벽밥을 먹고 출발해 광주 톨게이트를 지나는데 입구에 군인들이 쫙 깔려 길을 차단하고 못 들어가게 했다. 이유를 물으니 이북에서 간첩이 넘어오고 광주 시민이 폭도로 돌변했다고 했다. 1980년 5월 18일이었다. 8일이 곡성 장날이라 싸구려로 처분하고 허탈해져 돌아왔다. 언론 통제로 광주에 난리가 난 걸 모르고 도매시장에 갔던 것이다. 1979년 10월 26일 박정희 대통령이 사망한 후 전두환과 노태우를 중심으로 신군부 세력의 집권이 가시화되었다. 한국의 민주주의가 후퇴할 것을 우려해 서울을 비롯한 전국에서 집회가 광범위하게 열렸지만 언론 통제로 알지 못했다. 신군부는 5월 17일 밤 11시 40분에 비상계엄을 선포하고 18일 자정을 기해 전국으로 확대했다. 광주 경찰청장이 시민 진압을 거부하자, 신군부는 무자비한 공수부대를 투입했다. 그들은 시위대뿐 아니라 일반 시민에게도 진압봉을 휘두르고 무차별 연행했다. 급기야는 일반 시민이 전남 지역 무기고를 탈취해 시민군을 조직하고 싸웠다. 용기 있는 해외 언론 기자들이 목숨 걸고 기사를 실어 신군부의 만행이 드러났다. 월경마을 친구도 전두환 반대 데모를 하다 죽임을 당하고 조대부고 친구 중에도 죽은 이가 있었다. 고등학교 때 데모깨나 하던 동신도 자식들만 아니라면 광주로 쫓아가 죽임을 당했을지 모를 일이었다. 귀옥은 가슴을 쓸어내렸다.

네 번째 아이는 임신 7개월 차에 밭에서 일하다 하혈로 목숨을 잃었다. 다 큰 아이가 잘못되니 어미 탓만 같았다. 혹시 몰라 아래를 보니 간절히 원하던 아들이었다. 나무 아래 아이를 묻는 손이 떨렸다. 먹구름처럼 묵직한 슬픔이 귀옥을 에워쌌다. 슬픔에 잡아먹히지 않으려고 밭과 들로 다니며 몸을 혹사했다. 이기지 못할 만큼 피곤이 몰려오면 슬픔을 잊고 잠이 들었다.

얼마 안 있어 아랫집 봉례 엄마와 앞뒤로 임신했다. 은미는 봉례보다 6개월 늦게 낳았는데, 이번에는 귀옥이 먼저 만삭이 되었다. 산달이 되자 근촌 아짐들이 자꾸 기웃거렸다.

"저 집에 금줄 쳐졌나 보소. 이번에는 아들 낳았는가."

"은미 엄마가 애를 낳아야 나도 애를 낳아."

봉례 엄마도 귀옥의 배와 자신의 배를 손으로 훑으며 한마디 했다. 그런데 이번에도 아랫집서 먼저 아들을 낳았다. 귀옥은 티도 못 내고 부러웠다. 정씨 가문 회의에 다녀온 동신이 수심에 찬 얼굴로 말했다.

"우리 집은 딸만 셋이라 족보에 이름을 올릴 수 없다고 하네……."

"딸은 자식이 아닌가요? 친정집도 아들 하나에 딸만 다섯인데, 아들은 무심하고 딸들이 부모를 얼마나 위하는데요."

귀옥은 참지 않고 속내를 밝혔다. 지켜보자던 동신이 가문 회의를 재소집했다. 딸 이름을 족보에 올려달라고 요청하는 자리에 동행하자고 했다. 동신의 큰할아버지는 귀옥의 부른 배를 보고 사내아이를 낳겠다며 날짜를 점쳤다.

"음력 정월 열엿새에 태어나겠네."

예정 날짜보다 늦은 택일에 갸우뚱했다. 날을 잡고 족보에 돌림자 이름 '명수'를 올리기로 했는데, 큰할아버지 말대로 정월 열엿새에 아들을 낳았다. 순산에 아들 인물도 훤했다. 큰할아버지가 사주를 보고 물이 부족하다며 돌림자 대신 못 '택'자를 넣은 이름 '택섭'을 지어줬다.

국민학교 2학년인 은미가 엉덩이춤을 췄다. 방바닥에 엎드려 귀여운 엉덩이를 치켜들고 외할머니한테 편지를 썼다. 폴딱 폴딱 뛰어다니며 우리 엄마가 아들을 낳았다고 동네방네 자랑했다. 어른들 얘기를 듣고 아들 낳은 게 기쁜 일인 줄 안 모양이었다. 귀옥은 그제야 어깨가 펴졌다. 순복은 이제 일은 그만하고 손자만 키우며 살겠다고 했는데, 택섭은 품에서 자는 걸 싫어했다. 양팔과 양다리를 사방으로 펼치고 대자로 누워 자는 걸 좋아했다.

느티나무 그늘에 택섭을 재워 놓고 텃밭에서 풀을 매는데 아이 울음소리가 들렸다. 배가 고파 우는가 싶어 젖을 물렸는데 먹지 않고 계속 울었다. 웬일인가 보니 얼굴에 모래를 한 주먹 뿌린 것처럼 시커멓게 벌침이 박혀 있었다. 하나하나 뽑을 수 없어 손으로 문질러 벌침을 빼냈다. 정신을 차려보니 막내뿐만 아니라 근처에 놀던 동네 아이들 모두 벌에 쏘여 울고 있었다. 순복이 민간요법이라며 아이들 얼굴에 된장을 발랐다. 큰애들은 괜찮은데 돌배기 택섭만

토를 하고 상태가 안 좋아 병원에 데려갔다. 아이들은 잠에서 깬 택섭이 작대기로 양봉 벌집을 건드려 벌침에 쏘인 거라 둘러댔다. 동신은 마당에 있던 벌통들을 아이들 손에 닿지 않는 장독대 위쪽으로 옮겼다. 어려서 벌침을 된통 맞아서인지 택섭은 잔병치레 없이 잘 자랐다. 귀한 아들 고추 안 떨어지게 조심해야 한다고 일러두니 딸들이 기어 다니는 택섭의 고추를 손에 받치고 따라다니며 예뻐했다. 사내아이라 크면서는 제 누나들보다 아랫집 형들을 따라 뛰어노는 걸 좋아했다.

정부의 비단 수입으로 누에고치 농사가 사양 사업이 되었다. 한동안 의기소침해 있던 동신은 양옥집 아래 뽕밭을 정리하고 장방형 소마구를 지었다. 소마구 앞에는 소죽 끓이는 대형 무쇠솥과 깔 써는 작두를 들였다. 축사에 딸린 작은 방에 일꾼 두세 명을 두고 본격적으로 소를 키웠다. 소마구 뒤쪽으로 넓은 야외 울타리를 둘러 소가 자유롭게 풀을 뜯게 했다. 마지막 누에 판 돈으로 농장 위 산 너머 땅을 사서 깔 밭을 만들었다. 신선한 깔을 베어 먹이로 사용하니 소도 건강하고 사료값도 덜 들었다. 축사 옆에 큰 슬레이트 창고를 지어 사료랑 볏짚이랑 깔을 보관했다. 헌 집 소마구는 인분을 퇴비로 만드는 화장실로 개조했다. 누에고치 농사는 겨울철 농한기에 쉴 수 있는데 365일 먹이고 돌봐야 하는 가축을 키우니 쉬는 날이 따로 없었다.

예물로 받은 순금 목걸이랑 반지는 항상 끼고 일했다. 목걸이는 가슴까지 내려오는 길이에 작은 메달이 달려 거추장스러웠지만, 고된 일을 할 때도 언약의 상징물들이 귀옥을 붙들었다. 소여물을 썰고 가마솥에 소죽 끓이는 일은 귀옥이 도맡아서 하고 남편은 일꾼들을 데리고 축사를 치우고 소를 돌봤다. 새벽에 소죽을 쑤고 일꾼들이랑 식구들 밥은 그 후에 먹었다. 저녁에 옷을 갈아입는데 목이 허전했다. 닷 돈짜리 목걸이가 사라지고 없었다. 일하다 어딘가에 걸려서 빠진 모양인데, 온 집안을 뒤져도 찾을 수가 없었다. 저녁 이부자리에서 누워도 잃어버린 목걸이 생각에 며칠간 잠이 오지 않았다.

"내가 선물 줄까?"

며칠 뒤에 생일도 안 챙기는 동신이 손에 묵직한 걸 건넸다. 잃어버린 목걸이였다. 일꾼들과 소똥을 치우다 반짝이는 걸 발견했다고 했다. 여물 썰 때 딸려 들어간 목걸이가 거대한 네 개의 위장을 여행하고 귀옥에게 돌아온 것이다.

결혼반지는 밭에서 일하다 잃어버렸다. 풀을 뽑아 밭 가상으로 던질 때 손가락에서 빠져버린 듯했다. 다음날 김매던 밭을 샅샅이 뒤져도 찾질 못했다. 한철 지나고 비가 많이 내려 풀이 무성해졌다. 호미로 고랑 사이의 풀을 뽑는데 반짝이는 게 눈에 들어왔다. 잃어버린 금반지였다. 순간의 실수로 잃어버린 것들이 귀옥에게 돌아오는 순환의 계절이 반복되고 있었다.

곡성도 고향 포천처럼 설 명절에 다양한 음식을 만들고 산소와 세배 다니는 풍습은 똑같은데 빠진 게 하나 있었다. 손만두! 매년 가족들과 함께 만들어 먹던 손만두가 그리웠다. 만두를 만들어 먹자 하니 순복도 좋아했다. 본대로 손으로 밀가루 반죽을 치대고 김치랑 두부, 숙주, 고기, 잡채를 섞어 속 재료를 만들었다. 다담이 방망이로 밀가루 반죽을 얇게 펴서 주전자 뚜껑으로 찍어내면 수제 만두피가 되었다. 아이들은 순복과 귀옥을 따라 크고 작은 만두를 빚었다. 속 재료를 양껏 넣어 찜통에 넣기 전에 배가 터진 만두도 있고, 조심성 있게 재료를 넣은 홀쭉이 만두도 있었다. 네 아이의 성격대로 모양은 가지가지지만 가족의 웃음이 담긴 손만두는 푸짐하고 맛있었다.

명절에 쑥떡도 빠질 수 없었다. 불린 찹쌀로 밥을 해서 쑥을 넣고 대충 버무린 반죽이 차지게 될 때까지 떡메질이 필수였다. 순복이 떡판 위 반죽을 뒤집을 때마다 동신이 '쿵덕 쿵' 리드미컬하게 떡메질했다. 유쾌한 떡메질은 동네 아이들을 불러 모았다. 차진 쑥떡에 고소한 콩고물을 뿌려 잘라주면 줄을 서서 받아먹었다. 동신이 달콤하고 끈적한 조청을 좋아해서 순복에게 조청 만드는 법을 배웠다. 멥쌀보다 찹쌀로 식혜를 만들어야 조청의 단맛이 강해진다. 식혜에서 밥알은 짜서 버리고 국물만 가마솥에 넣고 은근한 불로 서너 시간 정도 끓여야 했다. 솥 안의 거품이 자잘한 풍선껌 크기로 골고루 끓어오르면 주걱으로 퍼서 조청이 떨어지는 속도와 늘어지는 농도를 보고 불을 멈췄다. 추가로 엿을 만들 때는 조청 거품이 밥그릇만큼 커질 때까지 장작을 추가했다. 동신은 장이 예민해서 배탈이 자주 났지만, 집에서 만든 음식은 과식해도 탈도 안 난다며 접시꽃처럼 환하게 웃었다.

친정엄마는 두부를 만들어 장사까지 했는데, 시댁에서는 두부를 사 먹었다. 근처 경악마을에 두부 만드는 집이 있어 명절이나 잔치 때 삯을 주고 만들었다. 경악마을까지 불린 콩을 가져다주고 5리를 걸어가 다음날 두부를 찾아와야 했다. 순복이 경악에 맡긴 두부를 찾아 금계마을 잔칫집에 가져다준다고 했다. 늙은 시어머니를 보낼 수 없어 귀옥이 산길 넘어 금계마을까지 가져갔는데 여간 번거로운 게 아니었다. 이듬해 설부터는 직접 두부를 만들기로 했다. 밤새 여덟 시간 이상 불린 메주콩을 맷돌에 갈았다. 소죽 끓이던 대형 무쇠솥에 장작을 때서 물이 끓으면 콩물을 조금씩 넣으며 대형 주걱으로 계속 저었다. 끓기 시작한 콩물은 예민해서 한눈을 팔 수 없었다. 넘치기 전에 찬물이나 남겨둔 콩물을 부어 진정시켜가며 약불로 은근하게 다뤄야 했다. 무명 자루에 넣고 물기를 꼭 짜냈다. 콩물은 한 김 식혀 콩비지탕을 끓이거나 닭 모이로 사용하고 비지를 걸러낸 콩물에 간수를 조금씩 부었다. 천천히 저으면 뽀얀 양털구름 같은 건더기가 몽글몽글 뭉쳐 순두부가 되고 국물은 노란빛을 띠었다. 넓은 삼베 보자기에 순두부를 부어 감싼 후 판때기로 덮고, 그 위에 물 양동이를 서너 시간 올려두면 단단한 두부가 탄생했다. 뜨끈한 두부는 참기름 양념장만 뿌려도 맛있고, 잘 익은 김장 김치랑도 잘 어울렸다. 명절에는 돼지고기를 넣은 두붓국을 끓여 차례상에 올렸다.

  한참 누에 키울 때는 근촌마을 처녀들이 서른 명씩 와서 일을 도왔는데, 서울 바람이 불어 고향을 떠나니 일손이 부족했다. 인건비는 상승하고 비단 수입량이 늘어 누에 매상도 줄었다. 한때는 농수산부 장관상에 새마을지도자상까지 안겨줬던 '협업상전'의 간판을 뗄 때가 된 것이다. 옛날의 영광을 고집할 수 없었다. 배짱 좋고 결단력 빠른 동신은 1979년에 남은 5,000평 뽕밭을 불도저로 밀어버렸다.

산에서 땔감을 긁어 가정 난방을 할 때라 산이 척박하고 나무가 부족해 산림 묘목이 인기였다. 밭의 절반은 산림 묘목을 심고 나머지는 사과를 심었다. 외성사과는 나무가 작아 관리가 편한 보급종으로 종묘사에서 500주를 사다 심었다. 겨울에 얼었던 나무에 새잎이 트기 전, 3월 초부터 가을 수확까지 열두 번 농약을 해야 사과 수확이 가능했다. 3년을 키워 사과가 열리기 시작하는데, 농약을 하다 중독 사고로 죽을 뻔했다. 농약으로 범벅된 과일을 사람 먹으라고 파는 게 죄스러워 사과나무를 파내버렸다.

"농약 없이 키우는 과일나무는 없소?"

"양다래는 겉에 털이 많고 벌레가 싫어해서 농약이 필요가 없어. 마침 가공용 양다래 묘목이 나왔는데 심어볼 텐가?"

"양다래요? 겉에 털이 있는데 귀찮아서 누가 사 먹는대요?"

"판로는 걱정하지 말게. 우리가 수출용 가공 공장엘 팔게 해줌세."

동신은 가공용으로 팔게 해준다는 판매상의 말만 믿고 1,500평 땅에 양다래를 심었다. 콘크리트에 철사 네 가닥을 넣고 10cm 폭으로 틀을 짜서 높이 2.5m 지주를 수백 개 만들었다. 양다래밭에 지주를 세워 넝쿨이 뻗어나가게 길을 냈다. 기둥 사이를 두꺼운 철사로 연결해 양다래가 사방으로 줄기를 뻗고 태양과 바람을 친구 삼을 수 있게 정성을 들였다. 광주 풍양목재에서 톱밥을 사와 소똥과 섞어 직접 퇴비를 만들었다. 화학 비료는 일절 사용하지 않고 좋은 퇴비로 양다래를 키웠다. 다래나무에 물이 올라 봄에 새순이 나려고 하는데 꽃샘추위에 껍질이 터졌다. 동해가 심한 품종이라 해

남이나 진도 같이 따뜻한 기후에서 키우는 걸 모르고 낭패를 봤다. 종묘사는 가공용으로 수매한다는 약속도 지키지 않았다. 열매가 작아 생과일로 팔 수도 없었다. 상품성은 없어도 삼기 골짜기의 뜨거운 태양을 머금은 다래는 새콤달콤 맛이 풍부했다. 식구들 겨울 간식으로 다래 상자를 아랫목에 두니 말캉하게 익기 무섭게 동이 났다. 나머지는 지하실에 큰 장독 열 개에 다래주를 담가 보관했다.

이듬해 태풍으로 정성껏 만든 콘크리트 지주가 뽑히고 무너졌다. 귀옥은 속이 상해 어쩔 줄 모르는데 동신은 후련한 듯 다래나무를 뽑아버리고 복숭아 묘목을 사 왔다. 복숭아밭은 3,000평 정도인데 과육이 달아 소문이 났다. 농약을 안 하니 벌레 먹은 복숭아도 있지만 곡성 근방에 복숭아농장은 귀옥네뿐이라 손님이 많았다. 지역 사람들은 여름에 수확한 겉보리를 가져와 복숭아랑 바꿔가고 고속도로를 지나던 외지 사람들도 농장에 들러 사 갔다. 농장을 찾는 손님과 가족들이 쉴 수 있는 원두막을 만들기로 했다. 뽕밭일 때부터 남아 있던 터줏대감 소나무 옆에 원두막을 짓고 가지에 그넷줄을 묶었더니 아이들의 놀이터가 되었다. 복숭아나무는 밑동이 두껍고 가지가 높지 않아 아이들이 원숭이처럼 매달려 놀기 좋았다. 더운 여름 복숭아가 분홍빛으로 익어 가면 아이들은 수시로 들락거리며 복숭아를 따 먹었다. 소나무는 양팔 벌려 나그네와 아이들에게 시원한 그늘을 선사했다.

동신은 한 살 때 아버지를 잃고 외동아들로 자랐다. 철모르던 어린 시절에 할아버지 집에 열린 먹음직스러운 복숭아를 따 먹으려는데 순복이 엄하게 야단쳤다.

"우리 것도 아닌데 함부로 따 먹으면 절대 안 돼."

동신은 부끄러워 내밀었던 손을 거뒀다. 가정을 꾸린 후 내 아이들만큼은 원 없이 과일을 먹게 해주고 싶었다. 응어리로 남은 복숭아 사연을 들은 귀옥은 어린 시절 우물가 자두나무를 떠올렸다.

'왜 우리 아버지는 자두나무 주인행세를 하지 않지?'

아무리 투정 부려도 아버지는 동네 아이들 누구나 따 먹게 내버려뒀다. 웃기만 하는 아버지도 밉고, 자두를 제 것 인양 따먹는 아이들이 미웠는데, 부모가 된 후에야 이웃을 배려한 넉넉한 아버지의 마음을 이해할 수 있었다.

은숙: 도시정글 아이

두려움 없이, 빛나는지도 모르고 정신없이 흘려보낸 20대가 내 인생의 봄이었을까? 생각해보면 가진 것 없이 꿈만 많던 시절이었다. 방법을 몰라 놓친 것도 많고, 시선이 편협해서 일을 그르치기 일쑤였고, 내가 가진 귀한 것들의 가치를 몰라 그냥 흘려보낸 무수한 날들이었다.

내 기억 속 20대는 겨울이었다.

부모님의 사업 실패로 2학기 등록금과 월세 지원이 끊겼다. 학과 수업으로 좋아하는 옷을 만들거나 교양과목인 도예수업에 참여하고 친구와 마시는 달콤한 커피 한 잔도 스스로 벌지 않으면 불가능한 일이었다. 세상은 차갑기만 했다.

텔레비전과 만화책으로만 보던 낭만 가득한 대학생활은 당연하게 주어지지 않았다. 광활한 도시정글을 누비며 새로운 둥지를 찾고, 둥지를 꾸밀 재료도 스스로 마련해야 했다. 열린 미래에 필요한 재료가 넘쳐나는 곳은 맞지만, 공짜로 주어지는 건 아무것도 없었다. 기대하던 학과 수업은 고등학교의 연장선 같아 지루했다. 실망만 한 움큼 머금고 눈살을 찌푸렸다.

자이살메르 사막 사파리·정은숙

자취방이 있던 회기동은 경희대 주변이라 지하철역은 물론 술집과 하숙집이 많았다. 경희대는 캠퍼스가 넓어 학교 안에서 길을 잃어버리기 십상이지만, 서울여대는 길치인 나도 길을 헤멜 일이 없는 작은 학교였다. 회기동에서 버스를 타면 번잡한 도심을 벗어나 포플러나무들이 손을 흔드는 호젓한 길로 들어섰다.

  낯선 서울이지만 작은언니가 같은 학교에 다녀 안심이었다. 입학 첫날 언니는 학교 앞 레스토랑에 데려가 함박스테이크를 사줬다. 나중에 안 사실이지만, 학교 앞 음식점은 그 레스토랑과 소라분식이라는 떡볶이집이 전부였다. 학교 주변이 야산뿐인 이유는 육군사관학교 때문에 상권 개발이 제한되었기 때문이라고 했다. 정문 좌측에 허름한 소라분식이 있고, 비탈길을 오르면 우측에 미대 건물이 보였다. 잔디밭과 앵두나무 등 작은 정원수로 꾸며진 학교는 아빠가 만든 고향 집처럼 친근했다. 도서관 앞마당에는 축제가 열리는 만주벌판이 있었는데, 고등학교 운동장의 절반 규모였다. 기독교 재단이라 채플 수업을 이수해야 졸업할 수 있고 만주벌판 맞은편 대강당에서 채플 수업과 각종 행사가 이뤄졌다. 의무로 참여하는 채플 수업은 밀린 잠을 보충하는 용도로 활용되었다.

  1학년 1학기 때는 패션의 역사와 의류 소재 실험 수업이 주를 이뤘다. 2학기 실기수업은 일자 박기, 지그재그, 오버로크, 지퍼 달기, 입술 모양 주머니와 테일러드카라 만들기 같은 간단한 봉제 수업 위주였다. 과제를 위해 공업용 브라더미싱을 중고로 구입해 사용했는데, 집 근처 세탁소에 맡겨 과제를 해오는 친구도 많았다. 열정적이고 치열한 학과 수업을 기대했는데 기초수업은 더디고 지루했다.

2학년 때는 재킷 만들기와 평면 패턴 뜨는 법을 배웠다. 한 학기에 재킷 한 벌을 만들었는데, 완성될 즈음에는 학기 초에 배운 과정을 까먹을 정도로 더뎠다. 한 주에 한 벌씩은 만들어야 실력이 늘지 않을까 싶었지만, 수업은 시골에서의 나처럼 엉금엉금 느린 템포로 흘러갔다. 욕망의 기대치를 밑도는 수업에 실망만 커졌다. 기대하던 디자인 스케치를 배우려면 개별적으로 학원에 다녀야 했다. 여유가 있는 친구들은 학원에서 배운 대로 멋진 패션 일러스트를 그렸지만, 나는 미술학원에 다닐 여유가 없었다. 부족한 실력을 메꾸려고 교양과목으로 미대 크로키 수업을 신청했다. 누드 크로키 수업은 인체의 구조를 이해하고 디자인하는 데 도움이 됐지만, 학원 스타일의 날렵하고 장식적인 선과 구별되었다. 하지만 자유분방한 괴짜 강사가 많아 숨통이 트였다.

여대는 여고랑 비슷했다. 아니 더 깍쟁이 같은 도시 여자애들의 집합소였다. 학과 선배가 후배를 챙기고 술을 사주는 대학교의 낭만은 찾기 힘들었다. 도시 정글에 버려진 느낌이었다. 스스로 온기를 찾아 헤매야 했다. 은희 언니가 챙겨주지 않았다면 서울에서 첫 1년을 버티기 힘들었을 것이다.

첫 번째 자취집은 회기동 먹자골목 근처 단독 주택으로, 혼자 사는 괴팍한 할머니가 주인이었다. 가죽만 남은 마른 몸에 이마부터 발끝까지 플리츠 주름을 새겨놓은 듯했고, 오랜 세월 담배에 단련된 목소리는 걸걸한 쇳소리와 베이스음이 섞여 나왔다. 파란대문을 열고 들어서면 좁은 마당과 50년은 족히 넘는 목조 건물이 보였다. 옛날식 불투명 유리 미닫이문을 열면 진한 고동색 마룻바닥과 집안 곳곳에서 세월의 흔적이 느껴졌다. 마루와 부엌, 욕실을 함께 사용했는데, 주인 할머니는 아침마다 마루에 나와 담배 피우며 화투로 그날 운세를 점쳤다. 화장실이나 부엌을 오래 사용하면 걸걸한 쇠 긁는 소리가 쩌렁쩌렁 울렸다.
"물을 아껴야지. 요즘 애들은 아껴 쓸 줄 모른단 말이야."
"뭐 만들어 먹어? 뒷정리 잘해. 환풍기도 너무 오래 틀어놓으면 안 돼. 전기세 많이 나와!"
눈에 띄기만 하면 핀잔을 줘서, 마귀할멈이라는 별명을 붙여줬다. 동선이 겹치는 게 싫어 할머니가 화투 점을 치고 어딘가로 출타를 한 후에 씻고 부엌에 나가 밥을 해먹었다. 방에 창문이 있었지만, 맞은편 여관과 맞닿아서 무용지물이었다. 햇빛이 들어오지 않아 낮에도 불을 켜지 않으면 어두컴컴했고 환기도 어려웠다. 옆집은 주인집보다 오래된 여인숙 느낌의 여관이었다. 겨우 한 사람 들락거릴 정도의 좁은 통로에는 불빛이 깜박이는 간판과 토사물 자국이 끊이지 않았다. 늦은 시간까지 술을 먹던 연인들이 사용하는 듯했다.
전통 방식의 기와를 엮어 억대의 연회장을 짓고 야외 수영장을 증축한 아빠의 사업은 날개가 꺾인 채 모래주머니를 차고 심연으로 가라앉기 시작했다. 해가 갈수록 그 무게를 더했다. 단골로 오던 광주·전남권 중견기업들이 1997년 IMF 국가 경제 위기로 문을 닫으면서 그 타격을 고스란히 받았다. 사업 확장을 위해 추가 대출까지 받았던 아빠는 높은 은행 이율의 문턱을 넘지 못했다. 통명산 고갯길을 오르듯 허덕허덕 걸음을 옮겼지만 주변은 온통 검푸른 어둠이었다. 치솟은 대출이자를 갚느라 돈을 벌어도 돈이 부족했다. 밑 빠진 독에 물 붓는 격이었다.

회기동 자취방을 얻을 때 보증금 500만원을 챙겨줬지만, 몇 달 만에 월세 지원이 끊겨 왕십리에서 주말 커피숍 아르바이트를 시작했다. 낡은 호텔 카페에는 초록색 페이즐 무늬가 새겨진 직사각형 소파와 원목 테이블이 있고, 좌석 경계면에는 낮은 투명 플라스틱 칸막이가 있는 구조였다. 1층인데도 빛이 잘 들어오지 않아 퀴퀴한 세월의 흔적이 군데군데 묻어나고, 청소로 어쩌지 못하는 20년 묵은 숙성된 향이 바닥 카펫을 타고 올라왔다. 카운터를 보는 대학교 3학년 언니의 연애담을 들으며 손님이 없는 지루한 시간을 보냈다. 나는 연애 경험이 없어 언니의 야한 농담을 알아듣지 못했지만 되묻지 못하고 파리만 쫓았다. 작은언니는 회기동 호프집에서 아르바이트를 했는데, 꽤 큰 곳이라 일하는 대학생들이 많았다. 할 일 없는 평일 저녁에는 언니가 일하는 호프집을 기웃거렸다. 술에 취한 사람들과 달뜬 분위기로 생기가 넘쳤다. 알바생들은 언니의 동생이라는 이유로 주방을 구경시켜 주고 맛있는 안주를 맛보게 해줬다. 주말 커피숍 급료는 25만원 정도라 월세 빼면 학교 재료비 살 돈이 부족했다. 어쩔 수 없이 벼룩시장 구인 광고를 보고 시급이 센 곳을 찾아다녔다.

돈도 벌고 칵테일 만드는 법도 배우고 싶어 은마아파트 상가 칵테일 바에 취직했다. 사장님은 젊은 시절에 세계일주하는 대형 선박의 칵테일 바에서 일하고 나이가 들어 칵테일 바를 오픈했다고 했다. 손님이 없는 초저녁 시간에는 다양한 칵테일 레시피를 알려주고 직접 만들어 볼 수 있게 배려해줬다. 손금을 봐주거나 자신의 연애담을 풀어 놓는 말솜씨에서 연륜이 느껴졌다. 칵테일을 좋아하는 작은언니는 종종 내가 일하는 바에 놀러 왔는데, 인디밴드 드러머를 그곳에서 처음 소개받았다. 남자는 긴 생머리에 H라인 스커트를 즐겨 입던 언니의 뒷모습에 반해 화장실에 들러 자신의 긴 머리를 빗고 나왔다. 당시 언니랑 나는 인디밴드 음악은 물론 suede, Radiohead, Corn, Marilyn Manson 등의 브리팝과 인더스트리얼 음악 등에 심취해 있을 때라 뮤지션에 대한 로망이 있었다. 데스메탈 밴드의 드러머인 그는 외대 근처에 연습실이 있다며 상세 지도를 그려줬다. 188cm 큰 키와 긴 머리, 이국적인 매부리코와 쑥 들어간 깊은 눈은 강렬한 인상을 풍겼지만 순수하고 유쾌한 사람이었다. 언니는 드러머와 만난 지 사흘 만에 사랑에 빠졌다. 언니는 드러머와의 사랑으로 행복했지만 나는 인간관계가 서툴렀다. 사람을 사귀는 것보다 악기를 연주하는 게 쉬워보였다.

  기타를 배우려고 수소문해보니 학교 밴드는 없고 소리마당이라는 민중가요 노래패만 있었다. 삼각숲을 지나 학교 경계면에 허름한 회색빛 건물이 있었는데 그곳에 과방과 동아리방이 있었다. 1층 과방을 이용하는 학생은 거의 없어 의류학과 방문을 열면 묵은 먼지만 폴폴 날렸다. 차가운 건물 내부의 유선형 계단을 타고 오르면 좁은 복도가 있고, 꿀벌 집처럼 동아리 문패가 좌우로 다닥다닥 걸려 있었다. 연극 동아리와 풍물패 동아리 다음이 소리마당이었다. 조심스레 노크하고 들어가니 선배 언니 둘이 반갑게 맞았다. 세 평남짓 작은 동아리방 한쪽에 드럼이 있고 벽면을 따라 통기타 몇 대가 세워져 있었다. 언니들은 벽면을 따라 놓인 긴 벤치형 의자에 앉아 기타를 연주하고 있었다.

"악기가 배우고 싶어서 왔는데요…… 혹시 기타 치는 법도 알려주나요?"

솔직하게 첫 마디부터 민중가요에 대한 호기심을 포장하지 않았다. 3학년 선배 언니들은 싱긋 웃으며 반겼다.

"편하게 들어와서 얘기해. 민중가요 노래패지만, 통기타나 드럼을 배우고 싶으면 가르쳐 줄게."

"저는 기타가 배우고 싶어요."

"1학년이야? 너랑 비슷한 애들이 최근에 둘 들어왔어. 소개해줄게."

처음 보는 선배 언니는 즉석에서 기타 연주법을 알려줬다. 통기타 기본서를 사서 집에서 연습하면 가을축제 공연에서 연주할 기회가 있을 거라 귀띔했다. 선배 기수는 겨우 두세 명인데, 우리 학번만 다섯 명이 들어왔다. 둘은 노래도 잘 부르고 민중가요를 좋아하는 정통 민중가요파였고, 나를 포함한 세 명은 헤비메탈과 브릿팝(Britpop)을 좋아했다. 글래머러스한 외모의 기독교학과 친구는 베이스를 배우고 싶어 했고, 하얀 피부에 가녀린 체구의 생물학과 친구는 드럼에 관심이 많았다. 나는 일렉기타를 배워 좋아하는 락음악을 연주하고 싶었다. 선배들은 개성 강한 우리 셋을 데리고 다니며 술도 사주고 데모 현장 무대에서 함께 노래도 불렀다. 동아리 환영식에서 소주 두 잔을 마셨더니, 시멘트 바닥이 갈지자로 춤을 추며 올라왔다. 벽을 부여잡고 겨우 화장실을 다녀오는 동안 알코올이 온몸에 퍼져 홍당무가 되었다. 기독교학과와 생물학과생인 두 친구는 소주 두 병을 먹어도 얼굴에 변화가 없었다. 그날 이후 선배들은 내 술까지 두 친구에게 따라줬다. 나는 생맥주 한 잔이면 밤새도록 취할 수 있었다. 학과에서 느낄 수 없던 선배들의 챙김과 동기들의 우정을 맛보게 품어준 곳이 노래패였다. 스무 살 생일 때 작은언니 친구가 향수를 선물해줬고, 동아리 친구들은 바에 데려가 칵테일 불쇼를 보여줬다. 나는 바텐더의 권유로 40도 칵테일을 빨대로 원샷하고 기절해버렸다.

"여기가 어디야……?"

부스스 잠에서 깨니 힘센 기독교학과 친구가 나를 둘러업고 2층 노래방으로 옮긴 뒤였다. 헤비메탈을 좋아하는 두 친구는 나를 노래방 소파에 눕혀놓고 술에 취해 노래 부르며 헤드뱅잉을 하고 있었다.

언니는 드러머 남자친구와 하루도 빠짐없이 만나느라 바빴다. 내 동아리 친구들과 언니 친구들은 종종 함께 어울렸고, 서로의 집을 오가며 편하게 지냈다. 언니랑 셋이 신촌 뮤직카페에 가기로 했다가 펑크가 나면 지연 언니랑 둘이 뮤직카페에 가곤 했다. 지하 카페에는 대형 스크린이 있고 종일 뮤직비디오를 틀어주는 DJ부스가 있었다. 우리는 좋아하는 뮤직비디오를 신청하고 감상하는 재미에 취해 종종 그곳을 찾았다. 지연 언니는 락음악과 일본 만화를 좋아해 시중에 없는 원화 만화책을 종종 빌려줬다. 성 정체성을 겪는 주인공이 많았는데 남자 역할은 까만 피부로, 여자 역할은 흰색 피부로 대비를 줬다. 지금까지 알지 못하던 새로운 세계였다. 자연스레 학교에서 동성연애 관련 강좌가 열리면 거부감 없이 귀 기울이게 되었다.

동아리 친구와는 허물없이 지냈지만 학과 친구들과는 친밀한 관계 형성이 어려워 마음이 불편했다. 작은언니가 데이트를 나가면 작은 자취방에 틀어박혀 언니가 빌려온 비디오나 만화책을 보며 시간을 보냈다. 언니를 빼앗긴 기분이었다. 할까 말까 수십 번 고민하다 아침밥을 준비하면서 투정을 부렸다.

"나 좀 신경 써주면 안 돼?"

"나도 힘들어……."

언니는 도마 위 칼질을 멈추고 울음을 터뜨렸다. 언니는 다정한 드러머 남자친구가 있으니 행복할 거라고만 생각했었다. 집안 사정으로 힘들고 스트레스 받는 건 똑같을 텐데 말이다. 시끄럽게 울어대는 밥솥 밸브 소리에 맞춰 우리 자매는 한참을 부둥켜 안고 울었다.

그날 이후 언니는 둘만의 데이트를 포기했다. 남자친구랑 맛있는 회덮밥 집을 발견하면 데려가 사주고, 홍대 클럽 공연에도 함께 갔다. 언니의 남자친구가 밴드 멤버들과 리허설 하는 동안 둘이 홍대 골목을 구경했다. 멤버 중에는 나보다 머리가 길고 날씬해서 25인치 여자 청바지를 즐겨 입는 기타리스트 오빠도 있고, 스킨헤드 머리부터 양팔까지 문신과 피어싱으로 도배한 베이시스트도 있었다. 나와 동갑내기 보컬은 대화할 때는 평범한데 무대에 오르면 데스메탈 특유의 중저음으로 카리스마를 발산했다. 언니보다 두 살 위인 드러머 남자친구는 외모와 달리 잔정이 많고 유머러스한 수다쟁이였다. 나처럼 술을 마시면 온몸이 빨갛게 달아올랐지만, 취해도 정신력으로 버티며 술잔을 놓지 않았다. 남들은 기분이 좋아져 흥분하는데, 나는 알코올이 들어가면 짙푸른 심연을 헤매는듯 어지러웠다. 비릿하고 어두컴컴한 모래 바닥을 기어 다니는 기분이랄까. 지랄 같은 기분 탓에 알코올이 싫었다. 40년 된 스쿨버스에 올라탄 것처럼 속이 울렁이는데 구토가 나오지 않아 더 괴로웠다. 눈치 빠른 언니는 인상 찌푸리며 점차 말이 없어지며 나를 내버려두지 않고 챙겼다.

  여름이었다. 더위에 잠이 오지 않아 언니랑 둘이 침대 위에서 뒤척이는데, 밖이 소란스러웠다. 슬리퍼 차림으로 어슬렁어슬렁 대문 밖에 나가보니 여관에서 불이 나 소방차가 출동한 상태였다. 소방관들이 소방 호스를 들고 낡은 여관을 들락날락했다. 둘 다 불구경이 처음이라 구경꾼들 무리에 섞여 구경했다. 그런데 우리가 세 들어 사는 집과 여관 지붕이 맞닿아 불씨가 번졌다고 했다. 소방관들은 우리 방 천장을 뜯고 소방 호스를 뿌려 불씨를 잡았다. 잠시 후 불은 꺼졌지만, 방은 참혹했다. 고질라가 할퀴고 뜯어낸 듯 천장이 뜯겨나가 검은 밤하늘이 보였고, 불탄 잔해들이 방안을 나뒹굴었다. 물 먹은 침대와 가구는 나무틀이 휘어져 바닥에 주저앉았고, 그을린 벽지가 뜯겨 이불 위에 나뒹굴었다. 옷장을 열어보니 재와 흙탕물이 들어가 입을 수 있는 옷도 없고 당장 잠잘 곳도 없었다. 급하게 언니 친구한테 연락해 일주일간 신세를 지고, 낮에는 더럽혀진 옷가지를 빨래방에 가져가 빨았다. 지독한 탄내가 가시지 않아 몇 번이고 세탁기를 돌렸다. 여관 주인을 찾아갔더니 돈이 없다며 나 몰라라 했다. 모르쇠로 버티는 여관 주인을 쫓아다녀 겨우 훼손된 가구만 보상받았다.

학과 수업 재료비는 물론이고 일렉기타를 사려면 돈이 필요했다. 1학년을 마치고 휴학을 결정했다. 벼룩시장 구인 광고에서 카드사 아르바이트를 구했다. 신규 카드 발급률에 따라 실적과 월급이 달라지는 카드사 과장급 직원이 개별적으로 고용하는 자리였다. 서울 시내 대학교 입구에 카드 발급 좌판을 펴고 호객행위를 했는데, 경기가 나쁘니 실적이 좋지 않았다. 두 달 만에 관두고 다른 일자리를 알아봐야 했다. 시급이 센 골프장 캐디는 서울 외곽 골프장에 딸린 건물에서 숙식이 가능한 상시 거주자를 원해 면접을 다녀온 후 포기했다.

가장 흔한 일자리가 백화점이나 마트의 판매원이다. 외국계 칫솔회사에서 10개월 계약 판매직원을 뽑길래 원서를 넣었다. 총 여섯 명을 뽑았는데, 모두 나처럼 휴학생이었다. 나중에 알았지만, 회사는 외모나 판매 경력이 아니라 휴학생을 우선 대상으로 뽑았다. 월평균 20일 정도 일하겠지만, 일수가 모자라도 100만원 고정급을 받을 거라고 했다. 판매 인력으로 투입하기 전에 정기적으로 신제품 칫솔 교육을 했다. 가격 싼 칫솔이 대부분인 시장에서 고급화 전략을 펼쳤다. 잇몸과 닿는 칫솔모가 중요한데 비싼 커팅 기계를 사용해서 잇몸에 상처가 생기는 걸 막아준다고 했다. 유니폼은 칫솔 색상에 맞춰 프레쉬한 아쿠아화이트와 블루컬러를 믹스한 세련된 디자인이었다. 마케팅 부서에서 프로모션 행사를 잡아주면 짧게는 3일에서 일주일 단위로 백화점이나 마트를 돌며 판매 업무를 했다. 처음에는 마이크를 잡고 홍보 멘트를 하는 게 부끄럽고 떨렸다. 하지만 큰 프로모션 행사에서 경력 많은 언니를 따라 하며 점차 익숙해졌다. 내 목소리를 듣고 제품을 찾는 손님들한테 용기를 얻었다. 서서히 마이크 울렁증을 극복하고 아나운서처럼 마이크를 잡고 홍보하는 일에 재미가 붙었다. 짧은 투피스 유니폼에 플랫폼 힐을 신고 서서 일하는 게 고되긴 해도 판매량이 많은 날은 피곤함을 잊었다. 똑같은 시간을 일해도 손님 없는 매장에서 일하는 날은 시간의 몸통을 엿가락처럼 늘려 놓은 듯 더디 흘렀다. 어떤 달은 행사가 잡히지 않아 열흘밖에 일하지 않았는데도 고정 급여를 받을 수 있었다. 그때 정규직의 맛을 알았달까? 빨리 대학을 졸업하고 패션회사의 정규직으로 일하고 싶었다.

판매일보다 곤욕인 건 새로운 매장에서 밥 먹기였다. 고정된 일터가 없으니 매주 새로운 사람들과 어울려야 혼밥을 피할 수 있었다. 마트 고정 판매직원들은 텃세를 부리기도 해서 주로 비슷한 프로모션 행사요원들과 어울렸다. 점차 짧은 만남에 익숙해지고, 마트에서 보내는 긴 시간을 견디는 방법을 터득했다. 일하는 곳은 주로 지하 1층 슈퍼마켓인데, 직원 식당가는 주로 7~8층 꼭대기에 있었다. 점심을 먹으려면 지하 창고 깊숙한 미로를 지나 직원용 엘리베이터를 잡는 일부터 치열했다. 짧은 점심시간에 직원들이 몰리는 바람에 두세 대를 보낸 후에야 빈자리가 났다. 식당 밥은 대형 냄비에 찐 쌀이라 밥맛이 없었다. 반찬은 제육이나 고등어조림, 생선튀김, 미역국, 김치찌개 등이 번갈아 나왔는데 돼지 비린내와 생선 냄새가 심해 떠온 음식을 다 먹지 못하고 남길 때가 많았다. 대충 허기를 채우고 탁 트인 건물 옥탑 벤치에 앉아 바람을 쐬는 게 유일한 낙이었다. 비바람이 부는 날은 그마저도 불가능해 답답한 지하층 직원 휴게실로 발걸음을 돌려야 했다. 어린 시절엔 친구들과 비 맞으며 뛰어다니는 게 좋았는데, 도시에 살면서 궂은 날씨가 싫어졌다. 식당 메뉴도 별로인데 날씨까지 엉망이라 옥탑의 자유를 누릴 수 없는 날은 마트에서 요플레나 군것질거리를 사서 간단히 점심을 때웠다.

학교에는 몇 가지 필수 과정이 있었는데 1학년과 4학년 두 번의 바롬관 생활이 그중 하나였다. 몇 개 학과 학생들이 기숙사 형태의 바롬관에서 한 달간 함께 생활했다. 서너 명씩 룸메이트로 지내며 공동 생활규칙을 지키고 저녁도 만들어 먹었다. 같은 과에 강원도 출신의 호탕한 여자애가 눈에 들어왔다. 같이 과제도 하고 학식도 먹으면서 제법 친해졌지만, 끊임없이 보이지 않는 경계선을 그었다. 친구는 절실한 기독교인이라 저녁 자유시간에 생활관 내의 기도실에 자주 갔다. 친해지고 싶은 마음에 기도실 가는 친구를 따라나섰다.

"너는 종교 없잖아. 왜 가려고?"

"어떤 곳인지 궁금해서. 나도 기독교에 관심 많거든. 이번 기회에 종교를 갖게 될지 누가 알겠어?"

친구의 불편한 시선을 모르는 체하며 호감을 표현했다. 기도실에는 모르는 얼굴이 대부분이었다. 사람들은 어두운 조명 아래 두툼한 회색 방석을 깔고 둥그런 형태로 앉아 있었다. 다들 성경책을 가져왔는데 나만 빈손이었다. 간단한 자기소개 후 리더격인 친구가 기도를 시작하자, 조용하던 기도실이 울부짖음으로 가득 찼다. 친구는 몸을 앞뒤로 흔들며 신들린 듯 방언 기도를 했다. 생경한 모습에 놀라 조용히 기도실을 빠져나왔다. 다음날 강의실에서 이성적이고 쾌활한 친구를 보면 기도실의 모습이 떠올라 거북했다. 둘 사이에 보이지 않는 벽이 하나 더 늘어버렸고 관계를 회복하려고 던진 질문을 사적이라며 경계했다.

"고등학교 때 제일 친한 친구한테도 사적인 이야기는 안 했어. 불편해."

"너를 더 알고 싶어서 물어본 거야. 부담스러웠다면 미안해."

내가 좋아하는 세상을 보여주고 싶어 소리마당 노래패 공연 이야기를 꺼냈다.

"축제 때 강당에서 공연하는데 보러 올래?"

"무슨 공연인데?"

"민중가요 노래패야. god의 「어머님께」를 개사해서 부르는 곡도 있어. 재미있을 거야."

"민중가요? 그거 빨갱이들 노래 아니야?"

"그런 거 아니야. 오해야, 오해. 요즘 빨갱이가 어딨어? 하하."

친구에게 느끼던 벽은 이념의 뿌리에 근거할지도 모른다는 생각이 스쳤다. 가까워지기에는 너무 다름을 인정해야 했다. 노래패 선배들처럼 말주변이라도 좋으면 설득해볼 텐데, 높은 벽 앞에서 말문이 막혔다.

소리마당은 빨갱이 집단이 아니었다. 비판적 목소리로 연대하는 공동체였다. 대학생 데모를 독려하는 무대에 초청되어 007작전처럼 게릴라 공연하고 빠져나온 적이 있다. 공연 장소는 선배 언니 한 명만 알고 우리는 그저 뒤따랐다. 고백하건대 나와 친구들에게 민중 의식은 없고, 스릴 넘치는 게릴라 공연 무대에 선다는 설렘만 컸다. 하지만 소개팅보다 사회 문제에 관심을 두고 후배를 챙기는 따뜻한 선배들 덕분에 사회적 연대와 비판적 목소리의 중요성을 알아갔다. 소리마당은 여대 특유의 이기적이고 개인주의적인 성향을 비껴간 특별한 곳이었다. 그런데 빨갱이 취급을 받으니 억울하기도 하고 답답했다.

1997년 12월, 대통령 선거에서 김대중 대통령이 당선되면서 민주화 열망이 이루어졌고, 민중가요를 부르며 투쟁의 전선에 나설 필요가 없어졌다. 분명 좋은 시절이 온 것인데도, 탄압이 없으니 민중가요 노래패가 설 무대도 줄었다. 우리는 민중가요 노래패도 새로워져야 한다며 락밴드 스타일의 노래패로 변화를 시도했다. 헤비메탈을 좋아하는 괴짜 친구들과 의기투합해 낙원상가에서 일렉기타와 베이스를 사서 악기 연습에 열을 올렸다. 퇴색한 민중가요에 팝적 감성을 입혀 청춘을 노래하고 싶었다. 공연 곡을 고르고, 작은언니 남자친구한테 부탁해 밴드 기타리스트한테 일렉기타를 배웠다. 공연 포스터 제목은 WANTED! 기타와 베이스를 둘러매고 대중을 향해 반항기 가득한 삐딱한 시선을 보내는 우리들의 공연 포스터는 여느 민중가요 노래패와 달랐다. 선배들은 '이게 뭐야? 정체성을 잊어서는 안 돼!'라는 말 대신 응원의 메시지를 보냈다. 대중가요를 개사한 「어머님께」, 브릿팝밴드 Radiohead 의 Creep을 섞은 소리마당 공연은 열띤 호응을 얻었다. 베이시스트가 꿈인 글래머러스 주영과 엇박자가 주특기인 말라깽이 드러머 소라, 일렉기타리스트가 되고 싶은 나까지 세 친구가 악기를 매고 홍대에 가면 밴드 이름을 묻는 사람도 있었다. 포스는 홍대 인디밴드에 뒤지지 않았으나, 악기 다루는 실력은 오합지졸이었다. 공연할 때만 창피당하지 않으려고 맹연습해 겨우 무대에 설 정도였다. 개성 강한 우리는 각자의 고민을 안고 휘청대는 평범한 대학생이었다. 티 내지 않으려고 주변부에 에너지를 쏟았고 악기는 허둥대는 우리를 포장하는 장식이었다.

복학 후에도 금토일은 백화점에서 생계형 아르바이트를 계속했는데 서울 태생인 두 친구는 나처럼 아르바이트가 필수는 아니었다. 셋이 만날 약속을 잡았다가도 갑작스럽게 행사가 잡히면 빠져야 했다. 친구들은 홍대 클럽 이야기를 종종 했다. 신촌 뮤직카페처럼 팝 뮤직 비디오도 틀어주고, 술 마시며 춤추는 곳이라 했다. 호기심을 억누르지 못하고 아르바이트가 없는 주말 저녁에 친구들을 따라 홍대 클럽에 처음 갔다. 메케한 담배 연기와 폐부를 찌르는 대형 스피커가 세워진 지하 클럽은 조용히 앉아 음악을 즐기는 뮤직카페와 전혀 달랐다. 바 주변에만 네다섯 개의 의자가 있고 스무 평 남짓 무대는 화려한 조명과 사람들로 채워졌다. 무대를 누비며 자유롭게 춤추는 두 친구와 익명의 사람들을 지켜봤다. 그 누구도 정형화된 춤을 추지 않았다. 손과 다리는 각자의 에너지를 표출하는 도구였다. 가볍게 고개만 흔들며 리듬을 타는 사람도 있고, 해파리처럼 팔을 흔들며 미지의 공간을 헤엄치듯 춤추는 사람도 있었다. 몸매가 돋보이는 춤 선이 아름다운 여자도 있었다. 그곳은 밤새 쿵쾅대는 리듬에 맞춰 울렁이는 심장과 자신을 표현할 자유가 보장된 곳이었다. 맥주를 홀짝이며 춤추는 친구들을 눈으로 좇았다. 그들의 자유로운 몸짓이 부러웠지만 태어나서 한 번도 춤을 춰본 적이 없었다.

짓궂은 주영이 윙크를 하며 다가와 팔을 잡아끌었다. 의자에서 엉덩이를 떼는 순간 금단의 경계를 넘은 듯한 부끄러움에 얼굴이 화끈거렸다. 인간의 피를 빠는 벼룩처럼 의자에 찰싹 붙어 떨어지지 않으려고 안간힘을 썼다. "다음번에, 다음번에 출게."라며 피하자, 의자와 한 몸이 된 내 손을 잡고 리듬을 탔다. 음악에 몸을 맡긴 친구들의 황홀한 표정이 머릿속을 떠나질 않았다. 춤을 추면 그들처럼 행복할까? 자유를 느낄까? 유혹적인 질문들이 머릿속에 맴돌았지만 틀을 깨기 어려웠다. 사람들이 나만 쳐다볼 것 같아 창피했다.

그 후로도 친구들은 홍대에 갈 때 종종 나를 불렀다. 스무 평짜리 클럽 문이 닫힐 때까지 밤새 춤췄다. 새벽 2시가 넘어가면 클럽에 남은 손님은 우리 셋뿐이었다. 그때부터 우리의 시간이었다. 원하는 음악을 틀어달라고 부탁했다. 춤은 못 춰도 마릴린 맨슨, 콘, 레디오헤드 음악에 맞춰 헤드뱅잉 하는 건 재미있었다. 마지막 곡은 항상 영국 뉴웨이브 밴드 버글스의 「Video Killed the Radio Star」였다. 1979년에 발표된 곡이었지만, 신비로운 신디사이저 사운드와 귀에 꽂히는 방방 대는 멜로디가 클라이맥스로 인도했다. 클럽 문이 닫히고 1만원의 행복이 끝나면, 홍대 놀이터 근처 편의점에서 컵라면을 먹으며 다크서클을 끌어올렸다. 어스름한 새벽 해가 떠오르기 전에 첫 지하철을 타고 각자의 집으로 돌아갔다. 진동하는 스피커에 온몸을 얻어맞은 듯 쑤시고 아팠지만, 아르바이트의 고단함과 일상의 고민을 잊게 해줬다. 홍대는 우리들의 도피처였다.

복학 후 98학번 2학년과 수업을 들었는데 나보다 한 살 많은 상미 언니와 친해졌다. 언니는 우리 학교 생물학과 96학번인데, 의

대에 가려고 재수를 시작했다가 중간에 의류학과로 진로를 선회했다. 고등학생 때 아버지를 여의고 홀어머니랑 살았는데, 전 재산을 무당집에 쏟아 부어 점집을 차린 엄마를 미덥지 않아 했다. 언니는 다른 서울깍쟁이 대학생과 달랐다. 신기도 없는데 점집을 차린 엄마를 이해할 수 없다며 자신의 이야기를 솔직하게 털어놨다. 내가 백화점 지하 식품코너에서 생계형 아르바이트에 영혼이 털리는 동안 상미 언니는 고등학생 수학 과외를 하며 에너지를 불살랐다. 학생들을 가르치며 진이 빠져 움직이기 싫은 날은 연극 동아리를 찾는다고 했다. 내가 동아리 친구들과 악기를 연주하고 홍대 클럽에서 자유를 만끽할 때 언니는 연극동아리에서 자유를 꿈꿨다. 지루한 학과 수업을 불평하며 자퇴를 고민할 때 상미 언니가 말렸다. 한국 사회에서 대학 졸업장은 필수니 싫어도 버텨야 한다는 현실적인 이야기로 나를 붙잡았다.

　차선책으로 2학기부터는 학과 수업은 필수 과목만 듣고, 나머지는 미대에서 인체 드로잉, 도자기공예, 미술사 수업 등을 교양과목으로 택했다. 스케치 수업 모델은 중년 여성이었다. 볼륨 있는 날씬한 몸을 기대했는데 아니었다. 헝클어진 웨이브 펌과 처진 가슴, 불룩한 옆구리 살에서 여인의 고단한 삶이 느껴졌다. 고대 토우 형상의 여인이었다. 10분, 5분, 3분 간격으로 시간을 줄이며 크로키를 연습했다. 회차를 더할수록 크로키 선을 풍요롭게 하는 굴곡진 몸이 고맙게 느껴졌다. 공예는 기본 물레수업과 형태를 탐구하는 조형 수업을 따로 진행했다. 무형의 흙을 물레 위에 놓고 돌리면, 순식간에 원하는 모양의 컵과 그릇이 탄생했다. 흙에서 새로운 형태를 뽑아내는 마술 같은 작업에 시간 가는 줄 몰랐다. 알맞게 건조해 뒷굽을 깎고 초벌구이한 후 형태에 어울리는 유약을 발라 재벌구이 가마에 넣었다. 가스가마에 천천히 열을 올려 유약이 녹은절정의 순간에 연료를 차단하고 가마 안에서 도자기가 자연적으로 식을 때까지 꼬박 하루를 기다려야 한다. 참지 못하고 가마 문을 열면, 유약에 크랙이 생겨 완성된 도자기를 망친다. 1,200도가 넘는 뜨거운 불을 견뎌낸 유약은 도자기에 새로운 옷을 입히고 때론 유약 꽃을 피웠다. 인생의 절정기에 멈추는 용기와 결단이 도자기 하나에 온전히 담겼다. 도자기의 매력에 빠져 재봉틀보다 물레 앞에 앉은 시간이 길어졌다.

조형 수업 교수님은 자유롭게 만들고 싶은 형태를 스케치해 오라고 했다. 수업과 아르바이트 일정으로 꽉 채워진 고단한 삶의 도피처가 절실히 필요한 시기였다. 상처투성이 드라큘라 백작이 관에서 휴식을 취한 뒤 상처가 아물고 치유되는 것에 착안해 '생명의 관'이라는 주제의 디자인 스케치를 가져갔다. 나이가 지긋한 교수님의 당황한 얼굴이 역력했다.

"음…… 이것도 좋지만, 좀 더 긍정적인 조형물을 생각해보는 게 어떨까?"

"관이라 하면 흔히 죽음과 연결 지어 부정적으로 생각하는데 제가 만들고 싶은 '생명의 관'은 누워 있는 동안 에너지가 충전되는 어머니의 젖줄을 메타포로 하고 있어요."

"그래도 한 주 더 생각해보면 좋겠어. 설명하지 않아도, 관객이 보고 느낄 수 있는 직관적인 형태가 좋아."

교수님은 기괴하다고 생각했는지 자꾸 다른 걸 찾아보라고 권했다. 다음번에는 두 개의 원뿔이 누에처럼 하늘을 향해 머리를 치켜들고 서로를 감싸며 성장하는 모습을 스케치했다. 서로 교감하며 성장하는 형태가 마음에 들었는지 교수님의 OK사인이 떨어졌다. 원뿔의 형태가 둔탁해 보이지 않게 신경 써서 조형했다. 역동하는 생명력을 표현하려고 몇십 번이고 다시 성형하며 알맞은 두께를 잡았고 매끈한 표면에 빗살 스크래치를 넣어 성장하며 겪는 상흔을 표현했다.

학교와 사회의 울타리에 엉덩이를 반반씩 걸친 채 살아가야 했던 대학 초년생에게 생활의 무게는 버겁기만 했다. 할머니가 끓여주던 참치김치찌개도 그립고, 엄마가 만들어준 질긴 칡냉면과 고구마튀김도 생각나 울컥하곤 했다. 서울에서는 양파, 대파, 고추, 상추 같은 채소 사 먹는 돈이 제일 아까웠다. 시골 집에서 공짜로 먹던 풍성한 식재료에 값이 매겨진다는 사실을 서울에 와서야 알았다. 부모님 덕에 당연한 권리로 먹고 누리던 많은 것에 가격표가 있다는 걸 새삼 깨달았다. 한때는 비싼 옷을 입고 느긋하게 대학생활을 즐기는 아이들이 부러웠다. 타인과 비교하다 보면 남아 있던 자존감이 유리알처럼 잘게 바스러졌다. 폭발하는 반항기의 상징인 삭발을 하고 싶었지만, 매주 판매 아르바이트를 해야 한다는 현실적 생각에 감행하지 못했다. 대신 보이지 않는 발등에 상처를 냈다. 별거 아니라고 생각했는데 좁쌀만한 상처는 생각보다 존재감이 컸다. 매주 유니폼에 플랫폼 힐을 신을 때마다 이중고에 시달렸다. 250cm의 발 사이즈보다 더 큰 신발이 없어 상처 부위가 짓눌린 상태로 하루 여덟 시간을 서서 일했다. 여름이라 상처가 덧나 샤워할 때마다 발을 비닐봉지로 감싸고 어정쩡한 자세로 물을 뿌려야 했다. 발등의 상처는 몇 달간 나를 괴롭히며 얼마나 바보 같은 생각을 했는지 매일 깨닫게 했다.

대학을 졸업하면 지긋지긋한 식품코너에서 벗어나 정식 디자이너로 살아갈 수 있다는 기대감으로 버텼다. 꿈을 놓지 않고 살면 언젠가는 이룰 수 있다는 교수님의 말을 붙잡았다. 금토일을 포기하고 번 돈으로 대학생활과 취미를 샀다. 학교에서 4일은 쏜살같이 흘러갔고, 마트에서 3일은 초시계를 잡아둔 것처럼 더디게 제자리걸음을 했다. 매주 반복해서 돌아오는 금요일이 싫었고, 학교로 돌아가는 월요일이 좋았다. 평범한 대학생처럼 학식을 먹으며 친구들과 낄낄대는 시간이 소중했다. 교양과목으로 듣기 시작한 도자기의 매력에 빠져 전과를 고민하는 사치도 누려봤다. 시골에 내려가 도자기 공방을 만들고, 아티스트로 살아가고 싶었다. 하지만 패션디자이너보다 먹고 살기 힘든 게 도예가였다. 패션은 소비를 부추기는 산업이고 계절이 바뀌면 사람들이 자연스레 옷을 사 입지만 인사동에서 생활도자기를 구경하고 구매하는 사람은 거의 없었다. 유명한 도예가가 될 때까지 생활고를 버티겠다는 배짱도 재력도 없다는 사실이 서글펐다. 빨리 졸업해 패션디자이너가 되고 싶었다. 20년쯤 디자이너로 일하며 돈을 모은 후 곡성으로 귀향해서 도예공방을 만들고 도예가로 제2의 인생을 살자며 흐트러진 마음을 다독였다.

나는 월요일의 신데렐라였다. 목요일 수업이 끝나고 금요일 새벽이 되면, 유니폼을 챙겨 일터로 돌아갔다. 삶의 무게에 짓눌려 꿈이 희미해지는 것도 모르고 살았다. 미래에 대한 불확실성과 경제적 스트레스, 매끄럽지 않은 인간관계는 대학 내내 심장을 파먹는 프로메테우스의 독수리였다. 벗어날 수 없는 현실의 바위에 묶인 채 끝없이 독수리에게 심장을 파 먹히고, 동대문 원단시장에 가면 디자이너의 꿈을 향한 열정이 되살아나 쪼그라든 심장에 새살이 돋았다.

미대와 본업인 의류학과 사이에서 줄다리기하던 그 시절, 심장은 돛단배처럼 봄바람이 이끄는 대로 흔들렸다. 고2 때부터 심장을 뛰게 했던 패션의 불씨가 가슴 한쪽에 남아 있다가 자극제를 만나면 정신 못 차리게 활활 타올랐다. 매년 열리는 서울패션위크는 인 서울 대학생이 누릴 수 있는 호사였다. 패션쇼 시즌이 되면 유명한 디자이너의 티켓을 구하려고 혈안이 되었다. 현장 구매만 가능한 티켓은 새벽부터 줄을 서서 기다렸다. 쇼타임이 시작되면 화려한 조명과 무대를 흔드는 강렬한 음악, 디자이너의 아이덴티티를 담은 옷을 입은 모델의 워킹이 시작되었다. 쇼를 보고 나면 머릿속에 샘솟는 영감들을 표출하고 싶어 동대문 원단시장으로 달려갔다. 레이스, 가죽, 벨벳, 퍼, 트위드, 오간자까지 수천 가지 소재가 넘쳐나는 공간에서 쇼장을 누비는 디자이너가 되는 상상을 했다. 선택을 기다리는 옷감 중에 구상 중인 디자인을 표현할 소재를 골라 고이 모셔 왔다. 원단을 만지작거리며 디자인 스케치를 시작했다. 디자인을 패턴으로 구현한 후, 원단 위에 초크로 패턴을 그리고 재봉틀로 다트와 주름을 박았다. 세부 디테일을 만들고 큼직큼직한 옆선과 소매를 연결하면 점차 옷이 형태를 갖췄다. 급한 마음에 봉제를 서

두르다 생략된 과정을 알아차리면 난감했다. 완성을 앞둔 옷의 봉제선을 뜯는 것만큼 가슴 아픈 일도 없다. 하지만 실수를 덮어버린 옷은 보기에만 좋고 입을 수 없으니 알아채는 순간 빨리 승복하고 다시 시작해야 했다.

인도는 물가도 싸고 타지마할 궁전과 자이살메르 사막, 바라나시, 델리 대학 등 주머니가 얇은 대학생들이 선호하는 여행지였다. 졸업 전에 친구들과 돈을 모아 인도여행을 가기로 했다. 한 번 더 휴학하고 백화점 판매 아르바이트로 돈을 모았다. 동아리에서 친해진 두 친구와 함께 가기로 했는데, 주영은 일이 생겨 못 가고 소라와 둘만의 여행을 계획했다. 셋이 1박 2일 강촌 여행을 다녀온 적 있지만, 둘이 하는 여행은 처음이었다. 계획적인 성격의 소라가 여행 가이드북을 보며 중서부 뭄바이에서 북쪽 델리까지 가는 6주간의 여행 계획을 세웠다. 여행하기 좋은 건기를 택했다. 왕복 항공권과 첫날밤에 잘 숙소만 예약하고 이후 숙소랑 교통수단은 현지에서 정하기로 했다. 꼭 가고 싶은 타지마할 궁전과 자이푸르, 자이살메르 사막, 성스러운 갠지스강이 흐르는 바라나시 등을 지도에 점 찍고 머무는 기간은 유동성 있게 정하기로 했다. 늦은 밤 뭄바이공항에 도착해 택시를 타고 비좁은 숙소에 몸을 뉘었다. 아침에 일어나 주변을 둘러보니 사창가가 즐비했다. 자칫 큰일을 당할 뻔했다는 걱정도 잠시 홀쭉한 배낭을 여행 이야기로 가득 채울 생각에 마냥 즐거웠다.

11월 인도는 건조한 초여름 날씨라 배낭여행하기 좋았다. 의류

학과생이지만 미대 공예수업에 빠져 있던 나처럼 소라는 생물학과 생이지만 사진의 매력에 빠져 성균관대 사진 수업을 배우러 다녔다. 인물 촬영을 좋아해 내 얼굴에 야누스 화장을 하고 모델을 서달라고 하거나 햇살이 부서지는 한강 갈대밭을 배경으로 야외 촬영도 했다. 소라는 모처럼 여행을 위해 수동카메라와 필름을 잔뜩 챙겨왔다. 하지만 여행 일주일 만에 렌즈 조절 나사가 빠져버렸다. 니콘 카메라를 수리할 곳을 찾지 못해 손으로 렌즈를 털어 빛 가리개 크기를 조절해야 하는 리얼 수동카메라가 되어버렸다. 소라가 나를 촬영한 후 자리를 바꿔 품앗이 촬영을 했다.

인도에서 전통의상인 사리와 도티를 입은 인도인과 촬영하려면 돈을 내야 한다는 여행 후기를 본 적이 있지만 우리한테는 해당하지 않았다. 소라는 서태지처럼 빨간 머리였고 나는 허리까지 오는 긴 생머리였다. 인도에서 결혼한 여성은 붉은색 연지를 이마에 찍는데, 사치스럽게 붉은색 머리로 물들인 친구는 현지인들한테 인기였다. 곱슬머리인 인도 여인들은 내 생머리를 부러운 눈으로 바라봤다. 둘이 지나가면 현지인들이 먼저 다가와 사진 촬영을 요청하고 아이들을 만져달라고도 했다.

바라나시는 도시 빈민과 거친 사람들이 많아 주의가 필요한 곳이지만 가슴에 ARMY가 새겨진 티셔츠를 입으면 함부로 건드는 사람이 없었다. 바라나시는 화장터에서 시체 태우는 광경과 흙탕물인 갠지스강에 몸을 담그는 풍경이 흔했다. 화려한 디왈리 축제기간과 맞물려 밤새 만트라 연주와 새빨간 불꽃, 메케한 연기, 폭죽이 도시를 수놓았다. 4일간 머물기로 했는데 삶과 죽음이 공존하는 바라나시에서 둘 다 배탈이 나서 꼬박 이틀을 숙소에 누워지냈다. 시체 타는 냄새에 취한 탓인지 달뜬 기분은 사라지고 갠지스강 흙탕물을 뒤집어쓴 듯 불편했다. 도망치듯 아그라 타지마할 궁전을 거쳐 자이살메르사막을 향했다.

점심이 첫 끼인 말라깽이 소라와 아침밥이 필수인 나는 서로 다른 허기로 매일 아침을 맞았다. 숙소를 포함한 음식값을 공동경비로 사용하다보니 아침을 고집할 수 없어 여분의 크래커로 허기를 달랬다. 여행지 기념품으로 산 낙타가죽 채찍과 가방, 은팔찌, 모직 숄이 차곡차곡 배낭의 무게를 늘렸다. 8kg이던 배낭이 어느새 15kg을 넘었다. 하루에 10km 이상 걷는 뚜벅이 여행에서 묵직한 배낭은 최대 골칫거리였다. 여행이 중반을 향하자 서로의 배려심이 바닥을 쳤다. 별것 아닌 행동에 상처받고 오해하는 일이 반복되면서 감정이 극에 달하기 전에 찢어지는 게 좋을지 고민되었다. 돌이켜보면 허기질 때 예민함이 폭발했고 맛있는 탄두리 치킨과 난을 먹고 나면 헤벌쭉해져 다음 목적지를 기대하는 수다 삼매경에 빠졌다. 하루 여덟 시간 이상 완행버스를 타거나 기차 짐칸에서 열 시간씩 현지인들과 부대끼다 보니 현지인들과 스스럼이 없었다. 여자들끼리 인도여행을 가면 사망사건의 주인공이 될 수 있다며 겁주던 사람들이 떠올라 웃었다.

자이살메르사막 여행 가이드를 구하다 혼자 여행 온 여자애와 합류하기로 했다. 마침 둘만의 여행에 분위기 전환이 필요해 낯선 이와 2박 3일 여행은 추진했다. 사막에서 설렘도 잠시 모래바람을 피해 현지 가이드가 만들어 준 카레밥을 손으로 허겁지겁 먹다 서로 눈이 마주쳐 웃음이 났다. 물이 부족한 사막에서 식기는 가이드가 뜨거운 모래로 닦아 재사용했다. 딱딱한 낙타 등에 앉아 종일 사막을 횡단하면 고행길이 따로 없었다. 사소한 것도 조심하게 되는 낯선 이와 여행은 친구의 소중함을 일깨웠다. 한낮의 태양으로 달궈진 자이살메르사막에 누워 어둠을 뚫고 빛나는 수많은 별을 바라봤다. 친구와 이어폰을 나눠 끼고 신해철의 「마지막 로멘티스트」를 흥얼거렸다.

> 그대만 보면 홍조를 띠는 내 볼
> 그대가 잠든 창가를 보며 사랑의 노랠 불러 본다네
> 내일 하루도 행복하길 빌어요
> 바다가 말라버린대도 정녕 난 변치 않아
> 그댈 향한 뜨거운 나의 사랑
> 내 청춘은 다 그대 것이라오

청춘의 정점에서 머리끝부터 발바닥까지 뜨거운 열기를 흡수했다. 얼굴을 간지럽히는 모래바람에 촉각이 곤두섰다. 태양과 별빛으로 흥건한 목욕을 하고 싶었다. 사라지는 열기와 반구에 흩어진 별을 따서 큰 욕조에 담는 상상을 했다. 다른 소리가 침범하지 않게 볼륨을 높였다. 달콤한 로멘티스트 노래의 주인공이 되어 청춘을 다 주어도 아깝지 않은 미래를 꿈꿨다. 그 밤을 마음에 새겼다. 직장에 다니다가, 다니다가, 마음이 지치고 고달파지면 꼭 다시 함께 인도 여행을 오기로 약속했다. 경쾌하게 도로를 내리치는 '찰싹 챙'

소리에 마음을 뺏겨 쓸모없는 채찍 가격을 흥정하는 무모함도 반복하리라 다짐했다.

회기동 자취방이 화재로 망가진 후 근처 옥탑방으로 옮겼다. 시골에서 부모님의 관광농원 일을 돕던 큰언니도 서울로 올라왔다. 고등학생 때 아빠의 사업 실패를 경험한 애늙은이 남동생은 돈을 벌며 학교에 다니려고 국민대 야간대학에 입학했다. 학교 근처 주유소에서 숙식을 해결하며 지냈는데, 넓은 옥탑방으로 이사한 후 4남매가 함께 살게 되었다. 방은 하나지만 큰방이라 넷이 자도 넉넉했다. 옥탑방 마당은 자유를 선물했다. 주택가를 내려다보면 흔들리는 젊음이 보였고 고개를 들면 종종걸음 하는 양떼구름과 먹물을 내뿜는 용가리 꼬리가 하늘을 가로질렀다. 여름에는 뜨겁게 달궈진 지붕이 밤새도록 열기를 뿜어대 창문을 열어젖히고 선풍기를 틀어놔야 겨우 잠이 들었다. 우리 넷은 대자로 누워 회전하는 선풍기 바람을 단비처럼 즐겼다. 습한 장마철에는 제습제로 사방에 결계를 치고 잠을 잤다. 한 평짜리 좁은 부엌에 쭈그리고 앉아 김치찌개를 끓여 먹어도 웃음이 났다. 뜨거운 청춘이 어둡고 습한 것들을 집어삼켰다. 살이 잘 찌는 체질인 큰언니는 맛있는 음식을 포기할 수 없다고 했다. 마음껏 먹고 저녁에 경희대 운동장을 돌며 불룩해진 뱃살을 불태웠다.

하루는 큰언니가 혼자 가기 싫다며 나를 꼬셨다. 늦은 밤 한산한 학교 운동장에는 대학생보다 회색 비둘기가 더 많았다. 사람을 무서워하지 않아 가까이 걸어도 도망가지 않고 운동장을 배회하며 끊임없이 주워 먹었다.

"저 비둘기들 진짜 통통하지 않아? 무얼 먹고 저렇게 살이 쪘지?"
"버려진 음식 주워 먹었겠지?"
"비둘기도 새니까 참새고기처럼 맛있지 않을까?"
"맛있겠지! 근데 사냥총이 없으니까 잡을 수가 없잖아."
"아니야, 사람이 옆에 가도 도망을 안 가잖아. 그물을 치거나, 포대 자루에 음식을 미끼로 넣으면 바보처럼 들어갈 것 같지 않아? 내가 봤을 때는 쉽게 잡힐 것 같아."

큰언니는 어린 시절에 닭 케이지에 들어온 참새를 잡아먹은 것처럼 비둘기도 맛있겠다며 군침을 삼켰다. 우리의 작전 모의를 들은 작은언니는 기겁했다.

"도시 비둘기한테 세균이 얼마나 많은지 알아? 술에 취한 대학생 토사물을 먹고 피둥피둥 살찐 거잖아. 어떻게 더러운 비둘기를 잡아먹을 생각을 해!"

생각해보니 토사물을 쪼아 먹는 비둘기를 본 기억이 났다. 엄마도 없는데, 비둘기 털을 뽑고 손질할 생각하니 막막해 큰언니를 말렸다. 비둘기 사냥 방법을 모색하던 큰언니는 아쉬워하며 입맛을 다셨다.

"맛있을 텐데. 맛있을 텐데……."

같은 말을 되새김질하는 큰언니를 보니 웃음이 났다. 옥탑방 청춘의 무게를 함께 나눠지니 어깨가 한결 가벼웠다. 시골 집 마당에서 콩 타작하며 정원 풀을 나눠 뽑던 4남매가 성장하는 계절을 담고 있었다. 하나도 둘도 아닌 넷이라서 비바람에 몸이 젖어도 웃어

넘길 마음의 여유가 생겼고, 태풍이 불면 넷이 똘똘 뭉쳐 문단속하고 옥탑 처마 밑으로 숨어들었다.

남동생은 락음악동호회 회원이라 컴퓨터 채팅을 하거나 가끔 번개모임에 나갔다. 작은언니의 달달한 연애를 부러워하던 큰언니나 나도 잠깐씩 사귀는 사람은 있었지만, 서너 달을 넘기지 못했다. 내 친구는 남자친구와 헤어진 날 데킬라 한 병을 혼자 다 비우고 꽐라가 되었다고 했다. 언니는 남자한테 받은 순금 반지를 크리스마스 구세군 냄비에 넣어버렸다는 얘기에 발끈했다.

"아깝게, 그걸 왜 냄비에 넣어! 금반지를 팔면 공짜 술이 몇 병인데!"

칼바람이 몸과 마음을 찔러 대던 유난히 힘들었던 겨울이 지나고 밸런타인데이가 코앞으로 다가왔다. 남동생이 동호회 형들과 대학로에서 신년모임을 한다고 했다. 우리는 큰언니를 부추겨 남동생 모임에 같이 내보냈다. 길게 뻗은 날씬한 다리가 매력 포인트인 큰언니는 스커트를 입고 동호회 회원 수만큼 초콜릿 선물을 포장했다. 시커먼 남자들만 모일 거라 생각했던 칙칙한 신년모임에서 큰언니는 구애의 눈빛을 한 몸에 받았다. 그날 이후 남동생과 친하게 지내던 대학원생 형과 연인이 되었다. 한두 주에 한 번씩 서울과 대구를 오가며 핑크빛 연애를 시작했다.

작은언니는 졸업 후 작은 출판사에 취직하고 사귀던 인디밴드 드러머와 결혼했다. 작은언니 시아버님은 유명한 서예가였고 시어머님은 온화한 분이었다. 큰아들이 성격 좋은 여대생을 며느릿감으로 데려오자, 아현동에 전셋집과 드럼학원을 마련해줬다. 우리 부모님은 수렁을 헤매느라 숟가락 하나 못 사주는 형편이었지만, 시 댁 어른들은 모든 결혼식 비용을 부담하고 예쁜 며느리에게 봉채함을 선물했다. 시아버님이 손수 디자인한 금가락지와 원앙새 두 마리, 새색시용 한복감으로 가득 채운 함에서 사랑과 환대의 마음이 느껴졌다. 언니는 너도 좋은 사람 만날 거라며 응원해줬지만, 동성 친구를 사귀는 것만큼 이성친구도 어려운 숙제로 느껴졌다.

작은언니가 결혼하면서 셋이 살게 되었다. 남동생이 입대를 앞두고 있어 외대 철길 근처 반지하 월세방으로 옮겼다. 게임용 컴퓨터며 옷가지는 그대로 두고 훈련소에 입소한다며 새벽밥도 못 먹고 집을 나섰다. 매일 붙어 지내던 동생이 사라지는 게 실감이 안 났는데 며칠 뒤 소포가 도착했다. 남동생 옷이었다. 뱀이 허물을 벗은 것처럼 상자에 담긴 빛바랜 옷을 보니 눈물이 쏟아졌다. 내일도 모레도 주인을 떠나보낸 컴퓨터만 덩그러니 남아 있겠구나 싶어 눈물이 멈추지 않았다. 그제야 실감이 났다. 남동생은 동아리 형님께 큰언니는 맡기고 군대에 와서 마음이 편하다고 했다. 만화광이던 남동생이 작은 쪽지에 그린 숱한 그림들이 편지에 동봉되어 도착했다. 처음에는 주말마다 나오는 햄버거를 맛있게 먹었는데, 패티를 씹다 목 넘김이 안 되는 이물질을 뱉어보니 닭 부리가 나왔다고 했다. 그날 이후 패티만 보면 구토가 올라와 가운데를 버리고 햄버거 빵만 먹는 중이란다. 그리고 젊은 남자의 상징인 발기가 되지 않는다고 했다. 군대 음식에 발기 억제제가 들어가 내무반 동기들 모두 같은 고통을 겪고 있다는 진지한 편지에 웃음이 났다. 닭 부리 없는 버거킹 햄버거를 사서 면회하러 가겠다고 답장했다.

동생이 군대에 간 후 첫 여름이었다. 그날은 굵은 빗줄기가 끊임없이 창문을 두드렸다. 장마철이라 그러겠거니 하고 창문을 때리는 강한 빗소리에 선잠이 들었는데, 등짝이 축축했다. 비몽사몽 불을 켜니 좌측 현관문 틈새로 흙탕물이 들어오고 있었다. 놀라서 큰언니를 깨웠다. 밖에 나갔더니 하수구에서 역류한 물이 지하 방으로 들어오고 있었다. 창틀을 수건으로 막고 큰 대야로 물을 퍼내도 역부족이었다. 역류한 물과 빗물이 순식간에 방으로 쏟아져 들어왔다. 방 안 무릎까지 오던 흙탕물이 순식간에 허리선을 넘겼다. 하늘에서 물 폭탄이 쏟아지는 듯했다. 2층 주인집 현관을 다급하게 두드렸다. 잠옷 차림의 주인은 옥상으로 피신하라고 했다. 남동생이 아끼던 물건을 옮기기 전에 물이 차올랐다. 눈에 보이는 대로 음반 몇 개와 통장, 아끼던 책 몇 권과 컴퓨터만 들고 옥상으로 뛰었다. 미처 꺼내지 못한 어린 시절 앨범은 물에 잠겨 사진 속 얼굴과 다리에 빗물 꽃이 피었다. 인화지 속 얼굴이 뭉개져 기억처럼 흐릿해졌다. 돌아올 수 없는 추억까지 삼켜버린 하늘이 원망스러워 서럽게 울었다.

복학 후 4학년 때 유학파 이교수님을 만나면서 학과 수업에 흥미가 생겼다. 충분한 휴식 덕분인지 디자인 열정도 다시 타올랐다. 교수님은 창의력을 수업 기조로 삼았고, 매년 디자인협회에 작품을 출품하고 전시회를 여는 열정적인 분이었다. 실용성에 국한되지 않고 바디에 표현하는 예술성을 강조하는 수업이라 다양한 아이디어가 샘솟았다. 바디 가슴 형태의 석고를 뜨고 학교 삼각숲에서 채취한 다양한 나뭇가지와 싱싱한 꽃들로 장식했다. 봉오리를 터트리는 꽃망울과 시들어 가는 젊음이 한자리에 모여 조화를 이뤘다. 바다에 꽃같이 아름답던 청춘을 표현한 작품으로 A+를 받았다. CAD 수업은 소재 패턴을 개발하는 방법을 배웠다. 디자인 도식화를 그리고 그에 맞는 패턴 디자인을 입혔다. 수업하며 아동복 브랜드에 관심이 생겼다. 네덜란드 아동복 브랜드인 'Olily'는 아이들이 좋아하는 독창적인 색채조합과 자연에서 따온 경쾌한 패턴을 사용했다. 단조로운 우리나라 아동복에 오일릴리 브랜드의 경쾌한 패턴을 덧입히고 싶었다. 졸업을 앞둔 시기라 CAD 작업으로 포트폴리오를 만들고 아동복 디자이너라는 새로운 꿈을 꾸었다. 바야흐로 고단한 대학생활이 끝나가고 있었다.

　두 번의 휴학으로 길어진 대학생활을 알차게 채웠다고 자부했지만, 패션회사가 요구하는 스펙과 동떨어진 것임을 졸업 후에 알았다. IMF 이후 기업들은 피팅모델을 따로 뽑지 않고 신입 겸 모델을 뽑았다. 선배들이 일시키기 불편한 재수생이나 휴학생은 서류 전형에서 제외 대상에 올렸다. 서류가 합격해도 면접에서 브랜드 피팅용 55 사이즈가 맞지 않으면 탈락이었다. 학교를 통해 중국어 스펙을 원하는 기업의 추천요청이 들어왔지만 조건에 맞는 학생이 없었다. 타임, 마인 등의 고가 브랜드는 몇십만원에서 몇백만원을 호가하는 자사 브랜드 옷을 사 입을 재력 있는 신입 디자이너를 원했다. 열심히 만든 포트폴리오에 관심 두는 회사는 거의 없었다. 처음에는 여성복과 아동복 브랜드를 목표로 서류를 넣었지만, 나중에는 경기도에서 서울까지 디자이너 채용 공고만 보이면 어디든 서류를 접수했다. 생물학과를 졸업한 소라는 연구소 취업을 목표로 했지만, 나처럼 고배를 마셨다. 우리는 체력을 기르자며 테니스 레슨을 받으며 서로를 격려했다. 틈나는 대로 동대문 원단시장에 들러 옷이나 가방을 만들어 사용했다. 오일일리 느낌의 기하학적 플라워 프린팅 소재로 크로스백을 만들어 여름내 매고 다녔다. 가볍고 심플한 옷에 잘 어울려 애착 가방이 되었다. 지하철을 타고 레슨 받으러 가는데 모르는 중년 여성이 말을 걸었다.

"어디 브랜드 가방이에요? 너무 편하고 좋아 보이네요."

"판매하는 가방 아니에요. 제가 만들었거든요."

"어쩐지, 내가 백화점 자주 가는데, 신상 디자인인가 싶어 물어봤어요. 판매용 있으면 사고 싶네요."

지인들이 가방 예쁘다는 얘기를 종종 했는데, 낯선 이의 칭찬에 용기가 샘솟았다.

'나를 채용하는 브랜드가 없다고 의기소침해 있지 말고 창업을 할까?'

주 3일 판매 아르바이트하며 창업 준비를 시작했을 때 이교수님이 연락했다. 대기업 인턴 면접을 보라고 했다. 그동안 면접 보던 패션회사와 규모가 달랐다. 강남의 으리으리한 회사 건물 내부는 모던한 오피스텔 느낌이었다. 섬유 패턴 디자인을 포인트 액자로 활용한 세련된 인테리어가 마음에 들었다. 의류 패턴을 개발하는 회사답게 컴퓨터가 즐비했다. 캐주얼한 느낌의 면접관은 내가 디자인한 CAD 포트폴리오를 보며 일상적인 질문을 하고 마지막으로 포부를 물었다.

"CAD 프로그램으로 소재 개발하는 과정이 옷을 만드는 것만큼 재미있어요. 디자이너한테 영감을 주고 트렌드를 앞서가는 소재를 개발하고 싶어요. 그리고 나중에는 제 브랜드 창업도 하고 싶어요."
 편안한 분위기에 젖어든 탓인지 면접 맞춤형 대답이 아닌 브랜드 창업 속내를 꺼냈다. 저녁에 집에 왔는데 교수님 연락이 왔다.
 "은숙아, 면접에서 뭐라고 한 거야? 내정된 자리였는데······. 갑자기 회사랑 맞지 않는 사람이라며 거절하는 이유를 모르겠어."
 "제가 눈치 없게 창업 이야기를 해버렸어요. 죄송해요. 교수님······."
 민망해서 얼굴이 화끈거렸다.
 교수님은 본인 일처럼 안타까워했다. 한 달쯤 뒤 명동에 있는 신생 회사를 추천했다. 대구 섬유회사 계열사라고 했다. 면접 후 열정을 높이 산다며 합격을 알렸다. 기대하던 첫 의류회사 취직이었다. 중년의 여사장은 섬유회사 외동딸이었는데, 홈쇼핑 비치웨어 시장을 타깃으로 준비하고 있었다. 자연주의 철학을 고수하는 분으로 답답한 가슴 속옷을 입지 않고 얇은 블라우스를 즐겨 입었다. 여직원은 물론 남직원들 앞에서도 움츠러들지 않는 당당한 가슴이 부럽기도 하고 민망하기도 해서 시선을 자꾸 피했다. 사장은 디자인 콘셉트부터 완성까지 전 과정에 참여했다. 카멜색 베이스에 잔잔한 아이보리 데이지 꽃무늬가 들어간 고급 쉬폰 소재도 사장님의 선택이었다. 비치웨어로 활용하기에는 소재가 너무 예민했지만, 이의를 제기할 용감한 사람이 없었기에 리스크를 안고 그대로 추진했다. 팬츠랑 스카프는 화이트와 블루를 믹스한 나염 소재로 시원한 바다를 연상시켰다. 수영복에 레이어드로 입을 시스루팬츠과 셔츠, 스카프를 한 세트로 샘플을 만들어 피팅했다. 밑이 배기는 단점을 보완하고 한국인 체형에 맞게 수정했다. 55에서 77까지 세 가지 사이즈로 제작하고 인천 영종도 앞 바닷가에서 모델 영상도 촬영했다. 새벽부터 늦은 밤까지 일해도 힘든 줄 몰랐다.

드디어 홈쇼핑 방송 첫날, 회사 식구들 모두 숨죽이며 주문 카운트를 지켜봤다. 준비한 옷의 80%가 판매되어 환호를 질렀다. 기쁨도 잠시 며칠 뒤부터 반품 택배 행렬이 끝없이 이어졌다. 날씬한 외국인 모델이 선보인 비치웨어는 비주얼만 합격이고 실용성이 없었다. 한번 입었는데 올이 나가거나 밑이 터졌다는 항의가 빗발쳤다. 두 달간 반품 택배를 정리하고 회사는 문을 닫았다. 디자이너 맛을 제대로 느끼려던 찰나라 아쉬움이 컸다. 동대문 도매상가 디자이너는 근무 여건이 열악해 신규 디자이너가 수시로 바뀌었고 나도 몇 달 만에 회사를 떠났다. 명동의 짧은 디자이너 경력은 다른 의류 브랜드 취직에 도움이 되지 않았다.

차선책으로 의류 부자재 회사 면접을 봤다. 마담복 브랜드에 스와로브스키 핫픽스 디자인을 판매하는 회사였다. 규모는 크지 않았지만, CAD를 활용한 핫픽스 디자인에 호기심이 생겼다. 고가의 스와로브스키를 주재료로 사용하는 안정적인 회사였다. 가장 작은 2mm 한 알이 몇십원이고, 3mm, 5mm로 크기가 커질수록 한 알당 가격이 몇백원으로 올랐다. 보통 니트카라에 포인트로 흩뿌리는 디자인은 몇백 알이 들어가 2~3만원대로 저렴했지만, 재킷 가슴 전면에 들어가는 플라워나 기하학 패턴은 개당 몇십만원을 호가했다. 마담복은 디자인 당 주문 수량이 50~100벌이라 알짜배기 회사였다. 나를 포함한 여직원 셋이 디자인하고 옆방에서 남직원 넷이 다리미로 핫픽스 장식을 니트에 부착했다. 디자인실 문틈으로 폐를 자극하는 시금털털한 폴리에스테르 타는 냄새가 들어와 코를 마비시켰다. FM 라디오와 시금털털한 내부 공기는 세련된 압구정동 이미지와 궤를 달리했다. 다림질 열기와 먼지 날리는 열악한 곳에서 고가의 마담복 디자인이 완성된다니 아이러니했다.

회사는 핫픽스 소비량이 많아 1년에 한 번씩 스와로브스키 전시회 겸 파티에 초대되었다. 처음 가본 화려한 선상 파티와 햇살처럼 영롱한 보석이 눈길을 사로잡았다. 선물로 받은 샘플 케이스에는 뉴트럴톤의 고급스러운 커팅 보석과 비즈 장식이 들어 있었다. 압구정동 길을 걷다 보면 심심찮게 연예인이나 트렌스젠더와 마주쳤다. 회식으로 고급 횟집에 가고 1박 2일 강원도 연수에서 관광나이트도 갔다. 어떤 분위기일지 궁금했는데 자유로운 청춘의 광장이던 홍대 클럽과는 공기의 밀도가 달랐다. 비누거품처럼 가볍게 하늘을 나는 설렘과 빠른 심장박동 수에 황홀경을 경험하던 홍대와 달리 관광나이트는 기분 나쁘게 무겁고 축축했다. 진한 향수와 알코올, 음식 냄새가 뒤섞여 무방비 상태의 후각을 공격했다. 격앙된 목소리의 중년 남녀가 술에 취해 휩쓸려 다녔다. 운동장처럼 넓은 중앙 무대 좌우에서 두 명의 댄서가 권태로운 표정으로 춤을 췄다. 댄서들이 입은 화이트와 블랙 큐빅 장식의 브라탑과 팬티는 조명을 받아 눈부시게 빛났고, 어둠을 흡수한 갈색의 몸통과 긴 팔다리는 풍선 인형처럼 흐느적거렸다. 즐거움과 환희가 느껴지지 않는 기계적 춤은 서글픈 청춘의 뒷모습 같아 고개를 돌렸다.

서울에 두 개뿐인 예술영화 전용 극장은 압구정과 대학로에 있었다. 대학 때는 대학로와 홍대 극장과 클럽을 오가며 많은 시간을 보냈다면, 회사 다니면서 생활권이 압구정동으로 바뀌었다. 오랜만에 이교수님한테 연락이 왔다.

"은숙아, 회사생활은 할 만해? 너한테 직장 소개해준 것보다 몇 배는 인생에 도움 되는 교회를 소개해줄게. 나 믿고 다녀볼래?"

요즘 근황을 물으며 교수님이 다니는 교회를 추천했다. 위치가 회사 근처였다. 카라바조와 렘브란트의 종교화를 보며 무교인 나는 항상 의문이 들었다. 카라바조의 '사울의 개종'이나 '성 베드로의 순교'를 보면 뛰어난 재능을 넘어 구원에 대한 희망과 확신이 느껴졌다. 성경 공부를 하면 성스러운 화가의 그림을 제대로 이해할 수 있지 않을까? 호기심이 들던 차였다.

"교회 다니면 성경 공부도 시켜 주나요?"

"당연하지. 주일 청년부 예배드리고 성경 공부할 수 있게 소개해줄게."

교수님은 바로 그 주에 함께 청년부 예배를 드리고 사람들을 소개했다. 목사님 말씀은 지루했지만, 친절한 사람들과 성경 공부가 재미있어 매주 나갔다. 대부분 대학생이지만, 나 같은 회사원이나 방송국 직원도 있었다. 호기심에 성우와 사귀었는데, 식당에 가면 항상 주머니에서 구겨진 지폐를 꺼내 값을 치렀다. 비싼 외제차나 명품 선글라스에 어울리지 않는 구겨진 지폐가 자꾸 신경이 쓰였다. 모임에 따라가면 예전 여자친구와 비교하며 짓궂은 질문을 퍼부었다. 호기심이 사라지니 연애가 재미없었다. 비위를 맞추는 것도 그 사람을 따라 화려한 파티에 가는 것도 귀찮았다.

큰언니는 남자친구가 취직한 후 얼마 안 있어 결혼했다. 그 사이 남동생이 제대해 함께 신림동으로 이사했다. 지하철역에서 15분을 걸어야 했고 오르막길까지 있어 불편했지만, 서울주택공사의 임대주택이라 월세 부담이 적었다. 집 외관은 낡았지만 개축해서 곰팡이 걱정은 없었다. 한 평 남짓 마당도 있어 고양이 키울 여유도 생겼다. 큰언니는 회사 지인한테 고양이 둘을 분양받아 하나는 언니가 키우고 하나를 나에게 데려다줬다. 어린 시절 두려움을 자극하는 검은고양이였다. 신림동 지하철역에서 1kg도 안 되는 작은 아이를 넘겨받았다. 3개월 된 새끼 고양이는 온몸이 까맣고 배에만 하얀 털이 있었다. 가슴에 안긴 고양이는 연약하고 따뜻했다. '깜보'라고 이름 지었다. 첫날 저녁에는 재봉틀 밑에 들어가 경계하더니 다음날 저녁부터 내 이불속에 들어왔다. 일주일이 지나니 조심스럽게 턱을 쓰다듬으면 미세한 골골 음을 연주했다.

남자친구와 불편한 관계를 정리하고 교회 가는 횟수가 줄어들던 차에 교수님한테 연락이 왔다. 지인 아들이 프랑스에서 살다 군대 가려고 한국에 나왔다고 했다. 또래니까 함께 교회도 다니고 서울 구경도 시켜주라고 했다. 2주 후 교회 청년부 예배시간에 맞춰 압구정역에서 그 애를 처음 만났다. 무스를 잔뜩 발라 더듬이 머리를 하고 여름인데도 반소매 셔츠가 아닌 긴 셔츠를 접어 올린 J는 나보다 하얗고 나이도 한 살 어렸다. 중학교 때 아버지가 러시아 주재원으로 발령 나서 러시아 국제중학교에서 프랑스어를 배웠다고 했다. 고등학교와 대학교는 프랑스에서 졸업해 한국어가 서툴렀다. 만나면 입 모양을 보며 대화가 가능했지만, 전화 통화로는 알아들을 수 없는 말이 태반이었다. 인내심을 가지고 되묻거나 만나서 이야기해야 소통이 가능했다. 열네 살 이후 부모님을 제외하고 한국 사람과 대화할 기회가 없었고 10년 만에 한국에 돌아온 거라 했다. 프랑스어가 모국어처럼 편한 그 애는 인큐베이터에서 갓 나온 신생아처럼 나한테 의지했다. 입대 3개월 전, J는 강남 지하상가 핸드폰가게에서 돈을 벌어 데이트 비용을 마련했다. 실수하면 슈렉 고양이 흉내를 내며 애교로 용서를 구했다. 모성 본능을 자극하는 귀여운 모습에 금세 화가 풀렸다. 군부대는 용산 근처라 외박도 자주 나오고 주말 종교 활동 시간에 부대 밖으로 나올 수 있었다. 법당에서 스님의 강론이 시작되면 J는 몰래 빠져나와 화장실로 왔다. 나는 J를 만나려고 매주 불당 화장실로 출근부를 찍었다. 주에 한번 짧은 만남이 아쉬워 매일 착신 통화를 한 시간 이상 하고 장문의 연애편지도 주고받았다. 젖먹이처럼 보채는 그 애가 부담스럽다가도 안쓰러웠다.

어느 날 아침 출근길에 전화벨이 울렸다. 아빠였다. 생전 먼저 전화하는 일이 없는데 웬일인가 싶었다.

"아빠가 너무 힘들어. 대출 좀 받아줘라. 이번 대출만 받으면 숨통이 트일 것 같아."

"연봉도 적고 사회 초년생인데 은행 대출이 가능해요?"

"내가 은행에 얘기 다 해놨어. 아빠랑 엄마가 보증 서고, 매달 이자도 잘 갚을 테니 걱정할 필요 전혀 없어. 이번 한 번만 아빠 좀 도와줘."

큰언니는 대출 이야기를 듣고 불같이 화냈다. 3년간 관광농원 운영에 참여했다 포기하고 올라온 언니는 밑 빠진 독에 물 붓기라 했다. 하지만 간절한 부탁을 뿌리칠 수 없었다. '죽겠다'는 말에 죄책감이 들었다. 시골에 내려가 3,000만원 대출을 받고 올라왔다. 책임진다는 말을 믿고 잊어버렸는데 몇 달 후 출근길에 후불교통카드를 찍는데 '사용정지' 메시지가 떴다. 어제까지도 잘 사용하던 카드인데 사용정지라고? 카드사에 물어보니 은행 체납으로 카드가 정지되었다고 했다. 순간 머리가 하얘졌다. 대출받고 올라온 지 6개월도 안 되었는데 날벼락이었다. 아빠는 미안하다는 말만 반복했다.

  J는 군 생활을 마친 후 외교관이 되고 싶었지만, 시험공부에 전념할 여건이 되지 않았다. 나는 개인회생 신청 후 신용회복위원회에 월급의 절반 이상을 갚고 있었고, 그 애 엄마는 용돈은커녕 외아들의 꿈을 위해 돈을 빌려주지도 않았다. 모성보다는 자신의 인생이 중요한 신여성이었다. 이혼한 아버지를 찾으려고 수소문했지만 행방이 묘연했다. 게임으로 영어 공부를 했다는 J의 토익시험 성적은 970점이었다. 하지만 국민학교 때 '읍니다'를 표준 맞춤법으로 배운 후 한국을 떠나 국어 실력은 형편없었다. 대기업 취직을 목표로 자기소개서는 써주고 최종 면접시험 준비를 도왔다.

  여자인 나보다 섬세한 J는 별것 아닌 말이나 행동에 쉽게 상처받았다. 알콩달콩 깨가 쏟아지다가도 자격지심을 건드리는 무심한 행동에 갑자기 화를 냈다. 다툼과 화해를 반복하는 동안 사랑의 감정이 커졌다. 대출 빚을 갚느라 힘들어할 때도 아빠를 원망하지 않게 다독여줬다. 그즈음 나를 웃게 하거나 울게 하는 건 그 애뿐이었다.

  J는 원하던 대기업에 합격한 후 첫 월급으로 노트북을 선물했다.

나는 경력을 쌓아 역삼동에 있는 중소기업 디자인 팀장 보직에 도전했다. 해외영업부가 바이어를 관리하고 디자인팀이 신규 핫픽스 디자인을 전담하는 체계적인 회사였다. 5층짜리 역삼동 건물이 회사 소유고 경기도 공장에서 신규 핫픽스 아이템을 개발했다. 주 6일 근무가 당연하던 시절에 격주로 주 5일 근무를 먼저 시행했다. 면접 날 포트폴리오를 대충 넘기던 사장님은 일반적이지 않은 질문을 했다.

"우리 회사는 사내 연애 금지입니다. 사귀다 헤어지면 회사를 관두는 불상사가 자주 발생해서요. 약속할 수 있나요?"

"저는 남자친구가 있습니다. 걱정하지 않으셔도 돼요!"

"교회는 어디로 다니나요? 우리 회사는 매주 월요일 아침에 예배를 드리고 업무를 시작합니다."

"압구정동 교회를 다녔어요. 한동안 쉬었지만, 합격시켜주시면 다시 다니겠습니다."

"화끈한 성격이 마음에 드네요."

사장님은 호탕하게 웃었다. 직장을 옮기고 다시 교회에 다니기로 했지만 믿음 없는 종교 활동은 오래 가지 못했다. 휴일에 늦잠 자고 남자친구와 노는 게 더 즐거웠다. 창의적 디자인을 개발하는 디자인팀은 내가 맡고, 신속하게 영업부 오더를 처리하는 MD팀 팀장이 따로 있어 경쟁이 심했다. 팀원이 세 명인데 동갑내기 팀원은 전남대 의류학과를 졸업했고, 막내는 시각디자인과를 갓 졸업한 사회 초년생이었다. 나머지 한 명은 회사 사모님이 신뢰하는 교회 전도사의 딸이었다. 매년 신규 디자인 책자를 발행하고 해외 박람회 일정이 잡히면 한 달간 밤낮으로 포트폴리오를 준비했다. MD팀과 소모적 경쟁도 스트레스였지만, 중국에서 3주짜리 목사 안수를 받고 온 사모님이 기도 후에 디자인을 간섭하는 게 더 싫었다. 실적과 상관없이 영업부 직원은 5층 기도실에서 통성기도를 강요받았다. 업계에 비해 연봉이 높았지만, 사장님 내외의 정상적이지 못한 행동에 직원이 들고 날고 했다. 믿음 있는 직원이 회사에 들어왔다가 믿음을 시험받고 떠나는 회사라는 우스갯소리가 돌 정도였다. 능력있는 영업부 직원들은 경력을 쌓아 회사로 옮기는데, 협소한 핫픽스업계는 옮길 곳이 별로 없었다. 어설픈 운동권 출신인 나와 동갑내기 팀원은 노래마을의 「나이 서른에 우린」을 즐겨 들으며 우리들의 꿈을 놓치 않으려 애썼다.

> 나이 서른에 우린 어디에 있을까
> 어느 곳에 어떤 얼굴로 서 있을까
> 나이 서른에 우린 무엇을 사랑하게 될까
> 젊은 날의 높은 꿈이 부끄럽지 않을까
> 우리들의 노래와 우리들의 숨결이
> 나이 서른에 어떤 뜻을 지닐까
> 저 거친 들녘에 피어난 고운 나리꽃의 향기를
> 나이 서른에 우린 기억할 수 있을까

나이 서른에는 여신같이 아름다운 헬레나몰포나비처럼 꽃밭을 자유롭게 비행하고 추앙받는 디자이너가 될 줄 알았다. 현실은 연봉을 저울질하며 상사 눈치를 보는 속물 직장인이 되어 버렸다. 하지만「나이 서른에 우린」노랫말이 가시처럼 박혀 아픈 곳을 찔렀다. 젊은 날에 도전을 멈추면 끝이었다. 영혼 없는 직장생활에 안주하느라 소중한 꿈이 시궁창에 처박힐 걸 묵인할 수 없었다. 거친 들녘에 피어난 나리꽃처럼 향기를 잃지 않는 꽃이 되고 싶었다. 실패하더라도 꿈을 향해 날개를 펼친 적이 있노라! 당당하게 말하는 청춘이 되고 싶었다. 주말이면 동갑 친구와 의기투합해서 동대문 원단시장을 돌았다. 신상 원단으로 옷을 만들어 입고 서로의 디자인을 품평했다. 남대문 아동복 시장조사를 병행하며 창업 아이템을 찾았다. 우리들의 숨결을 불어 넣어 창업하기로 했다. '슈르르까'라는 브랜드명을 만들고, 핫픽스 디자인으로 포인트를 준 티셔츠를 제작해 지마켓 등 오픈마켓에서 반응을 보기로 했다. 공장에서 기본 라운드와 브이넥, 민소매 세 가지 티셔츠를 제작하고, 브랜드 라벨 디자인도 마쳤다. 회사를 관둘 D-day를 정하고 매주 시장을 돌며 창업 준비에 힘을 쏟았다. 앞으로 펼쳐질 미래에 흥분되었다.

3부

30대, 삼기면에서 죽전동을 거쳐 사당동까지

귀옥: 인생 지도 그리기

'정씨'집안 사람 중에 정삿갓이라 불리는 낭인이 있었다. 배낭 메고 전국을 떠돌며 정씨집안에서 얻어먹고 다녔는데, 불편한 집은 피하고 낫낫한 집에 종종 신세를 졌다. 한문 공부를 많이 해 박식할 뿐더러 남의 집안 족보도 줄줄 꿰었다. 전국을 떠돌다 '정씨'가 씨가 마른 지역에서는 가장 흔한 김씨 행세하며 숙식을 해결했다. 말로 먹고사는 사람이었다. 귀옥의 집에도 종종 들러 세상 이야기를 들려주고 며칠씩 묵어갔다. 귀옥은 넝마꾼에게 밥을 나눠주던 아버지 광성처럼 고기반찬에 따뜻한 방을 내줬다. 아버지도 전국을 떠돌다 가끔은 홀대받아 상처받고, 따뜻한 아랫목을 내어주는 넉넉한 인심에 눈시울을 적셨을지 몰랐다. 정삿갓은 넉넉할 유(裕)에 풍년 풍(豊)자를 사용해 유풍농원이라는 이름을 주고 떠났다.

　귀옥은 결혼 전에 자른 긴 머리로 만든 가발을 시집올 때 챙겨왔다. 혹시 사용할 일이 있을까 했는데 옷장 밖으로 꺼낼 일이 없었다. 잊고 살다 아이들이 가발을 장난감처럼 가지고 노는 모습을 보면 혼란스러웠던 서울생활이 떠올랐다. 마음속에 불안을 품고 살던 시절이었다. 그대로 서울이라는 거대 도시의 부속품으로 살다가 흔

복숭아 꽃향기 머무는 양옥집·황귀옥

적도 없이 사라질까 두려웠다. 바쁜 농촌생활에 물먹은 솜처럼 축 처져 서글퍼지다가도 가발을 보면 힘이 났다. 가발은 귀옥이 끊어 낸 수동적 삶의 종말이자 새로운 항해의 상징이었다. 동신이 그리는 인생 지도의 세부 노선은 몰라도 어디를 향하는지 알기에 불안하지 않았다. 가족의 행복을 목표로 젊은 날의 열정을 쏟는다는 사실이 귀옥을 안심시켰다.

금계마을에 살 때 동신의 옥수수와 양파농사는 각종 표창장을 받을 정도로 수확량이 좋았다. 비료와 농약을 아낌없이 사용한 덕분이었다. 동신은 블로치에서 뽕밭을 정리하고 앙다래, 복숭아, 자두, 포도, 사과, 매실, 블루베리 등 온갖 과일나무를 심었다. 통이 커서 한 번에 몇백 그루씩 심어놓고 농약을 안 하니 수확량이 적었다. 농약 중독으로 죽을 고비를 넘기지 않았다면 수익을 위해 기계적으로 농약을 뿌리고 돈을 벌었을 것이다. 귀옥은 암묵적인 지지를 보냈다.

소 마구간 옆에 한 평 남짓한 케이지를 만들어 토끼를 키운 적이 있다. 토끼집 위에 선반을 만들어 그 위에 농약을 두고 썼는데, 토끼들이 제 새끼를 물어 죽였다. 혹시나 하는 마음에 농약병을 옮겼더니 토끼들이 건강하게 잘 자랐다. 생명에 위해를 가하는 농약의 위력에 섬뜩했다. 농사꾼의 마지막 양심을 알기에 생명을 갉아먹는 농약을 강요할 수 없었다. 돈은 다른 것으로 벌면 될 일이다. 결혼 후 인생에 가닥이 잡히고, 해야 할 일과 하지 말아야 할 일의 경계가 세워졌다. 동신이 인생 지도를 그리면 귀옥은 그 고랑을 다듬고, 구획별로 씨앗을 뿌리고 물을 줬다. 동신은 언덕배기 묵정밭을 헐값에 사서 찰벼와 콩, 팥을 심었다. 1만 평 가까운 땅 옆으로 계곡이 흘러 물이 풍부하고, 햇빛이 잘 들었다. 1년 농사를 지어 땅값을 회수했다. 눈이 예리하고 추진력이 좋은 게 친정아버지랑 닮았다.

가축병원 원장인 한영수씨과 소장사 임낙구씨, 젖소 키우는 심우평씨를 비롯한 죽곡면과 석곡면 축산 농가 스무 명을 모아 축우회를 만들었다. 1년에 한 번씩 기차를 타고 여수까지 놀러 갔다. 스무 가족이 모이면 열차 한 칸을 차지하고 술 마시며 노래를 불렀다. 어른들은 여수역에 도착하기 전에 거나하게 취했다. 예약한 횟집에서 배 터지게 산해진미를 먹고 놀아도 배탈이 난 사람이 없었다. 기분 좋게 마신 술과 음식은 뒤끝도 좋았다.

동신은 새벽 5시 반에 일어나 언덕배기 목초지에서 꼴을 벴다. 말린 풀은 분쇄기에 넣으면 쉽게 썰렸지만 물기가 있는 건 작두가 필요했다. 사료에 꼴을 섞어 먹이면 소가 건강하고 사료값도 절약되었다. 농사일을 돕는 상머슴의 1년 품값이 쌀 두세 가마니인데, 축산 일을 돕는 목부한테는 80kg 쌀 다섯 가마니를 줬다. 귀옥은 따뜻한 시래기 된장국과 고기반찬, 계란찜을 만들었다. 힘들게 몸으로 일하는 목부에게 고봉밥과 고기반찬이 필수였다. 가족과 목부들은 아침을 든든하게 먹고 각자 일터로 흩어졌다. 소똥 치우는 일은 목부들이 도맡아서 하고 동신은 매일 석곡, 옥과, 곡성, 남원 우시장을 돌며 쓸만한 소를 찾았다. 귀옥은 시어머니 순복과 텃밭농사를 짓고, 틈날 때 축사 일을 도왔다. 들깨, 참깨, 도라지, 감자, 고구마, 콩, 팥 등 계절별 작물을 심어 애들처럼 돌봤다. 밭일을 하다가도 하루에 두 번 목부들 새참을 준비하니 하루해가 짧았다. 이랑 사이를 오가며 풀을 뽑으면 신발 안에 층층이 쌓인 흙먼지가 먼지 총을 발사했다. 입식 부엌 사용이 고약했다. 급한 성격 탓에 먼지 뒤집어쓴 양말을 차분하게 벗을 시간이 없었다. 걸을 때마다 흙먼지가 주인 행세하며 어깨춤을 췄다. 양말보다는 신발 바닥이 깨끗했다. 신발을 신고 부엌에 들어가 간단한 새참을 만들었다. 헐레벌떡 뛰어다니는 며느리의 흙먼지를 치우는 건 언제나 순복이었다. 흙먼지 때문에 물 묻은 걸레는 금방 지저분해졌다. 걸레로 부엌 바닥을 몇 번씩 닦아내야 먼지가 가셨다. 순복은 수돗가에서 빨래하며 한마디씩 했다.

"더럽다. 버릴까? 버릴까?"

신발 벗을 새도 없이 일하는 며느리의 노고도 모르고 타박하는 소리로 들려 화가 끓어올랐다. 시집와서 10년, 내색도 못하고 화를 삭였다.

순복은 반짝이고 너풀대는 옷을 좋아했다. 5일장에 가면 귀옥의 옷을 사왔는데, 마음에 들지 않아 몇 번을 바꿨더니 다음부터는 장에 갈 때 귀옥을 챙겼다. 둘이 시장에 다니면 딸이냐고 묻는 사람이 많았다. 외아들만 키운 순복은 그 소리가 좋은지 복숭아꽃처럼 얼굴이 발그레해졌다.

텃밭에서 팥을 수확해 경운기에 싣고 내려오는데, 목부 영철이 밧줄 대신에 팥대 위에 올라앉으라고 했다. 경운기가 헌집 경사로에서 갈지자로 흔들렸다. 귀옥은 봉긋하게 솟아오른 팥대 위에서 중심을 못 잡고 굴러떨어졌다. 왼 손목에 힘이 안 쥐어지는데 가을걷이로 바빠 병원 갈 시간이 없었다. 삐끗한 손이 나으려면 일을 쉬어야 하는데 병원도 안 가고 방치해 오래 고생했다.

소는 오랜 기간 귀옥과 함께했다. 누에 키울 때는 누에똥과 뽕잎으로 소를 키워 살림 밑천으로 삼고, 소 두 마리 값으로 양옥집을 지었다. 귀옥의 아버지 광성은 소를 끌고 나가 밭을 갈았지만, 동신은 경운기로 밭을 갈고 비육소를 키워 농장을 확장했다. 영철 이외에도 목부 둘을 데리고 소를 키울 때라 축사가 부족했다. 솜씨 좋은 동신은 인부를 데리고 우사 맞은편에서 도랑가 근처까지 축사 두 채를 직접 지었다. 예전에는 2.5톤 우시장 차량에 운임을 주고 소를 사왔는데 불편한 점이 많았다. 오토바이를 팔고 1.4톤 트럭을 사서 기동성을 갖췄다. 매일 우시장을 돌며 암소와 송아지를 60마리까지 늘렸다. 1981년, 제일농원이 소 100마리를 키웠고, 동신의 유풍농원이 전라도에서 두 번째로 큰 농장이었다. 농어촌 소득증대 모범 사례로 추천받아 12대 대통령 취임식 날 잠실체육관에 초대받았다. 국무총리상을 받고 전두환 대통령이 새겨진 시계를 상으로 받았다.

양옥집은 저 멀리 근촌 저수지까지 시야가 뚫려 숨통이 트였는데, 축사가 생긴 후 눈살을 찌푸렸다. 매일 아침 현관문을 나서면 붉은색 슬레이트 지붕이 시야를 막았다. 조화로운 흐름을 깨는 붉은 색이 거슬렸다. 한번 싫다고 생각하니 자꾸 시선이 가고 마음이 피곤한데 어떻게 해볼 도리 없이 불편함을 참고 살았다.

동신과 두 살 차이 작은삼촌은 신문 배달 사환부터 시작해 기자를 거쳐 전남매일 편집부장까지 올랐다. 사장은 1983년 10월 3월 미얀마 아웅산 장군 묘소를 참배하는 외교 수행단을 따라갔다 이범

석 외무부 장관 일행과 함께 북한군 테러로 사망했다. 구사일생으로 살아난 전두환 대통령은 언론장악을 위해 신문 통폐합을 시행했고, 광주 전남매일과 전남일보도 강제 합병되어 광주일보가 탄생했다. 신문사 통폐합으로 위기에 몰렸지만, 작은삼촌은 광주일보 편집부장이 되었다. 창간호 전면에 농촌소득증대 사례로 유풍농원 기사를 실었다. KBS '잘 살아보세' 프로그램도 성공한 축산 농가로 소개했다. 동신은 협업상전에 이어 축산까지 성공하자 어깨에 힘이 들어갔다.

처녀 때는 어떻게 애를 키우나 걱정했는데, 살다보니 넷을 낳았다. 귀옥은 성질이 불같아 친동생이 말을 안 들으면 회초리로 기강을 잡았는데 내 속으로 낳은 아이들은 조심스러웠다. 형제간에 싸우고 버릇없이 굴 때도 매를 드는 게 쉽지 않았다. 밭에서 일하고 돌아오면 서로 '네가 잘못했다'며 남 탓하기 바빴다. 무얼 했는지 장롱 이불이 모조리 밖에 나와 나뒹굴었다. 재판관처럼 판결을 내리기 어려웠다. 귀옥이 5학년일 때 담임을 맡았던 사범 고등학교 출신 여선생이 떠올랐다. 아이들이 시끄럽게 떠들면 의자를 들게 하거나 책상 하나를 둘이 나눠 드는 벌을 세웠다. 한겨울에는 맨발로 눈밭에 서 있는 벌을 줘 아이들이 치를 떨었다. 일터에서 돌아와 집 안이 어지럽고 싸운 흔적이 있으면 공평하게 넷이 거실 의자를 들게 했다. 아이들은 무거운 의자를 들고 눈물을 뚝뚝 흘렸다. 귀옥은 안쓰러운 마음을 들킬세라 고개를 돌려버렸다. 상황이 몇 번 반복되니 아이들의 여우짓이 늘었다. 해름판이 되면 협심해서 싸운 흔적을 지웠다. 다급하게 정리된 집 안에 묘한 긴장감이 돌았지만,

모르는 체했다. 표독스럽다고 흉보던 여선생이 회초리 대신 단체 벌을 선택한 이유도 귀옥의 마음과 닮지 않았을까.

귀옥은 "이건 사람의 도리가 아니다."라는 남순의 잔소리를 귀 아프게 듣고 자랐다. 어려서 들은 말이 뇌리에 박혀 스스로 감시했다. 아이들도 잔소리를 귀하게 품고 살아가길 바랐다. 중학교까지 부모 그늘에서 사람의 도리를 배우면 고등학생부터는 보고 배운 대로 성실하고 바르게 살 거라 믿었다.

네 아이들은 생김새만큼이나 성격도 달랐다. 아이들이 엉뚱한 짓을 하면 손으로 볼기짝을 때려줬다. 첫째 은미는 엉덩이를 때리려 하면 잽싸게 도망쳤다. 둘째 은희는 겁이 많아 닭똥 같은 눈물을 흘리며 두 손을 싹싹 빌었다.

"엄마, 다시는 안 그럴게요. 엄마, 다시는 안 그럴게요!"

우는 모습이 귀엽기도 하고 안쓰럽기도 하여 한두 대 때리는 시늉만 했다. 귀옥의 화를 돋우는 건 셋째 은숙이었다. 조그만 게 고집이 셌다.

"네가 잘못했지? 어서 잘못했다고 말해!"

다그쳐도 대답을 안 하고 넓은 이마에 잔뜩 힘을 주어 지렁이 3형제를 만들었다. 도망이라도 가면 좋을 텐데 볼기짝을 맞고 버티면 열불이 났다. 한번 눈물샘이 터지면 그만 울라고 말해도 멈추지 않았다. 달래다 지쳐 내버려뒀더니 아침부터 저녁까지 울어 목이 쉤다. 그러고는 힘들었는지 두 번은 그렇게 안 울었다. 딸애를 키우면서 인내심을 배웠다. 며칠째 왼손을 이상한 모양으로 오므리고 다녀 살펴봤더니 하얀 속살이 삐져나왔는데 빨간 약만 바르고 다녀

큰일 날 뻔했다. 연유를 물어보니 동네 아이들이랑 도랑에서 뛰어내리다 날카로운 돌부리에 손바닥이 찔렸다고 했다. 왜 말을 안 했냐고 물어도 대답을 안 했다. 제 할 말만 짧게 하고 입을 닫아버려 속이 터졌다.

막내 택섭은 걷기 시작하면서 아랫집 형들을 따라다녀 엉덩이를 때릴 시간은커녕 얼굴 볼 시간도 없었다. 학교 입학 전에 형들을 따라 고속도로 근처 보리밭에 따라갔다가 낫으로 허벅지를 베어 왔다. 어디 그뿐인가. 봄에 완두콩을 수확해 마당에 널어놓았는데, 병길이, 병철이랑 콧속에 콩을 집어넣는 장난을 쳤다. 기가 잔뜩 죽은 아랫집 애들이 서럽게 우는 택섭을 집으로 데려다줬다. 무슨 일인지 물어봐도 코만 만지고 대답을 안했다. 저녁에 문을 연 병원이 없어 친한 동물병원 한원장한테 데려갔더니 싹이 난 완두콩을 꺼내 보여줬다. 완두콩을 콧구멍에 넣고 숨을 들이켰다가 콧바람으로 빼내는 장난을 치고 놀았다고 했다. 그러다 들이키는 숨 조절을 잘못해 기도까지 콩이 들어간 것이다. 가을에는 아랫집에서 마늘 써는 작두를 가지고 놀다 왼쪽 손가락에 피를 철철 흘리며 돌아왔다. 까딱 잘못했으면 손가락이 잘릴 뻔했다. 호기심 많은 택섭은 형들과 어울려 사건 사고가 끊이지 않았다.

여름이라 마당 옆 느티나무 그늘에 상을 펴고 시원한 콩국수를 말아먹었다. 순복이 설탕을 가져오라 해서 부엌에 다녀왔는데, 잠깐 사이 아들이 보이지 않았다. 그새 먹고 놀러 나갔나 했는데 아래서 '쿵' 부딪치는 소리가 들렸다. 달려가 보니 소마구 앞에 세워둔 경운기를 몰고 아랫집으로 돌진한 뒤였다. 어린애가 어떻게 경운기 시동을 걸었는지 모를 일이었다. 파란대문을 들이받은 경운기는 짐승처럼 울부짖었다. 방향을 틀지 않았다면 토란밭에 전복되어 크게 다칠 뻔했다. 귀옥은 경운기 옆에서 머리를 긁적이는 택섭을 보고 털썩 주저앉았다.

애들이 하루 종일 예쁠 수는 없었다. 유난히 바쁜 농번기에 아이들이 어깃장을 놓고 이상한 짓을 하면 몸에 한계가 왔다. 열이 머리 끝까지 올랐다가도 이쁜 말 한마디에 힘든 게 사라졌다. 성격도 급하고 이해심도 없던 귀옥은 네 자녀를 키우며 친정엄마 생각이 자주 났다. 이렇게 어른이 되어 가는구나 싶었다.

하루는 아침에 소마구에서 밥을 주는데 은희가 교통사고를 당했다는 연락을 받았다. 귀옥은 심장이 벌렁거려 진정이 안 되는데 동신은 느긋하게 소밥을 줬다.

"애가 다쳤다는데 뭐가 그리 느긋해요? 빨리 차에 시동 걸어요!"

귀옥은 악을 쓰며 동신을 다그쳤다. 사고 트럭은 청계마을 지나 논두렁에 처박혀 있었다. 무면허로 차를 몰았던 봉례 삼촌은 도망가고 은희와 동네 아이들만 논두렁에서 절뚝거리며 나왔다. 마을 아이들을 중학교에 데려다준다고 설레발치다 사고를 낸 것이었다.

"은희야, 어디를 어떻게 다쳤어? 응?"

귀옥은 허둥지둥 딸한테 달려갔다. 은희는 놀라서 우느라 대답을 못했다. 옷을 벗겨보니 청바지 안에 팬티까지 찢어지고 상처가 심했다. 은희를 데리고 집에 왔더니 소마구가 난리였다. 급한 마음에 수도꼭지를 열어놓고 자리를 떠 통로까지 물이 철벅 철벅했다. 사고 난 지 일주일이 넘었는데 봉례 삼촌은 코빼기를 안 비쳤다. 귀옥은 기다리다 화가 나 쫓아갔다.

"마을 애들이 단체로 죽을 뻔했는데 사과도 안 해요?"

"온다고 했어! 나도 얼굴을 못 봤는데 어쩌라고!"

똥 싼 놈이 성낸다고 봉례 엄마는 사과도 없이 되레 화냈다. 세 집밖에 안 사는 작은 동네라 하소연할 데도 없는데 동신의 반응은 뜨뜻미지근했다. 귀옥은 분을 삭이려고 싸움에 나간 소처럼 코를 씩씩대며 꼬깔콘 모양 마을길을 오르내렸다.

항상 어른이 옆에 있으니 조심스러워 아이들을 안아주지 못했다. 대신 어린이날이 되면 아이 넷을 데리고 광주 사직공원이나 부곡 하와이로 놀러 갔다. 양옥집을 지으면서 새로 산 니콘 카메라 렌즈에 사랑스러운 모습을 담았다. 하얀 털코트와 모자로 멋을 낸 손자를 안고 있는 순복, 세발자전거를 타느라 잔뜩 긴장한 세 살배기 택섭, 근촌 저수지 앞에서 꽃 자수가 들어간 연청 원피스를 입고 차렷하는 다섯 살 은숙, 광주 사직공원 코뿔소 동상에 올라가 신이 난 4남매, 뚤방에 쪼그리고 앉아 검정개를 쓰다듬는 은희와 은숙, 원숭이처럼 복숭아나무를 오르는 4남매, 도립사 계곡에 엉거주춤 앉아 수박을 먹는 은미와 은희, 볏짚 넣은 비료 포대 눈썰매를 타며 입꼬리가 하늘에 걸린 아이들, 신 청포도를 맛보고 깜짝 놀란 은희, 졸업식 날 메달을 걸고 있는 의젓한 은숙, 설날 색동한복을 입고 널뛰기하는 아이들 모습이 앨범에 차곡차곡 쌓였다. 양옥집의 너른 마당은 아이들의 놀이터이자 귀옥 부부가 수확한 작물들이 머무는 곳이었다. 곡식이 익으면 흙을 반질반질하게 마름질한 마당에 큰 포장을 펼치고 구수한 참깨와 들깨, 콩대를 차례로 타작했다.

축사가 세 채까지 늘어나면서 농한기도 없이 사계절 내내 새벽부터 밤까지 일에 둘러싸였다. 어린이날이 되면 아이들은 의례 놀러가자며 들썩이는데 집을 비울 수 없었다. 휴일도 모르고 일하는 동신의 눈치를 보다가 얘기를 꺼내지도 못했다.
"엄마가 김밥 싸줄게. 저 위에 깔밭(풀밭)으로 소풍 다녀올래? 징개미 잡아 오면 엄마가 맛있게 요리해줄게."
프라이팬 위에 소시지와 계란 지단이 익어 가면 시무룩하던 아이들의 눈빛이 되살아났다. 고슬한 밥에 참기름과 소금을 넣어 한 숨 식혔다. 단무지 대신 텃밭에서 캔 시금치와 당근을 볶았다. 김 위에 밥알을 올리고 길게 썬 각종 재료를 넣어 말았다. 여덟 개의 눈이 도마 위에서 김밥이 말리는 걸 보며 군침을 흘렸다. 4단짜리 동그란 찬합 통에 오밀조밀 김밥이 넣고 통깨를 뿌렸다. 맨 아래 칸에 갓 버무린 부추김치와 오이소박이, 배추김치를 넣었다. 먹성 좋은 은미도 소풍 가서 먹겠다며 김밥 꽁다리만 먹고 참는 게 귀여웠다. 은미는 귀옥과 다르게 동생들한테 쥐어살았다. 동생들한테 휘둘리는 모습이 답답할 때도 있지만, 귀옥이 갖지 못한 넉넉한 성정이 기특했다. 엄마 잃은 오리 새끼처럼 아이들만 산에 보내는 게 마음 쓰였지만 언젠가 독립할 애들이라 생각하며 불안함을 덜어냈다. 은미가 동생들을 챙겨 농장 뒤 깔밭으로 소풍을 떠났다. 집 뒤 밤나무밭과 복숭아밭을 지나 오솔길을 오르면 너른 목초지가 펼쳐졌다. 너울대는 통명산 자락이 한눈에 들어와 가슴이 탁 트이는 곳이었다. 아이들은 챙겨간 돗자리를 깔고 뛰어놀다 오색 김밥으로 잔치를 벌였다. 지천이 야생 산딸기밭이라 새콤달콤한 딸기도 따 먹고,

아래 계곡에서 빈 도시락통 한가득 징개미를 잡았다. 깔밭에서 만난 회색 고슴도치의 뒤꽁무니를 쫓으며 환호성을 질렀다. 저녁 일을 마친 동신은 아이들이 잡아온 징개미를 숯불에 구웠다. 열을 가하면 까만색 징개미의 껍질이 홍당무처럼 붉게 변했다. 카멜레온처럼 색이 변하는 모습에 아이들이 환호성을 질렀다. 산란철 징개미는 꼬리 안에 알주머니를 품고 있어 입 안에서 톡톡 터졌다. 징개미 껍질을 까서 입에 넣으면 쫀득한 살에서 단맛이 났다. 귀옥은 동신의 얼굴에 스치는 미소를 놓치지 않았다.

 아이들은 동네 아이들과 어울려 봄에는 고사리랑 고침, 취나물을 따오고 가을에는 밤나무밭을 돌며 노란 꽃버섯을 한 소쿠리씩 따왔다. 숲에서 고슴도치랑 자벌레를 잡은 날은 흥분해서 재잘거렸다. 아이들은 자연의 품 안에서 마음껏 뛰놀며 성장했다. 순환의 계절이 반복되며 아이들도 꼴을 갖춰갔다. 삼기의 뜨거운 태양과 시원한 바람이 아이들을 단단하게 키워냈다. 많이 경험하고 자유롭게 날개를 펼쳐 비행하길 바랐다.

 가을이 되면 동신이 통명산 산행을 재촉했다. 집 뒤 통명산 자락에는 깎아지른 돌산 주변으로 자연 서식하는 토종 다래가 많았다. 키위라고 부르는 참다래는 털을 깎아야 알맹이를 맛볼 수 있지만, 토종 다래(산다래)는 표면이 매끈해 먼지만 털면 맛볼 수 있었다. 아이들과 함께 배낭을 챙겼다. 버너와 김치, 참치캔, 식은 밥을 넣은 배낭은 귀옥과 동신이 나눠지고 아이들은 다래를 따 담을 자루를 챙겼다. 가을 산행은 아이들을 날다람쥐처럼 폴짝거리게 했다. 소나무와 밤나무 숲을 지나 산길을 오르면 폭 4~5m에 길이 10m가족히 넘는 돌산에 다다랐다. 산다래는 돌산 가장자리를 따라 자랐다. 따로 거름을 주는 게 아니라서 열매는 해거리로 풍성하게 열렸다. 진초록 산다래는 포도알보다는 크고 거봉보다 작았다. 겉이 맨질맨질하고 딱딱한 건 후숙해야 먹을 수 있지만, 쪼글쪼글 주름지고 말캉한 열매는 바로 입에 넣었다. 아이들은 바위산의 달콤한 과즙에 중독된 듯 열매를 따는 족족 씹어 먹었다.

돌산을 누비다 보면 슬슬 배가 고팠다. 귀옥은 평평하고 너른 바위를 골라 그 위에 버너를 올려 참치김치찌개를 끓였다. 신김치가 익어 가면 새콤하고 매콤한 향이 돌산을 휘감았다. 돌산에 흩어졌던 아이들이 쿵쿵대며 모였다. 병아리처럼 빙 둘러앉아 군침을 삼켰다. 찬밥 위에 뜨거운 참치찌개를 호호 불며 먹는 모습에, 한 해의 고단함을 잊었다. 행복은 누에고치를 팔아 농장을 늘리던 순간이 아니라 가족들과 맛있는 음식을 나눌 때 찾아왔다.

어느 날 TV를 보던 동신의 눈이 번뜩였다. 산에서 캔 귀한 난 가격이 몇백에서 몇천만원을 호가한다는 방송을 본 것이다. 귀옥과 동신이 호미와 망태가방을 챙기니 마당에서 놀던 아이들이 호기심 어린 눈으로 바라봤다.

"가자."

아이들은 청바지에 운동화를 신고 달려왔다. 살뜰한 애정 표현은 부족해도 동신은 어디들 가든 아이들을 챙겼다. 귀옥은 포천에서 동네 아짐들과 아버지를 따라 억척스럽게 산나물을 따러 다니던 기억이 났다. 무릎 아픈 순복만 집에 남고 여섯 식구가 산행을 떠났다. 아이들은 힘든 내색도 없이 껑충거리며 부부를 따랐다. 비싼 난은 찾지 못해도 가족 산행만으로 부자가 된 기분이었다.

 취나물, 더덕무침, 제육볶음을 만들어 3단 도시락통에 넣고 집에서 담근 다래주까지 챙겨 아이들 소풍을 따라갔다. 소풍 중간에 노치 당산나무 아래 음식을 펼치면 모두들 맛있다며 잘 먹었다. 동신이 보성강에서 큰 눈치랑 쏘가리를 잡으면 회를 떠서 선생님을 대접했다. 어버이날과 운동회날은 김밥은 기본이고 마늘이며 감자를 챙겨가 나눠줬다. 살뜰히 챙긴 덕인지 자녀 넷이 1등으로 졸업해 교육감상 메달을 목에 걸었다.

 아이들이 차례로 학교 통신부를 가져와 최종학력을 물으면 머뭇거렸다.

 "아빠는 고등학교 졸업으로 하고, 엄마는 중학교 졸업으로 적어."

 동신도 고졸 단어에 암묵적 동의를 보냈다. 귀옥은 어렸을 때 공부가 중요한 줄 몰라 국민학교만 나온 게 평생 한이었다. 아이들이 막막한 미래에 길을 잃고 헤매는 고통을 겪게 하고 싶지 않았다. 마음껏 공부하고 미래를 선택하는 사람이 되길 바랐다.

 공부도 잘하고 똑 부러지던 백자가 결혼한다고 했다. 국민학교 다니던 막냇동생이 결혼하다니 세월이 빨랐다. 착하고 성실한 남편감을 골랐다며 남순의 칭찬이 자자했다. 결혼식 날 겨우 얼굴만 보고 내려와 아쉬웠는데 백자가 첫째 아들 태근을 데리고 놀러온다고 했다. 바쁜 시골생활에 얼굴 볼일이 까무룩했는데 백자가 매부와 함께 온다니 설레는 마음을 감추지 못했다. 동신은 손님맞이를 하겠다며 저수지에서 붕어를 잡아왔다. 작은 붕어는 뼈가 연해 통째로 튀기면 가시를 바를 것 없이 바삭한 별미였다. 나무 청에 걸어놓은 돼지 앞다리를 잘라 제육볶음을 만들고, 죽순은 들깨랑 볶고, 시금치와 당근, 고기를 넣어 잡채를 만들었다. 백자는 귀한 돼지를 흔하게 먹는 걸 보고 신기해했다.

"언니 집은 타잔네 온 것 같아."

친정아버지가 곡성의 살림살이가 빠르게 나아지는 걸 보고 도깨비 집 같다던 기억이 나 웃었다. 1박 2일 짧은 만남을 뒤로 하고 집 앞 버스 정류장까지 배웅을 나갔다. 매부는 아기 띠를 앞으로 매고 '울 아들 어디 갔지?'라고 찾아 식구들 웃음보가 터졌다. 챙이 넓은 여름용 밀짚모자로 슬쩍 가리고 뽀뽀하는 모습에 아이들이 환호성을 질렀다. 귀옥은 어른 앞이라 항시 조심하고 살았는데 백자의 스스럼없는 애정 표현이 부러웠다. 언제쯤이면 귀옥도 동신과 눈치 안 보고 당당하게 뽀뽀할 수 있을까? 그런 세월이 오긴 할까. 그날이 아스라했다.

박정희 정부 때 국가 발전 가속화를 목적으로 시작한 새마을운동은 1980년에 전두환 신군부 정권이 들어선 후에도 활발하게 이뤄졌다. 전두환 동생 전경환이 새마을운동의 중앙회 회장을 맡으면서 1982년부터 축산물 생산량을 늘리는 '복합영농'을 추진했다. 논농사만 짓지 말고 유휴시간에 소를 기르도록 부추겼다. 소 배설물과 바닥에 깐 볏짚을 퇴비로 재사용하니 일종의 순환농업이 이루어지는 셈이다. 아이디어는 좋았지만, 기존 축산 농가를 고려하지 않은 정책이었다. 농어촌 소득증대 용도로 싼 뉴질랜드 생우를 무제

한 수입하고 소 입식자금 지원을 대폭 늘려 바야흐로 축산 붐이 일었다. 수입소는 한우보다 증체 속도가 빨라 1년이면 500kg에 달했고 기존에 한우를 키우던 농가는 소값 하락으로 큰 타격을 받았다. 송아지 한 마리에 50만원 정도인데, 풀과 배합사료를 함께 먹이면 사료값이 20만원이었다. 70만원에 팔아야 본전인데, 1년 뒤 한우 성체 가격이 50만원으로 떨어졌다. 배합사료에 목초지 풀을 섞어 먹여도 비싼 사료값을 감당하기 힘들었다. 전경환의 실적 중심 정책으로 1984년부터 소값 파동이 일었다. 사료값은 물론 노동력 보상도 못 받고 팔아 치우는 농가가 늘었고 빚에 허덕이다 세상을 등진 농민들이 신문에 났다. 3년 주기로 등락을 거듭해 왔기에 버티기를 택했지만, 정부의 개입으로 시장흐름이 틀어져 소값이 계속 하락했다.

결혼 후 처음 있는 일이었다. 동신이 대낮부터 거나하게 술에 취해 돌아왔다. 사료값으로 3,000만원을 빚져 더는 버틸 수 없다고 했다. 광주일보 전면에 소개된 유풍농원의 영광은 허름한 여물통에 처박혀 흔적도 남지 않았다. 소를 키울 때 목초지로 사용하던 땅에 매실나무 600주를 심었지만, 몇 년간을 초지로 사용했던 황토 땅이라 척박했다. 퇴비로 사용할 소똥도 없고 비료 살 돈도 없어 나무가 제대로 크지 않았다. 매실밭은 금세 묵정밭으로 변했다.

몇 달간 두문불출하던 동신은 씨돼지 두 마리를 사 왔다. 농사처럼 양돈도 독학으로 공부했다. 돼지의 발정 징후 등은 『양돈 전서』로 터득하고, 곡성 신월리에서 몇백 마리 돼지를 키우는 농가랑 교류하며 정보를 교환했다. 비싼 종돈과 건강한 모돈을 교배시키니 1년에 두 번, 4개월마다 수십 마리 새끼를 낳았다. 수퇘지는 4개월 내외로 키워 비육돈으로 팔고, 건강한 암퇘지는 7~8개월 키우면 번식력이 생겼다. 소도 그렇지만, 돼지도 생김새가 균형 있고 잘생긴 녀석이 새끼를 잘 낳았다. 번식력이 좋아 2년 만에 빈 소마구가 돼지로 꽉 찼다. 힘이 좋은 종돈은 높이뛰기 선수처럼 좁은 우리를 뛰어넘었다. 동신이 한 뼘 높이로 추가 철봉을 설치하면, 며칠 뒤에 종돈이 또 울타리를 넘었다. 붉은색 종돈은 기록 경신하는 선수처럼 일주일이 멀다 하고 철봉을 넘더니 급기야 사람 키보다 높은 울타리 밖으로 나와 가족들이 종돈을 잡으러 다니느라 애를 먹었다.

　귀옥은 체험과 귀동냥으로 양돈을 배웠다. 돼지를 한 우리에 넣고 키우면, 우두머리 돼지가 제일 약한 돼지 꼬리를 물어뜯었다. 안 그래도 한 뼘밖에 안 되는 짧은 꼬리가 새들이 쪼아 먹은 새싹처럼 끌통만 남았다. 물어뜯긴 꼬리에서 피 냄새가 나면 무리의 공격성이 최고조에 달했다. 막사는 격투장으로 변했고 돼지 먹따는 소리로 가득 찼다. 그대로 방치했다 죽은 돼지를 본 후로 약한 돼지는 무리에서 분리했다.

　한번은 영하 10도 이하로 떨어진 한겨울에 모돈이 새끼를 낳았다. 아기 돼지는 태어나자마자 체온이 떨어져 숨을 안 쉬었다. 새끼가 얼어 죽어 미동을 안 하니 암퇘지가 눈물을 흘렸다. 가마솥에 물을 끓이는데 아이들도 안타까워 발을 동동 굴렀다. 체온과 비슷한 온도의 물에 아기 돼지를 넣고 한 마리씩 손으로 마사지를 시도했다. 식은땀이 날 정도로 새끼의 몸을 비비니 식어가던 몸에 피가 돌고 기적적으로 숨을 쉬었다. 심장이 멈추기 전에 발견해 살릴 수 있었다. 귀옥은 그제야 허기가 몰려왔다.

자녀들이 자라면서 부모의 행동을 따라 배우듯 아기 돼지도 저희 엄마 행동을 그대로 따랐다. 엄마 돼지가 똥을 여기저기 뿌리고 다니면 열댓 마리 새끼가 따라 해 우리 안이 똥 범벅이 되었다. 얌전한 모돈은 밥도 깔끔하게 먹고 똥도 한쪽에 쌌다. 새끼 돼지가 그대로 따라해 청소가 수월했다.

하늘님 날씨는 제멋대로라 성실히 일해도 피해를 비껴갈 수 없었다. 양다래와 지주를 심은 지 몇 년 안 되었는데 여름 태풍이 강하게 불어 나무가 쓰러지고, 축사 외벽 벽돌장이 와르르 무너졌다. 비설거지를 하러 갔는데 돼지 새끼들이 벽돌을 피해 쏜살같이 흩어지는 걸 보니 대견해 웃음이 났다. 줄행랑을 친 덕분에 한 마리도 다치지 않았다.

태풍이 할퀴고 간 축사는 물론이고 다래나무 지주가 와르르 쓰러져 손볼 곳이 많았다. 바쁜 와중에 동생 영숙이 아들 영규를 데리고 공주 부흥회에 왔다는 연락을 받았다. 피해가 심해 갈까 말까 고민하는데 동신이 당연한 걸 묻는다며 짐을 챙겼다. 돼지 막사만 임시방편으로 막고 택섭을 데리고 동생 내외를 만나러 갔다. 오랜만에 동생을 만났다는 기쁨도 잠시 귀옥은 조카 영규랑 동갑인 택섭의 천방지축 행동이 신경 쓰였다. 영숙이 두부 심부름을 시켰더니 택섭은 입이 대발로 나왔다. 심부름을 안 가려고 빼는 행동이 거슬리지 않을까 걱정되었다. 영규는 어른처럼 조용하고 말이 없었다. 근엄한 표정으로 목발을 짚고 있는 걸 보니 마음이 불편했다. 영규는 TV를 보며 깔깔대는 택섭에게 조용히 하라고 나무랐다. 영규는 여섯 살 때 무릎 관절염이 생겨 집 근처 안동에서 수술했는데, 예후가 좋지 않았다. 신앙심이 깊은 영숙은 아들의 병을 고치려고 전국 부흥회를 쫓아다니며 기도에 매달렸다. 친정아버지는 고양이가 관절염에 좋다는 소문을 듣고 두 번이나 포천에서 안동까지 고양이즙을 가져다주고 왔다.

1984년부터 4년 정도 돼지를 키워 재미를 봤다. 우사 세 채가 돼지로 가득 찼고, 상시 거주하는 목부도 여럿이었다. 삼시세끼 밥을 먹는 식구가 열 명이라 귀옥의 부엌은 모락모락 밥 짓는 시간이 끝없이 이어졌다. 한번은 동신이 순대를 먹고 싶다고 했다. 돼지를 잡은 날 신선한 피와 내장을 따로 챙겨 깨끗이 씻었다. 순대에 넣을 당근, 콩나물, 양파, 당면을 잘게 다져 준비하고 막창 한쪽을 명주실로 단단히 묶었다. 갖은 채소에 후추를 뿌려 살짝 볶은 후 돼지 피와 섞어 막창 안에 밀어 넣었다. 얇은 막창에 재료를 넣기 힘들어 수저로 퍼 넣고, 젓가락으로 밀어 넣었다. 울퉁불퉁 피순대가 외형을 갖추자 순복이 가마솥에 불을 지폈다. 채반 위에 피순대를 올려 증기로 쪄내니 그럴듯한 향이 났다. 새암가 느티나무 아래 와상을 펴고 순대를 썰었다. 채소를 듬뿍 넣은 순대는 허기진 목부는 물론이고 아이들한테도 인기였다. 귀옥은 그제야 하늬바람에 땀을 식혔다. 남순이 식구들 먹는 것만 봐도 배부르다는 말을 달고 살았는데 그 마음이 이해되었다.

1988년 여름장마는 유난히 길고 지루했다. 하늘에 구멍이라도

난 것인가. 7월 중순부터 한 달 내 비가 내렸다. 먹구름이 물러갈 새가 없었다. 날씨가 궂어 몇백 마리 돼지를 축사 밖으로 놀릴 수도 없고 분뇨를 치울 곳도 마땅찮았다. 똥 냄새가 막사 안에 가득해 숨 쉬기가 곤란했다. 고약한 돼지똥에 비하면 소똥은 구수한 축에 속했다. 습기가 극에 달해 반나절만 축사에서 보내도 후각이 마비되어 머리가 지끈거렸다.

사료 차가 다녀간 후 입구 쪽 돼지부터 시름시름 앓았다. 처음에는 몇 마리만 탈이 난 줄 알았는데, 줄줄이 맥을 못 추고 쓰러지는 게 심상치 않았다. 암돼지가 새끼를 낳고 죽자 아기 돼지들이 죽은 어미젖을 빨았다. 차마 눈 뜨고 볼 수 없이 처참했다. 급하게 동물병원 원장 한영수씨를 불렀다. 돼지콜레라 진단이 내려졌다. 살아 있는 돼지까지 모두 살처분해야 한다고 했다. 동신은 굴삭기로 구덩이를 파서 돼지를 묻었다. 오랜 친구인 한원장은 죽은 돼지를 보상받으려면 땅을 파헤쳐 증거 사진을 남겨야 한다고 조언했다. 귀옥은 참혹한 현장에 따라갈 수 없었다. 동신의 이야기를 듣고 목이 메이고 살이 떨렸는데 아랫집 혜영이 엄마는 돼지 파묻은 이야기를 동네방네 떠들고 깔깔댔다. 귀옥이 딸만 셋을 낳아 마음 고생할 때도 넷째 낳으면, 딸 옷 가져다 입히라고 하더니! 불쌍한 돼지를 화젯거리로 삼는 모습에 말문이 막혔다.

삼기면 축산 계장까지 하며 잘 나가던 동신은 다시 한 번 좌절을 맛보았다. 넓은 사료 창고가 을씨년스러운 거미줄 왕국이 되었다. 돼지를 살처분하고 보상받은 돈으로 다시 한우를 키웠지만 예전처럼 수익이 높지 않았다.

그해 음력 9월에 양옥집 앞마당에서 순복의 환갑잔치가 열렸다. 친정아버지는 와병 중이라 오지 못하고 남순과 올케가 큰 조카 정현을 데리고 왔다. 연이은 축산업의 실패로 주머니는 가벼웠지만 귀옥은 하나뿐인 시어머니의 환갑잔치를 정성껏 준비했다. 너른 마당에 멍석을 깔아 손님상을 두루 놓고 상석에 병풍을 쳤다. 주인공인 순복은 옥색 한복을 위아래로 맞춰 입고 손님들을 맞이했다. 금계마을 친척들과 이웃 근촌마을 아짐들도 도왔지만 잔치 음식 준비는 끝이 없었다. 삶은 문어에 꼬치전과 두부전, 보쌈, 과일, 떡, 곶감, 막걸리까지 온갖 산해진미가 넘쳐나도 전라도 잔칫상에는 홍어가 제일 어른이었다. 제대로 삭힌 흑산도 홍어로 회를 뜨고 남은 부산물로 찌개를 끓였더니 손님들이 칭찬을 아끼지 않았다. 홍어를 처음 먹어본 남순과 올케도 톡 쏘는 맛이 일품이라며 좋아했다.

추석 명절을 치르고 동신과 택섭을 데리고 친정아버지를 보러 갔다. 5년 전 환갑 때 뇌졸중으로 쓰러진 후 지팡이를 짚고 겨우 걸었다. 반벙어리가 되어 말도 어눌했다. 종잣돈으로 주변 땅을 사서 아들 내외 거처까지 마련해주던 활력 넘치던 광성의 모습은 찾아볼 수 없었다. 사람 좋아하고 술 좋아하던 광성은 더 이상 친구들과 기분 좋게 둘러앉아 술잔을 기울일 수 없었다.

건강할 때는 남순이 교회 다니는 것도 펄쩍 뛰었는데, 이제는 일요일 아침에 '나랑 교회 갈까?' 물으면 고개를 끄덕였다. 남순은 주일마다 남편을 씻겨 리어카에 태웠다. 더울 때는 모시 삼베를 빳빳하게 다려 입혔고, 한겨울에는 두툼한 목화솜 이불로 감싼 채 교회로 향했다. 새벽예배 전에 종 치는 일을 맡았는데, 정해진 횟수를 무시하고 종을 쳐 혼이 났다. 이유를 물으니 더 많은 사람이 교회에 오길 바라는 마음에 한 일이라 했다. 학창 시절에 영숙이 교회 간다고 하면 회초리를 들고 말렸는데 지금은 남순이 더 교회에 의지했다. 귀옥과 동신도 아이들 학교 가기 전에는 온 가족이 교회에 다녔는데 축산업을 시작하면서 교회 갈 시간이 없었다.

순복은 택섭에게 친정아버지 소식을 물었다.
"할아버지한테 인사 잘하고 왔어?"
"아니, 할아버지가 바보가 되어 버렸어요."

귀옥은 어린 택섭을 나무라지 못했다. 아이가 보기에도 힘없는 늙은이가 되어버렸나 싶었다.

농촌의 젊은 인구가 도시로 빠져나가 손이 귀해졌다. 더 이상 인력 농사는 힘들었다. 결혼 후 귀옥은 논농사를 해본 적이 없지만, 동신은 금계마을에서 논농사를 지은 경험으로 기계화에 관심이 많았다. 이동이 편리한 도로가 밭에 기름진 흙을 트럭으로 날라 땅을 돋우고 대나무 하우스를 지었다. 양분이 많은 흙을 곱게 쳐 모판에 볍씨를 뿌렸다. 하우스 안에서 모판 온도를 맞추고 한 달 정도 키우면 10cm까지 자랐다. 동신은 30% 자부담에 70% 융자를 받아 이앙기와 콤바인을 샀다. 2년 거치 3년 상환에 이자는 8%였다. 동신이 이웃 마을 이장한테 부탁하니 소개가 들어왔다. 귀옥은 몸뻬바지에 허벅지까지 올라오는 장화를 신고 무논에 들어갔다. 이앙기로 모를 심을 수 있게 논두렁으로 모판을 나르고 기계가 못 들어가는 좁은 곳은 직접 심었다. 찰떡같이 진득진득한 무논에 다리가 빠지면 장화까지 함께 벗겨졌다. 새벽에는 어스름한 햇빛에 의지해 모판을 나르고 밤에는 달빛에 의지해 트랙터로 로타리 치고 이앙기로 모를 심었다. 동신은 소변이 마려우면 이앙기를 몰며 서서 오줌을 쌌다.

달무리 진 깊은 밤, 이앙기로 조각 논을 오가는 풍경은 그림처럼 아득했다. 귀옥은 논두렁에 벌러덩 누워 잠시 숨을 골랐다. 종일 질퍽한 무논에서 모판과 힘겨루기 하느라 진이 빠졌다. 집에 돌아와 누우면 등짝부터 발바닥까지 접착제를 바른 듯 방바닥에 들러붙어 돌아눕기도 힘들었다. 남의 논에서 한나절 일하면 새참을 주는데, 조각 논이 많아 이리저리 옮겨 다니느라 밥도 못 얻어먹고 일했다. 논 주인들은 1,000원짜리 빵이랑 쿨피스를 사뒀다가 일이 일찍 끝나면 새참을 뒤로 숨겼다. 종일 굶고 일할 때가 많아 몸은 허기졌지만, 남편과 함께 일하니 마음의 불안함이 귀염귀염 사라졌다. 그동안 나누지 못한 깊은 속내를 터놓고 소원했던 관계가 회복되었다.

가을에는 콤바인으로 벼를 훑어주고 나락으로 품삯을 받았는데 귀옥은 콤바인 기계를 따라가다 다리에 힘이 풀려 무릎을 다쳤다. 동막 고모를 불러 도와 달라 했더니 몸을 사려 성에 안 찼다. 동신이 후배 종섭을 불렀다. 동네 사람들은 상냥한 맛이 없는 종섭과 일한다고 참견했다.

"어디 사람이 없어서 그렇게 짜잔한 사람을 데리고 일을 해?"

겪어봐야 사람 속을 안다더니 종섭이 그랬다. 몸을 아끼지 않고 도와 힘든 줄을 몰랐다. 종섭은 물고기를 잡아 파는 게 생업인데, 섬진강에서 잡은 눈치를 한 자루씩 통째로 주곤 했다. 무뚝뚝해도 잔정이 많았다. 귀옥한테 줄 눈치를 손질하라고 마누라한테 시키니 싫은 티를 냈다. 민망해 그냥 받아가려는데 종섭이 눈을 부릅뜨자, 두말없이 물고기를 손질했다. 얻어온 눈치를 빨랫줄에 걸어 통명산 바람에 꾸덕하게 말렸다. 기름을 넉넉히 두르고 튀겨 고추랑 마늘 다진 것에 참기름을 섞은 양념장을 뿌렸더니 식구들이 꼬들꼬들 맛있다며 좋아했다. 한번은 일하는 곳 근처 개울가에 물고기가 많다며 잡으러 가자고 했다. 큰 웅덩이를 뱅 둘러 가면 시간이 걸리니 가로질러 건너자고 했다.

"형수, 이리 와 봐요."

무거운 전기 배터리를 맨 채 귀옥을 어깨에 둘러메고 가뿐하게 웅덩이를 건넜다. 종섭이 물에 들어가 전기로 지지면 귀옥은 바구니에 미꾸라지를 주워 담았다. 집에 돌아와 믹서기에 미꾸라지를 갈아 추어탕을 끓여 나눠먹었다.

과수는 물관리가 중요한데 주변이 가파른 산이라 항시 물이 부족했다. 지하수 파는 사람을 데려와 한 달간 재워가며 땅을 뚫었다. 바닥이 암반이라 작은 기계로 털털거려도 지하수가 나오지 않았다. 보다 못한 동신은 징개미 잡던 계곡에 방죽을 만들겠다고 했다. 같이 돼지를 키우던 선용기씨가 방죽에 쌓을 바위를 구해와 한겨울에 구슬땀을 흘렸다. 광주 집 한 채 값이 들었는데도 동신은 눈도 깜짝 안 했다. 돈을 벌려면 투자해야 한다는 주의였다. 봄에 내수면개발시험장에서 치어 5,000마리를 사와 방죽에 넣었는데 몇 달 후 여름 폭우로 물이 넘쳐 향어가 근촌저수지로 떠내려갔다. 방죽 가장자리를 따라 사료를 던지면 향어가 입을 빼금거리며 올라와 게걸스럽게 받아먹었다. 원체 치어가 많아 일부가 떠내려가도 북적거렸다. 2년을 키우니 살이 차고 아이 팔뚝만 해져 회로 먹기 좋았다.

불볕 더위에 구슬땀이 흐르는 여름이었다. 아침 사료를 주러 갔는데, 방죽에 죽은 향어가 둥둥 떠올랐다. 방죽 위는 산이라 밤새 내린 비에 농약이 흘러들었을 리도 없고 갑작스러운 떼죽음에 깜짝 놀랐다. 동신을 불러왔는데 아연실색해 아무것도 못하고 손을 놓고 바라봤다. 남아 있는 향어라도 살리려면 죽은 물고기를 빨리 걷어 내야 했다. 귀옥은 방죽에 대형 고무 대야 두 개를 띄웠다. 두 개를 밧줄로 연결해 하나는 귀옥이 타고 다른 하나에 죽은 물고기를 주워 담았다. 긴 장대로 방죽 바닥을 짚고 다니며 건져 올렸지만 역부족이었다.

동신은 뒤늦게 큰 스티로폼을 연결해 뗏목을 만들고 방죽을 가로질러 십자 모양으로 밧줄을 연결했다. 귀옥은 동신과 함께 큰 뗏목을 타고 들어가 죽은 향어를 빼냈다. 팔뚝만큼 자란 향어를 팔아 보지도 못하고 경운기로 몇 차를 파묻었다. 동신은 그제야 수중 모터를 설치하고 산소를 공급했다. 여름에 수온이 따뜻해지고 사료량이 늘어 방죽 내 생물 밀도가 올라갔다고 했다. 치어일 때는 괜찮았지만 향어가 자라면서 산소가 부족할 걸 대비하지 못해 큰 봉변을 당했다. 귀옥은 속이 상해 열불이 나는데 동신은 비싼 공부했다며 멋쩍게 웃었다.

동신은 어려서부터 위장이 안 좋고 피부가 예민해 탈이 자주 났다. 양약을 싫어해 병원은 안 가고 몸에 좋다는 건 뭐든지 재료를 공수해 왔다. 섬진강에서 팔뚝만큼 큰 잉어를 잡으면 장작불에 푹 끓여 약으로 먹고 야생 자라 피가 좋다는 말에 자라 낚시에 목숨을 걸었다. 작은 붕어 배를 가르는 건 익숙한데 살아 있는 자라목을 칼로 자르는 건 섬뜩했다. 아무리 남편을 위한 거라도 잘린 목에서 생피를 빼는 일은 하고 싶지 않았다. 귀옥이 두 손을 들었더니 동신이 직접 자라 피를 받아 소주에 타 먹었다. 시뻘건 피는 마시는 것만 봐도 비위가 상했다. 용봉탕에 들어갈 토종닭을 잡는 일은 순복이 도맡았다. 순복은 아귀 힘이 좋아 닭목을 손으로 잡아 숨을 끊었다. 파닥이던 날갯짓이 약해지며 끓는 물에 넣어 털을 뽑고 닭의 배를 갈랐다. 닭발과 내장, 모래집, 똥집까지 버릴 것 없이 부산물을 깨끗하게 씻어 귀옥에게 건넸다. 자라는 자연에서 나고 자라 등딱지에서 작은 발까지 온몸이 약이라 했다. 보양식으로 가마솥에 자라와 닭, 인삼을 넣어 끓이면 용봉탕이 완성되었다.

한번은 동신이 친구들과 수산 골짜기에서 식용개구리 한 망을 잡아와 튀겨달라고 했다. 작은 개구리 수십 마리의 내장을 꺼내느라 요리 전부터 진땀을 뺐다. 동신은 친구들과 막걸리를 받아와 안방에 술상을 벌렸다. 구경하던 아이들에게 개구리튀김을 먹어보라고 젓가락을 내밀자 질색하며 도망쳤다. 전국적으로 식용개구리 붐이 불어 황소개구리가 인기였다. 동신은 자라보다 큰 황소개구리를 한 대야 얻어와 그물망으로 덮어 놓고 다음날 요리해 달라고 했다. 황소개구리는 먹성이 좋아 입에 들어갈 만한 크기면 모두 잡아먹는다고 했다. 토종 양서류 중 대형급에 속하는 참개구리, 두꺼비, 새끼 뱀, 어린 쥐까지 먹는 잡식성이었다. 작은 개구리는 그렇다 쳐도 손바닥만 한 황소개구리를 잡을 생각에 밤새 잠을 설쳤다. 그날 밤 폭우가 내려 황소개구리가 그물을 뚫고 도망가지 않았다면 귀옥은 눈을 질끈 감고 칼을 휘둘려야 했을 것이다. 밤새 내린 폭우가 고마웠다.

1987년 12월 16일, 신군부 독재가 막을 내리고 첫 직선제가 치러졌다. 귀옥은 삼기면사무소에서 투표를 했다. 김대중과 김영삼의 가택연금이 풀려 후보로 나왔지만, 단일후보 협의가 이뤄지지 않아 어부지리로 노태우가 뽑혔다. 가톨릭 농민 운동을 하며 정치에 관심이 많았던 동신은 선거 결과에 불만을 토로했지만 귀옥은 첫 선거에 가슴이 벅차올랐다.

논농사와 밭농사, 과수를 비롯한 소, 돼지까지 시골에서 돈이 될 만 한 건 다 해봤지만 매년 시세 폭도 크고 정부 지원도 미비해 자력으로 위기를 돌파해야 하는 상황이 반복되었다. 88올림픽 이후 노태우 정부는 과격한 운동권 시위에 온건한 태도를 보였다. 경제가 살아나고 자가용이 보급되어 도회지로 놀러가는 인구가 증가했다. 신문사 국장인 막내 삼촌을 통해 관광농원 제도를 알게 되었다. 도별로 1년에 두세 곳을 선정한다고 했다. 동신은 성업 중인 관광농원 몇 곳을 둘러보고 새로운 꿈을 꿨다. 전남도청에 사업계획서를 제출하고 1990년에 관광농원에 지정되었다. 2년 거치 3년 상환 조건의 융자 지원정책을 활용해 세부 계획을 추진했다. 일반 은행권의 15% 이율에 비하면 절반 정도라 부담이 적었다. 과수밭 일부를 정리하고 농원 준비에 착수했다. 제주도 관광농원 중에 수입 목재로 통나무집을 지은 곳이 있었다. 건축하는 박선배와 제주도 현장 답사를 다녀온 후 마음을 굳혔다. 통나무집 수입업체를 알아보다 건축에 일가견이 있는 통역가 유형수를 알게 되었다. 동글동글

한 얼굴에 유한 성격으로 88올림픽 때 통역 봉사 경험도 있었다. 귀옥이 모르는 꼬부랑글자를 유창하게 하는 유형수가 대단해보였다. 동신은 박선배와 머리를 맞대고 민박동과 식당동 두 채의 통나무집 간이 설계를 떴다. 미국에 보낸 간이 설계를 바탕으로 전문설계사가 조립식으로 지을 수 있는 통나무집을 설계해 재료를 보내주기로 했다. 6개월 후에 부산항으로 큰 컨테이너 두 개가 들어와 트레일러 두 대로 실어왔다. 농원 주차장 부지에 광주세관 직원이 나와 물품을 검역했다. 동신이 차근차근 관광농원 사업을 추진하는 동안 귀옥은 들고 날고 하는 사람들의 식사와 간식을 챙겼다.

목재를 수입할 때 미국에서 기술자 크리스를 데려왔다. 왕복 항공권 이외에 하루 일당이 200불이라고 했다. 달러 계산이 안 되었지만, 말투로 봐서 비싼 몸값이 분명했다. 수입할 때 인연을 맺은 유형수가 통역사를 맡아 집에서 함께 살며 계약금과 잔금 처리 문제 등을 도왔다. 귀옥은 영어를 몰라 보디랭귀지를 섞어 한국말로 얘기했는데 신통하게 크리스가 알아들었다. 미국 요리는 따로 할 줄 몰라 식구들이 먹는 밥상에 숟가락만 하나 더 올렸는데 서투른 젓가락질로 맛있게 먹었다. 불평 없이 먹으니 고마우면서도 고향 음식이 생각날 것 같아 항상 마음이 쓰였다. 마침 빵공장에 다니는 혜영이네 삼촌이 손바닥만 한 햄버거 빵을 여러 봉지 가져다줘 크리스 생각이 났다. TV에서 본 기억으로 양배추랑 달걀프라이랑 고기 패티를 넣어 햄버거를 만들었다. 다른 사람들은 새참으로 라면을 끓여주고 크리스한테 햄버거 두 개를 만들어 줬더니 혼자 다 먹고 배부르다고 배를 두드렸다.

"그걸 혼자 다 먹었어? 옆에 유형수랑 나눠 먹어야지!"

귀옥의 말을 알아들었는지 다음부터는 사이좋게 나눠 먹었다.

하루는 부엌 창문 너머로 크리스가 뭐라 뭐라 하는데 도저히 알아들을 수가 없었다. 점심을 먹으면서 크리스가 소마구에 끓여 놓은 물을 야외 방죽으로 가져가 샤워했다는 말을 전해 들었다. 한겨울에 오죽이나 목욕이 하고 싶었으면 오돌오돌 떨며 난장 샤워를 감행했을까 싶었다. 빈 축사에서 샤워할 수 있게 알려줬더니 고맙다며 작은 헤어핀을 선물했다. 크리스는 고마운 일이 생길 때마다 트렁크를 열었다. 아이들은 물론 어른들도 아기자기한 선물을 받고 기뻐했다. 유형수는 뭘 그리 좀스럽게 하나씩 주냐고 핀잔했지만, 귀옥은 선물하는 크리스 얼굴에 번지는 미소를 자주 볼 수 있어 좋았다. 동신한테는 칼끝이 뾰족하고 몸통이 날렵한 접이식 주머니칼을 선물했는데, 한국에서는 쉽게 구할 수 없는 칼이라 몸에 지니고 애지중지했다. 산에서 밤을 까거나 고로쇠나무에서 수액을 뽑을 때도 개선장군처럼 의기양양하게 사용했다.

통나무집은 습이 들지 않게 지면에서 50cm 높이로 기초를 쌓아 데크 바닥을 만들었다. 데크 위에 뼈대를 만들고 목재를 뉘여 반 턱 차이로 어슷 쌓아 벽체를 만들었다. 지붕은 빗물이나 눈이 쌓이지 않는 트라이앵글 모양이었다. 숲속 마녀의 요술지팡이가 닿은 듯 매일 집이 자라는 걸 신기하게 바라봤다. 얼마 전까지 과수원이던 땅에 통나무집이 생기고 정원수를 심어 새롭게 되었다.

동신은 10년만 고생하면 빚도 갚고 남은 생을 여유롭게 보낼 수 있다며 꿈에 부풀었다. 민박동은 벽난로가 있는 거실 하나에 작은

방과 화장실이 각각 다섯 개였고, 식당동에는 벽난로가 있는 응접실과 넓은 홀과 주방에 방이 세 개였다. 맨 안쪽 방을 안방으로 사용하고 거실 옆방은 순복이, 뒷방은 아이들이 사용하기로 했다. 주방 안쪽에 다락으로 통하는 계단을 만들어 창고로 활용했다. 크리스가 한 달간 한국에 머물며 설계도에 맞춰 유리창과 방문을 벽면과 연결하고 벽난로와 굴뚝을 쌓는 법을 목수들에게 전수했다. 크리스가 미국으로 돌아간 후에는 한국 목수들이 나머지를 조립식으로 연결해 통나무 펜션 두 채를 완성했다.

동신은 직접 연못 정원을 구상했다. 통나무집 경사로에 거석을 쌓아 인공폭포를 만들고 두 개의 웅덩이를 연결해 시원한 연못 정원을 꾸몄다. 마루에 시원한 그늘을 제공하도록 밑동이 우람한 히말라이시다 묘목을 심고 연못가에는 측백과에 속하는 사계절 푸른 눈향나무를 심었다. 새로 닦은 길가에는 수양버들처럼 가지가 늘어진 실편백나무를 심었다. 작고 단정한 꽃댕강나무는 첫해부터 나팔꽃처럼 목이 길고 레이스처럼 오글거리는 작은 꽃을 피웠다. 통나무집 펜션 입구부터 은은한 향이 그윽하게 퍼졌다. 연못가 둘레에는 다섯 개의 잎이 모여 나는 토종 오엽송을 심었다. 좌우 손바닥을 펼친 형태로 번갈아 가지를 뻗는데 전지 방법에 따라 형태를 달리해 보는 재미가 있었다. 수형을 살려 동그란 모둠으로 손질하면 연못의 여왕처럼 돋보였다. 동신의 막내 삼촌은 관광농원 개관 기념으로 처가 완도에서 동백나무를 보냈다. 통나무 펜션 사이에 동백을 심고, 정원수로 연분홍 겹동백과 홑동백을 심었다. 귀옥이 좋아하는 백목련은 연못으로 내려가는 돌계단 근처에 심고 맞은편에는 철쭉과 연산홍을 섞어 심었다. 철쭉은 키가 작고 잎과 꽃이 같은 시기에 피는데, 하늘을 향해 자라는 연상홍은 풍성하고 진한 자홍빛 꽃잎이 먼저 핀 후 새잎이 돋았다. 스카이로켓 향나무는 키다리아저씨처럼 긴 몸을 하늘 향해 뻗어 단조로운 연못에 율동감을 줬다. 타원형 연못 정원에 잔디를 깔고 중간에 산책용 대리석을 깔았다. 연못을 가로지르는 아치형 돌다리까지 완성하니 농원에서 가장 돋보이는 공간이 되었다.

동신은 유명한 맛집에 귀옥을 데려가 음식을 주문하고 관광농원 식당 주방을 부탁했다. 갑자기 3만평 농원의 주방장이라니. 정신이 아찔했다. 몇 가지 음식은 자신 있었지만, 체계적으로 요리해본 적이 없었다.

"큰 식당 주방을 내가 맡아서 할 수 있을까?"

"나는 당신 요리가 최고로 맛있어. 겁낼 필요 없어. 당신은 요리만 하고 서빙이나 주방 설거지할 사람은 따로 데려올 테니 아무 걱정하지 마."

귀옥은 차마 거절하지 못했다. 가족들이 모인 주말에 순복에게 토종닭을 잡아달라고 부탁했다. 동신이 다른 식당에서 먹어봤다는 닭볶음탕을 귀옥 나름대로 해석해서 만들었다. 당근과 양파, 감자를 깍둑썰기하고, 토종닭도 토막 내 핏물이 가시게 깨끗한 물에 씻었다. 냄비 안에 고춧가루, 간장, 물엿, 미림 등으로 간을 해서 중불에 볶았다. 채소에서 나온 끈적한 양념이 졸아들면서 매콤달콤한 양념이 닭고기에 배어 윤기가 흘렀다. 예순 넘은 순복은 물론 은미, 은희, 은숙, 택섭까지 맛있게 먹는 걸 보니 자신감이 붙었다.

동신은 복사꽃이 핀 통나무집 전경 사진과 토종닭 백숙, 닭볶음탕, 향어회, 흑돼지, 멧돼지 등 주요 메뉴와 유풍농원 소개 글을 넣어 팸플릿을 제작했다. 광주권 굴지의 기업인 일심방직과 아세아자동차 등을 타깃으로 미니골프장과 운동장 시설도 갖췄다. 차근차근 농원의 외형을 갖추고 사업을 추진하는 동신의 번뜩이는 눈빛을 보며 귀옥도 자신감이 생겼다. 마르지 않는 샘처럼 손님들로 넘쳐날 유풍관광농원의 미래를 상상했다. 동신이 그리는 인생지도를 따라 걸으며 모든 결정을 일임해도 두렵지 않았다. 이번에도 동신과 스텝을 맞춰 앞으로 나아갈 테니!

은숙: 열정페이

아연을 집으로 불렀다. 광주가 고향인데 서울에 취직한 후 몇 년째 가스레인지에 불을 켜본 적이 없다고 했다. 집 근처 시장에서 산 밑반찬이나 돈까스, 찐만두 등으로 간단히 저녁을 해결한다는 얘기가 마음에 걸렸다. 할머니가 자주 끓여주던 당면 듬뿍 참치김치찌개 맛을 흉내 내진 못해도 간단한 건 만들줄 알았다. 스무 살부터 자취를 시작해 아침으로 프렌치토스트를 만들거나 저녁에는 떡볶이나 된장찌개, 김치찌개, 제육볶음, 두부부침 등을 만들어 먹었다. 양식을 좋아하는 아연을 위해 올리브유와 양송이버섯, 파슬리, 페퍼론치노, 대하, 바게트를 장바구니에 넣고 가성비 와인도 한 병 골랐다. 사 먹는 감바스는 새우가 적어 아쉬울 때가 많은데, 집에서 만들면 새우와 버섯을 왕창 넣을 수 있어 좋았다. 흐르는 물에 새우를 씻어 머리를 떼어낸 후 꼬리만 남기고 껍질을 제거했다. 약간의 소금과 후추로 밑간을 해놓고, 시골 집에서 보내준 마늘과 양송이를 편썰기했다. 팬에 엑스트라버진 올리브유를 붓고 기포가 오르면 마늘과 새우머리를 투하해 풍미를 높였다. 마늘 향을 입힌 올리브유에 새우와 양송이버섯을 넣고 굴소스, 소금, 후추, 파슬리, 페퍼론

치노를 넣고 새우가 붉게 변할 때까지 끓였다. 자취방 싱크대에서 요리하는 모습을 지켜보던 아연은 신기하다며 감탄사를 연발했다.

"맛없으면 어쩌려고 그래. 정성 생각해서 맛있게 먹어줘. 다음에는 시골 집 내려가서 엄마한테 맛있는 거 만들어 달라고 하자. 요리는 엄마가 진짜 잘해."

뜨거운 시선이 민망해 머리를 긁적였다. 접이식 붉은색 테이블 위에 감바스를 프라이팬 채 올리고 바게트를 곁들여 냈다. 둘 다 술은 잘 못 마셨지만, 건배 의미로 와인도 따랐다. 서른 살 창업을 앞둔 우리는 들뜬 기분을 감추지 못했다.

아연은 머뭇머뭇 동대문에서 커튼 디자이너로 일하는 대학 친구 이야기를 꺼냈다. 수없이 많은 창업과 실패를 목격한 친구는 맨땅에 헤딩하려는 아연에게 냉정한 현실을 얘기했고 겁난다고 했다. 성공은 쉽지 않고 실패는 가까이 있어 조금만 발을 헛디디면 낭떠러지라고 했다. 아연은 솔직하게 두 손을 들었다. 스스로 생계를 책임지는 처지에 매달 받는 급여가 없어지면 막막할 것 같다며 뒤로 물러났다. 대신 주말을 이용해 도울 테니 언제든 SOS를 보내라고 했다. 이제 와 없던 일로 하기에는 너무 많은 결심이 앞선 뒤였다. 예정대로 사표를 내고 계획을 밀어붙였다.

압구정동 회사를 나와 창업한 최실장님이 떠올랐다. 내 이야기를 들은 최실장님은 약수동 사무실에 와서 편하게 지내라고 했다. 새로 이사한 신림동 집이 비좁아 사무실을 고민하던 차였다. 약수동은 동대문시장이나 의류공장과도 가까워 매력적이었다. 1인 창업

호니캣에서 꿈을 펼치다 · 정은숙

으로 디자이너가 따로 없던 실장님은 핫픽스 자재 등 사무실을 마음껏 사용하라며 대신 디자인을 부탁했다. 간단한 스캐터 디자인이나 패턴 디자인은 실장님이 직접하고 어려운 신규 디자인만 도와주면 되었다. 실장님은 영업을 나가 있는 시간이 많아 자유롭게 창업 준비에 몰두할 수 있어 좋은 기회였다.

    제작한 기본 핏의 라운드와 브이넥, 민소매 티셔츠에 화려한 핫픽스 디자인과 기본 스캐터 디자인을 추가해 오픈마켓 판매를 시작했다. 톡톡 튀는 화려한 디자인을 선택하는 고객은 적고, 은은한 스캐터 디자인이 꾸준히 인기였다. 하지만 오픈마켓은 광고료를 써야 상위 노출 및 판매로 이어졌다. 거금 150만원으로 캐논 수동 카메라와 조명을 사서 직접 제품을 촬영했지만, 광고비 빼면 남는 게 없었다. 쳇바퀴처럼 계속 광고비를 쏟아 부을 수는 없었다. 돈을 아끼기 위한 방법을 찾다 블로그마케팅 홍보 글을 봤다. 몇십만원의 교육비만 내면 블로그 운영 방법과 키워드 홍보 방법을 알려준다고 했다. 매달 들어가는 광고비를 줄이기 위해 수강 신청을 했다. 마케팅 교육 강사는 교육생끼리 그룹을 만들고 댓글 협업으로 서로의 블로그를 상위 노출시키는 노하우를 전수했다. 네이버 회사에서 운영하는 무료 교육 정보도 공유했다. 제품 사진 촬영기법뿐 아니라 촬영 공간과 소품도 대여해 줘 창업자들의 인큐베이팅 역할을 했다. 모든 교육은 무료지만 기업의 잇속도 잘 챙겼다. 네이버 키워드 클릭당 가격이 몇십원에서 몇천원인데 클릭 수가 많은 키워드일수록 가격이 올라갔다. 소자본 창업자들은 매출에 대한 불안한 마음을 억누르지 못하고 단가 높은 키워드를 구매했다. 우리 그룹은 네이버 키워드에 돈을 쓰는 대신 댓글 협업에 집중하기로 했다. 관심 있는 주제인 서울 맛집과 패션 코디를 키워드로 블로그를 시작했다. 적절한 이미지와 반복되는 키워드 횟수에 따라 블로그 유입 인원이 들쑥날쑥했다. 댓글 수도 중요해 마케팅 그룹 멤버들과 꾸준히 협업했더니 점차 블로그 방문객 수가 늘었다. 판매 제품과 어울리는 패션 키워드를 찾고 쇼핑몰 오픈 준비에 박차를 가했다.

신림동 임대주택은 긴 1자형 구조로 안쪽에 큰 방이 있고, 그 옆에 주방 겸 거실이 있었다. 현관문 맞은편에 연탄을 보관하던 한 평 남짓 공간이 있어 깜보의 거처를 마련했다. 빈 상자에 털옷을 깔아주니 제법 아늑했다. 성인이 되어 고양이를 키우는 건 처음이었다. 시골에서 남은 쌀밥과 생선구이를 챙겨주던 버릇으로 사람 음식을 줬더니 잘 먹지 않았다. 데려온 지 6개월이 넘어 성묘가 되었는데도 여느 코숏 고양이에 비해 체구가 작았다. 친구 앞에서 걱정했더니, 고양이 사료를 추천했다. 깜보는 동네 동물병원에서 사온 사료 한 컵을 순식간에 비웠다. 상식 없는 주인을 만나 작은 체구의 고양이가 된 듯해 미안했다. 집은 신림역에서 15분 정도 거리지만 월세가 저렴해 남동생과 부담 없이 지내기 좋았다. 도로가의 주변 상가를 둘러보며 걸으면 10분이 금방 지나갔지만, 마지막 5분 동안 비탈진 언덕을 오를 땐 하루의 피곤이 몰려왔다. 힘겹게 일을 끝마친 날은 더 멀고 가파르게 느껴졌다. 안 그래도 튼실한 종아리에 배긴 알이 빠질 날이 없었다. 그래도 집에 가면 반겨주는 생명체가 있다는 사실에 걸음이 빨라졌다.

깜보는 온몸이 까맣고 배에 흰점을 찍어놓은 고양이였다. 어린 시절『검은고양이』책의 그로테스크하고 불길한 내용이 떠올라 걱정했는데 또랑또랑한 큰 눈과 마주하면 근심 걱정이 사라졌다. 작고 가벼워 안아 올리면 포근한 솜털을 껴안은 듯했다. 핑크빛 발바닥 젤리를 만지면 그 아이의 연약함이 느껴졌다. 작고 여린 골골 음은 깜보가 나를 가족으로 인정하는 징표 같아 자꾸 가슴에 귀를 대고 쓰다듬었다. 하루는 회사에 다녀왔는데, 깜보의 애달픈 울음소리만 들리고 보이질 않았다. 아무리 불러도 모습을 드러내지 않는 게 쥐덫에 걸린 게 아닌지 걱정되었다. 손전등을 켜서 지붕 사이를 뒤졌더니 슬레이트 지붕 서까래 아래 갈색 눈동자가 빛났다. 남동생이 맞은편 집 담벼락에 올라가 서까래 밑으로 손을 뻗어 깜보를 구했다. 겁 많은 깜보가 옆집 사는 포악한 고양이를 피해 도망친 듯했다.

집안과 바깥을 자유롭게 왕래하게 두었더니 몇 달 후 왜소한 몸으로 임신했다. 산달이 되어 새끼 고양이 둘을 낳았는데, 미성숙으로 태어나 일주일도 안 되어 하늘나라로 떠났다. 죽은 아이들을 계속 품게 내버려 둘 수 없어 시신을 거둬 뒷산에 묻었다. 깜보는 원망스러웠는지 한 달 넘게 나를 외면했고 남동생은 놀렸다.

"누나, 아무래도 깜보한테 찍힌 것 같아."

"시체가 썩게 내버려 둬? 어쩔 수 없었다고 깜보한테 말 좀 해주라. 진짜 억울하다."

남동생과 대화를 알아들은 것처럼 깜보는 천천히 곁을 내주고 다시 기분 좋은 골골송을 들려주었다.

'하면 된다.', '사주가 좋아 큰 인물이 될 상이다.' '너는 뭐든 될 수 있다.' 등의 말이 강박처럼 머릿속을 맴돌아 허들에 걸려 넘어져도 털고 일어나 다시 뛰는 촉매제가 되었다. 오픈마켓으로 시작해 성공한 쇼핑몰인 '스타일난다' 등의 성공 스토리를 좇는 경쟁자가 차고 넘쳤다. 도도하게 내 디자인이 최고라고 주장하는 대신 고객 니즈를 파악해 경쟁시장에서 성공하고 싶었다. 동대문시장을 돌고 의류 촬영 등 일정을 소화하려면 기동성이 필요했다. 유지보수와 보험료까지 포함된 장기 리스로 생애 첫 차를 구입했다. 장롱면허 갱신을 위해 도로 주행 강습을 받았지만, 출근길에 6차선 끼어들기를 시도하다 접촉사고를 냈다. 최실장님이 냉정하게 상대 차량 운전자 편을 들었다.

"너 같은 초보가 끼어들까 말까 망설이면 베테랑 운전자도 방어 운전이 힘들어! 끼어들기는 눈치 보지 말고 과감하게. 명심해!"

첫 교통사고 기념으로 치킨과 맥주를 샀다.

쇼핑몰 개설 관련 책을 공부하며 도메인을 만들고 홈페이지 디자인도 직접 했다. 동대문 도매시장에서 사입한 시즌 의류 상품을 리폼해 모델 촬영도 했다. 핫픽스가 부착된 옷보다 기본아이템 판매량이 많았다. 리폼 의류는 줄이고 도매상가에서 구매한 코디 상품군을 늘렸다. 제품 촬영은 익숙했지만, 인물 촬영은 자신이 없었다. 모델카페에서 프로필을 보고 모델을 고르고 쇼핑몰 전문 사진작가도 고용했다. 홍대와 망원동 공원을 돌며 모델 촬영을 했다. 작가는 전문가답게 다양한 포즈를 요구했고 옆에서 비슷한 앵글로 촬영하며 노하우를 배웠다. 10여 벌의 옷과 팔찌, 귀걸이, 모자 등 액세서리 제품 촬영을 마치고 들어와 전문가 사진과 내 사진을 비교했다. 다음 촬영부터 직접 베테랑 작가 역할을 수행하기 위해 잘 나가는 쇼핑몰 사진 구도와 각도를 연구했다. 쇼핑몰 제품은 늘어나는데 개설한 지 얼마 안 된 블로그 마케팅에만 의존하려니 매출이 지지부진했다. 결국 네이버 키워드를 구매했는데 여성 의류 키워드의 가격이 비싸 한 달에 100만원씩 들어갔다. 돈을 써도 매출이 안 오르면 포기라도 할 텐데 딱 돈 쓴 만큼 매출이 올랐다. 차 떼고 포 떼면 남는 게 없었다. 도매상가의 제품 회전주기가 빨라 재구매 주문이 들어온 시점에 단종된 제품도 많았다. 쇼핑몰에 업데이트한 지 일주일 만에 품절되기도 해 주문이 들어와도 스트레스였고 팔리지 못한 시즌 상품은 먼지만 쌓였다.

상황을 돌파할 새로운 방법이 필요했다. 매달 들어가는 광고비를 매장 월세로 사용하면 어떨까? 재고 소진도 빠르고 여유 시간에 쇼핑몰 관리도 가능하지 않을까? 위험 부담은 줄이고 매출은 늘리는 방법이 뭐가 있을까? 쉽사리 결정하기 어려웠다. 스트레스 받을 땐 매운 음식이 약이었다. 점심 메뉴는 사무실 근처 낙지비빔밥으로 정했다. 매콤한 양념으로 볶은 낙지에 아삭한 콩나물과 싱싱한 상추가 곁들여 나오는데 탱글한 낙지 식감이 예술이었다. 입 안에서 터지는 낙지 육즙에 엔도르핀이 샘솟았다. 매일 먹어도 질리지 않는 낙지비빔밥처럼 매력적인 쇼핑몰을 만들고 싶었다.

신림동 집은 지친 발목을 붙잡는 비탈길과 주차난으로 차를 길가에 세워두고 집에 가야 했다. 벌집처럼 다닥다닥 붙은 주택들 사이에 끼어 현관문을 열어도 답답함이 밀려왔다. 고민하다 근처 옥탑방으로 이사했다. 같은 신림동이지만 숨통이 틔었다. 넓은 원룸형 구조에 옥탑 공간을 마당처럼 이용할 수 있었다. 동쪽 창가에 침대를 설치하고 맞은편에 책상형 재봉틀을 두었다. 남동생은 침대보다 맨바닥에서 자는 걸 좋아해 이삿짐은 간결했다. 창문을 열면 푸른 하늘을 스케치북 삼아 뭉치 구름들이 열차를 만들었다. 강쇠바람이 쉬이익 지나가면 구름은 귀여운 공룡도 되고 사자머리를 풀어헤치고 너울춤을 췄다. 머릿속 신경 뉴런이 세상 밖으로 탈출해 하늘에 거대한 네트워크망을 구축하기도 했다.

옥탑은 낭만이었다. 침대에 누워 이어폰으로 Marilyn Manson 의 「Sweet Dreams」를 들으며 창문 너머 세상에 말을 걸었다.

> Sweet dreams are made of this
> (달콤한 꿈은 이렇게 만들어진다는 걸)
> Who am I to disagree?
> (내가 어떻게 부정하겠어?)
> I've traveled the world and the seven seas
> (나는 전 세계와 칠 대양을 여행해 봤어)
> Everybody's looking for something
> (모두가 무언가를 찾아 헤매더군)
> Some of them want to use you
> (어떤 사람들은 널 이용하고 싶어하고)
> Some of them want to get used by you
> (어떤 사람들은 네게 이용당하고 싶어해)

I'm gonna use you and abuse you
(난 널 이용하고 못살게 굴 거야)
I'm gonna know what's inside
(내 마음속에 뭐가 있는지 알아낼 거야)
Movin' on hold your head up
(고개 들고 나아가)
Movin' on keep your head up
(당당하게 나아가)

노래는 욕망과 환멸을 느끼는 세상에서 꿈을 향해 나아가라고 말한다. 꿈과 욕망을 좇아 회사를 관두고 홀로서기를 시작했지만, 꿈은 손에 잡히지 않고 자꾸만 희미해졌다. 어느 게 꿈이고 허상인지 구분하기 힘들었다. 달콤한 꿈은 서로 이용하고 이용당하는 세상에서 고개를 들고 당당하게 나아갈 때 이뤄진다는 노랫말처럼 나도 항해를 멈출 수 없었다. 지지부진한 매출 지표 앞에서 핫픽스 디자인의 매력을 알리겠다는 애초의 꿈을 고집할지, 소비자 눈높이에 맞춰 쇼핑몰을 리뉴얼할지 판단하기 어려웠다. 무작정 성공 논리를 따르면 월급쟁이를 벗어던진 이유와 목적을 배신하는 게 아닐까 두려웠다. 침대와 한 몸이 되어 잠든 감각을 일깨우며 항로를 가늠했다.

주택의 가장자리를 따라 좁은 계단을 오르면 무더위를 식히는 바람이 앞서가며 반겼다. 3층에서 주택가와 꼬불꼬불 이어진 길을 눈으로 훑으며 도시의 숨결을 느꼈다. 옥탑은 도시에서 구속받지 않는 여유를 선물했다. 귀에 이어폰을 꽂고 글램록 밴드 suede

의 「Beautiful ones」를 들었다. 대학 시절 테이프가 늘어지고 CD가 튈 정도로 반복해서 듣던 감성적인 곡이었다. 스타일리쉬한 외모와 독보적인 보컬 브렛 앤더슨은 마약과 섹스에 중독된 혼란스러운 20대를 아름다운 것들로 통칭했다. 삭발 머리, 광란 파티, 자살기도, 아버지의 슈트에 숨어 그의 이름을 더럽히고, 약을 빨거나 갱단에 들어가진 못했어도 흔들리는 청춘을 붙들기 위해 홍대 클럽을 찾던 우리도 '아름다운 것들'에 속하지 않았을까. 삶의 뒷골목에서 방황했던 그 시절이 떠올랐다. 노래패 친구 주영은 답답한 한국을 떠나 캐나다로 워킹 홀리데이를 떠났고 소라와 나는 혼란스럽던 그 시절을 포켓 안에 우겨놓고 직장인이 되었다. 소라는 학원 강사로 인정받아 높은 급여를 받았고, 그 돈으로 승마 등 고급 스포츠를 하며 스트레스를 풀었다. 나는 디자이너의 꿈을 포기하고 의류 부자재 회사를 전전하다 퇴직하고 1인 창업을 했지만, 시작도 못한 꿈이 많았다. 책임감에 억눌린 수동적 삶을 버리고 꿈을 좇는 사람이 되고팠는데, 자꾸 '어른'이라는 단어를 방패삼아 자기합리화만 늘었다.

옥탑방으로 이사 후 방 안에서 깜보와 함께 지냈다. 목줄을 맬 수도 없고, 아끼는 고양이가 길을 잃고 돌아오지 못할까 두려웠다. 깜보는 침대 다리와 사람에게 몸을 비비며 요란하게 '메이팅콜'을 했다. 어루만져주면 골반을 들고 꼬리를 옆으로 젖히는 게 영락없이 발정기 증상이었다. 자궁에 피가 몰려 중성화수술도 안 된다는데 큰일이었다. 보름 정도 아기 울음소리를 내다 짝짓기를 못하면 일주일 정도 쉬었다 다시 발정기 증상이 나왔다. 발정이 끝나면 중성화수술하기로 했다. 9월 초인데, 더위가 긴 꼬리를 잡아 빼고 물러갈 생각을 안 했다. 잠자기 전에 옥탑방 창문을 열어 환기하고 잠을 청했다. 새벽마다 발정 난 울음소리에 잠이 깼는데, 그날 아침은 모든 만물이 제자리를 찾은 듯 평화로웠다. 빼꼼하게 열린 창문 너머로 제법 시원한 바람이 들어왔다. 깜박 창문을 덜 닫고 잠이 들었나? 일주일 만에 발정기가 끝났나? 아리송했다.

쇼핑몰에 정신이 팔려 깜보의 변화를 눈치 채지 못했다. 한 달쯤 시간이 흘렀을까? 정량만 먹던 깜보의 식사량이 늘고 가슴 유두 부분이 빨개졌다. 설마? 아니겠지! 수컷과 만난 적이 없는데 어떻게 임신했겠어! 근데 가슴은 왜 빨갛지? 창문을 월담하고 돌아와 문을 닫은 걸까? 만화 같은 이야기가 두 달 후 현실이 되었다.

깜보는 아이 둘을 낳았다. 쌍둥이처럼 닮은 회색 줄무늬 고양이었다. 하나는 결혼한 큰언니네로 분양하고 다른 하나는 내가 키우기로 했다. 수고양이라 그런지 성장 속도가 빠르고 손발 두께도 남달랐다. 깜보의 마음을 훔친 남자는 덩치 큰 고등어 무늬였던 모양이다. 남동생과 사는 원룸에 털고양이 둘과 함께 지내니 눈에 띄게 털이 날아다녔다. 나는 괜찮은데, 남동생은 쉼 없이 콧물이 흘렀다. 고양이털 알레르기 증상이었다. 일도 바쁜데 털갈이하는 고양이들을 돌볼 시간이 없었다. 엄마한테 얘기했더니 시골 집에 쥐가 많아 고양이가 필요하니 데려오라고 했다. 명절에 남동생과 기차를 타고 집에 가면서 고양이 둘을 데려갔다. 엄마는 명절 선물처럼 기쁘게 맞아줬다. 보자마자 머리를 쓰다듬고 장난을 쳤다. 도시 고양이로 유년기와 청년기를 보낸 깜보는 정글처럼 푸르른 곡성이 낯설었다. 갈색 눈동자가 보름달처럼 커져 새로운 세상을 하나하나 집어삼켰다.

언니들은 시댁에서 명절을 보내 남동생이랑 둘이 잡채, 송편, 전, 돼지고기 두붓국, 생선조림까지 추석 명절 음식을 배불리 먹었다. 다음 설까지 자주 못 먹을 진수성찬이라 목구멍까지 차올랐는데도 간식으로 준 약과까지 입에 넣었다. 달콤하고 바삭한 약과를 깨물면 쫀득한 조청이 입안을 휘감았다. 기름진 약과가 물릴 만도 한데 계속 들어갔다. 오랜만에 엄마랑 이야기보따리도 풀고 명절 음식도 잔뜩 먹었는데 발길이 떨어지지 않았다.

관광농원 초기에는 단체 손님이 많아 앞치마가 푸른 지폐로 가득 찼는데, IMF 이후 손님보다 빚쟁이들 방문이 잦아졌다. 10년 사이 몇 차례의 경매로 농원에서 쫓겨날 위기도 겪었지만, 막내 이모부의 도움으로 삶의 터전을 지켰다. 여러 이유로 경매가 유찰되거나 취소되지 않았다면 우리 가족은 어디서 명절을 보내고 있을까?

반짝이던 벽난로는 지워지지 않는 세월의 그을음만 남기고 불꽃을 되살리지 못했다. 아빠가 빚쟁이를 피해 유랑자처럼 떠돌던 횟수가 줄어들자, 이번에는 엄마가 생채기를 치유하려고 산과 들로 떠돌았다. 봄가을에는 울긋불긋 아름다운 꽃과 단풍이 고달픈 엄마의 마음을 위로했다. 비 온 뒤 쇠비름과 반하, 바랭이, 갈퀴덩굴 풀을 제거하기 위해 낫과 괭이, 호미, 3종 세트를 챙겨 밭으로 갔다. 30cm 이상 자라는 도꼬마리 풀은 여름에는 조그마한 노란 꽃을 피우고 가을에는 도깨비방망이 모양의 뾰족한 촉수가 달린 씨앗을 만들어 저녁나절에 집에 돌아오는 엄마의 바짓가랑이를 붙들었다.

바지의 흙먼지를 털어도 들러붙어 속살까지 찔렸다. '요놈 새끼들, 또 따라와 아프게 찌르네!' 빚쟁이처럼 끈질긴 도꼬마리 씨앗을 뜯어 주방 타일에 내동댕이쳤다.

엄마는 풀과 씨름하는 시간이 좋다고 했다.
"밭에서 일하면 금방 허리도 아프고, 다리도 아프던데. 엄마는 안 힘들어?"
"아픈 만큼 땅은 정직해. 살뜰하게 사계절을 보살피면 양이 적든 많든 소출을 거둘 수 있거든. 밭에 나간 보람이 있지."
"어렸을 때 들깨 심고, 콩 타작하고 별의별 거 다 해봤잖아. 근데 노동은 익숙해지지 않아. 밭에 앉아 일하면 금방 허리도 아프고, 다리도 저려. 의사 선생님이 팔다리가 길어 노동에 맞지 않는 체형이래. 외할머니가 고생하지 말라고 일을 안 시켰더니 일 무서운지 모르고 시골 남자랑 결혼했다더니! 우리는 일 무서운 거 알라고 어려서부터 시킨 거야? 하하."
"은희는 여기저기 아프다고 꾀를 부리는데, 은숙이 너는 어른 한 몫은 했어."
"나도 힘든데, 시키니까 해야 하는 줄 알았지."
"넌 어려서부터 애가 고지식해서 엄마가 답답할 때가 많았어. 근데 벌써 어른이 다 되었네."
"나이만 먹었지 아직도 내가 애 같은걸? 깜보랑 수박이 적응 잘 하겠지? 혹시 무슨 일 있으면 나한테 전화해야 해. 알았지?"
"알았어. 허전했는데 잘 되었지. 우리 딸이다 생각하고 잘 키울게. 원래 동물은 넓은 데서 자유롭게 살아야 행복해. 뭐가 걱정이야?"

"깜보는 사람 밥 안 먹어. 고양이 사료 보내줄게. 사료 떨어지기 전에 꼭 연락하고!"

"우리 딸 목소리 들으려면 자주 전화해야겠네. 호호."

눈치 빠른 엄마는 끝까지 책임지지 못한 죄책감을 덜어주려고 애썼다.

'엄마 말처럼 좁은 옥탑방을 벗어나 시골의 너른 들판을 누비는 삶이 행복할 거야.'라며 주문을 외웠다. 엄마는 명절 연휴 마지막 날에 닭볶음탕을 만들었다. 음식이 많았지만, 내가 제일 좋아하는 음식을 기억한 것이다. 토종닭을 빨간 양념으로 볶은 엄마표 닭볶음을 보자마자 군침이 돌았다. 국물 자작한 서울 스타일의 탕이 아니라 물 한 방울 넣지 않고, 고춧가루랑 간장으로 맛을 내 매콤달콤 밥도둑이었다. 배불리 먹고 다음 설날까지 서울에서 버틸 힘을 비축했다.

서울로 돌아와 최실장님한테 고민을 털어놨다. 실장님은 삼성 코엑스몰이 생겼을 때부터 터줏대감으로 옷가게를 운영한 지인을 소개했다. 고민만 하지 말고 경험자를 만나 얘기한 후 결정하라는 뜻이었다. 삼성역과 연결된 코엑스몰은 옷가게, 카페, 음식점 등 여러 상점과 메가박스, 아쿠아리움, 영풍문고 등 각종 문화시설까지 갖춰 눈비 상관없이 유동 인구가 많은 거대 종합쇼핑몰이었다. 나도 친구들과 특별한 놀거리가 생각나지 않을 때 자주 가는 곳이다.

나보다 다섯 살 위인 소윤 언니는 다소곳한 외모에 목소리도 차분했다. 미인형은 아니지만 깔끔하게 묶음 머리가 단아한 느낌을 풍겼고 자연스럽게 대화를 주도했다. 언니는 나처럼 30대 초반에 옷가게를 시작했다고 했다. 2000년에 상가 분양을 받고 싶었지만, 당첨이 안 돼 세 평 남짓 가게에 웃돈까지 얹어주고 코엑스몰에 입점했다. 홍콩과 대만 등 해외로 출장을 다니며 질 좋고 저렴한 옷을 수입했는데 옷걸이에 걸 시간도 없이 가판대에 진열만 해놔도 불티나게 잘 팔렸다. 월세에 얼마간의 이윤까지 보태 임대료가 300만원씩 나가도 매달 돈이 쌓였다. 창업 3년 만에 큰돈을 버니 욕심이 생겼다. 옷에 진심인 언니는 고급 니트를 제작하고 싶었다. 니트는 우븐과 달리 기본 생산량 단위가 몇백 장이었다. 자금 마련을 위해 수입의류 판매와 니트 제작을 병행했다. 고급 원사를 구매해 몇 가지 디자인을 컬러별로 생산했더니 통장 잔고가 쑥쑥 줄었다. 그래도 옷을 팔면 금방 돈이 쌓이리라 믿어 투자금이 아깝지 않았다.

수입의류는 날개 돋친 듯 팔리는데 제작한 옷은 판매율이 저조했다. 낮에는 옷을 팔고 밤에는 제작한 옷의 판로개척에 집중했지만, 재고는 줄어들지 않았다. 순식간에 자금줄이 막혔다. 급기야 제3금융권 돈까지 빌려 돌려막기로 버텼다. 아직도 돈을 벌어 30% 육박하는 이자를 갚고 있다고 했다. 회사원이면 회생 불능 상태가 되었으리라. 옷 때문에 성공도 실패도 해봤지만 여전히 옷이 좋다고 했다. 이제 시작하는 나를 보며 풋풋한 자신의 과거가 떠오른 듯했다. 잔잔한 목소리로 그동안의 삶을 풀어냈다. 진솔한 소윤 언니가 마음에 들었다.

서울에서 부모님 도움 없이 내 집을 갖는 게 가능할까?

직장인이 빠듯한 월급으로 전셋집을 마련하려면 20년간 한 푼도 안 쓰고 모아야 가능하다는 우스갯소리가 있다. 나는 스무 살에 서울에 올라와 월세방과 임대주택, 옥탑방을 전전하며 살았다. 불난리에 물난리까지 겪으며 집 없는 서러움을 처절하게 느꼈다.

마음의 여유가 없어서였을까? 엄마는 10대 시절에 서울에서 펜팔로 아빠를 만나 결혼했지만, 도시 노동자로서의 삶은 깜깜한 터널을 걷는 기분이라 했다. 그 시절이 떠올라 피하고 싶었을까? 자신의 과거와 딸들의 치열한 삶이 겹치는 서울을 외면하고 싶었는지도 모르겠다. 엄마는 한 번도 자취방을 보러 온 적이 없다. 곡성 아버지 곁에서 사업 실패의 후유증을 온몸으로 막아내며 충실한 배우자의 삶을 살았다.

결혼 전에 물난리를 함께 겪은 큰언니는 동생 걱정이 많았다. K 장녀의 책임감과 현실감각으로 경기도 죽전에 LH 임대아파트 분양 공고가 났으니 신청해보라고 했다. 나는 가게 준비로 바빴기에 남동생이 서류를 준비했다. 죽전역이 생겼지만 허허벌판에 주변 상가도 없을 때라 경쟁률이 낮았다. 죽전역에서 내리면 10분 거리에 생애 첫 아파트가 보였다. 임대아파트라 화려하진 않아도 아이보리톤에 모던한 인테리어가 마음에 들었다. 남동생과 트럭을 불러 이사하던 날 설레는 마음을 감추지 못했다. 18평 규모에 방 하나와 주방, 거실 겸 큰 방이 있었다. 4층이라 거실 통창을 통해 부드러운 가을 햇살이 쏟아졌다. 방에 누워 리모컨으로 형광등을 끌 수 있는 현대화 시설도 감격이었다. 고속화도로가 뚫려 남동생은 작은 다마스 차량으로 출퇴근했고, 나는 주로 지하철을 이용했다. 주변에 브랜드 아파트가 생겨나고 죽전역과 연결해 이마트와 신세계백화점이 들어왔다. 도보거리에 술집과 카페, 소품가게가 즐비한 죽전 카폐거리까지 형성되어 생활권이 윤택해졌다. 그중 화교가 운영하는 중식당에 자주 갔다. 촉촉한 살코기와 쫄깃한 비곗살, 은근한 팔각 향이 매력적인 동파육을 좋아해 남동생과 퇴근길에 자주 들렀다. 갈색 윤기가 먹음직스럽게 흐르는 동파육에 청경채가 곁들여 나오면 맛보기 전부터 오감이 곤두섰다. 바쁜 하루를 끝내고 맥주 한잔을 곁들이면 피로가 목구멍을 타고 줄행랑쳤다.

깜보를 시골로 보낸 후 허전함을 지울 수 없었다. 소라는 알레르기가 있는 사람도 키울 수 있다며 스핑크스 고양이를 추천했다. 몸에 털이 없는 품종이라고 했다. 영화 「캣츠 앤 독」에서 악당 고양이로 나온 스핑크스는 눈이 크고 갸름한 역삼각형 얼굴이 매서울 뿐만 아니라 이마에 주름이 많아 가만히 있어도 화나보였다. 그런데 온순하고 애교가 많다니 상상하기 힘들었다. 호기심이 발동해 브리더를 만나러 갔다. 깜보의 두 배 정도 큰 눈과 하늘로 쫑긋 솟은 큰 귀, 긴 팔다리를 가진 스핑크스를 처음 만났다. 작은 치와와 얼굴에 긴 팔다리를 붙여놓은 듯했다. 정말 몸에 털이 없었다. 털 뿐만 아니라 얼굴에 긴 수염도 보이지 않았다. 온몸을 통틀어 콧잔등에 난 짧고 촘촘한 털이 전부였다. 손을 내밀었더니 도도하게 다가와 첫 대면에 손을 핥았다. 따뜻하고 까슬한 촉감이 전해졌다. 태어난 지 4개월이 지나 새끼 고양이 티는 벗었지만 영화 속 악당 고양이와 달리 예뻤다. 브리더는 비싼 몸값에 걸맞은 러시아 출생신고서까지 보여줬다. 몸값은 300만원이라고 했다. 생각보다 비싼 가격에 고개를 절레절레 흔들었지만, 보호본능을 일으키는 고양이에게 시선을 떼지 못했다. 눈치 빠른 브리더는 완치되지 않은 피부병 치료에 할

인까지 해준다며 흥정했다.

손을 내밀었더니 낯가림 없이 품에 안겼다. 기품 있고 사랑스러웠다. 울음소리는 '야옹'이 아니라 '언니야~'처럼 들렸다. 어울리는 이름을 지어주고 싶은데 작명은 젬병이라 고민되었다.

"hornycat 어때? 고양인데 팔다리가 길고 눈도 커서 섹시하잖아. '발정 난 고양이'라는 뜻인데, 한국 사람들은 잘 모를 거야. 나중에 자기 옷가게도 hornycat으로 해. 중의적이고 재미있잖아."

"들었을 때 뭔가 엉뚱하고 궁금증을 유발하는 이름이네."

즉석에서 가게 이름까지 정했더니 빨리 매장을 갖고 싶었다. 소윤 언니는 날씨 영향을 받지 않는 지하상가를 추천했다. 하지만 아무 옷이나 팔아 돈을 버는 게 목적이 아니었다. 디자이너가 되진 못했지만, 주인장의 아이덴티티가 느껴지는 가게가 꿈이었다. 의류학과를 나와 소재 보는 안목이 있었다. 쇼핑몰에서 1차 선택을 받지 못한 옷도 매장에서 팔릴 거라 확신했다. 핫픽스 디자인 옷에 대한 미련은 버렸지만, 쇼핑몰 운영을 병행할 매장이 필요했다.

"주택가 매장은 월세가 저렴해도 소비자가 한정적이라 재고 소진이 어려울 거야. 너는 쇼핑몰 중심으로 할 거니까 젊고 트렌디한 곳이 좋아. 서래마을이나 가로수길 어때? 요즘 젊은이들에게 인기야."

소윤 언니는 짬을 내 같이 부동산을 돌았다. 처음에는 월세 50만 원 미만의 저렴한 가게를 생각했는데, 돌아다닐수록 눈높이가 올라갔다. 주택가의 골목 가게도 권리금이 형성되어 최소 1,000만원 이상 여윳돈이 필요했다. 이런저런 이유로 가게를 접는 사람들 사연은 시동 걸린 마음에 제동을 걸지 못했다. 서래마을은 고급 빌라촌을 끼고 형성된 프랑스 문화거리였다. 1985년에 주한 프랑스학교가 이전해 오면서 고급 빌리지가 형성되고 프랑스풍 와인바와 고급 커피숍, 유럽식 발코니가 있는 카페나 레스토랑이 즐비했다. 한적한 동네가 멋스러운 장소로 탈바꿈했고 상가 임대 가격도 올랐다. 골목마다 아기자기한 소품 상점과 유니크한 가게가 눈에 띄었다. 하지만 유명세만큼 가게세가 비쌌다. 엄두도 못 낼 비싼 권리금과 월세를 듣고 고개를 저었다.

부동산에선 압구정동으로 우리를 안내했다. 압구정동은 말 그대로 구획화된 상업지구였다. 쉴 틈 없이 빼곡한 상가건물 사이를 걸으면 가슴이 답답했다. 치솟은 가게세를 감당하지 못해 떠난 상인도 많았다. 비싼 월세와 황량한 거리가 마음에 들지 않아 고개를 저었다.

세 번째로 둘러본 가로수길은 서래마을과 압구정동을 적절하게 섞어놓은 듯했다. 남북으로 도산대로와 압구정로가 이어지고 신사동을 관통하는 2차선 도로가 현대 고등학교 앞 사거리까지 완만하게 이어졌다. 신사역 8번 출구에서 도산대로를 따라 5분 정도 걸으면 우측으로 커다란 국민연금공단 건물이 보이고 맞은편으로 잘 정비된 도로와 머리를 예쁘게 깎아 올린 은행나무길이 보였다. 북적이는 도산대로에서 90도만 꺾으면 가로수길이었다. 청담동에 비해 저렴한 임대료 때문에 많은 작가가 화실을 열었고 미술 교육으로 사람의 왕래가 잦았다. 1989년에 프랑스 파리의 패션 전문교육기관인 에스모드(ESMOD)가 신사동에 분교를 개교했고, 1991년에는 서울모드 패션전문학교가 개교했다. 그로 인해 가로수길 일대에는 패션 디자이너 지망생과 해외 유학파 디자이너가 유입되어 '오브제', '정욱준 디자이너' 등이 오픈하면서 패션문화거리로 인지도를 높였다. 메인 가로수길은 월세 300만원 이상에 권리금도 7,000~8,000만원 이상이지만, 섬잣나무 가지처럼 양팔 벌려 뻗은 골목길은 월세가 절반으로 내려갔다. 주인장의 향기를 품은 다채로운 가게들이 발길을 사로잡았다. 몇 년 전 대학 후배와 팬케이크를 먹으러 왔던 '플라잉팬'은 여전히 대기 손님이 많았다.

접근성이 떨어지는 지하와 2층은 제외했다. 부동산은 '플라잉팬' 골목에 있는 액세서리 가게를 보여줬다. 선글라스 소품가게와 마담 복전문점이 있고, 건물의 메인 코너에는 와플가게가 있었다. 넓은 지하는 리폼의류를 판매하는 빈티지가게가 사용하고 2층은 디자이너 사무실이라고 했다. 패션과 맛집으로 구성된 조합이 마음에 들었다. 액세서리가게의 갈색 나무간판은 이 구역 터줏대감으로 지내온 오랜 세월을 대변했다. 내부 조명은 어둡지만, 넓은 통창과 유리문 덕분에 답답하지 않았다. 안쪽에 작업용 책상을 놓고 좌우로 행거를 설치하면 여유로울 듯했다. 권리금이 4,000만원이라고 했다. 건물주가 아니라 전 임차인에게 주는 돈이지만 다음 임차인에게 받을 수 있고 계약서도 작성하니 걱정하지 말라고 했다.

부동산에서 이중계약서를 썼다. 권리금 4,000만원은 가게 주인에게 주고, 보증금 1,000만원과 월세 130만원은 건물주를 위한 돈이었다. 상가임대차보호법 적용을 받아 5년간은 재계약이 보장된다는 설명도 잊지 않았다. 권리금을 회수하려면 매년 1,000만원 이상 저축이 필요했다. 티셔츠와 팬츠, 아우터, 액세서리와 소품 가격을 책정해 보니 못해도 10만원에서 50만원까지 매출은 가능해보였다. 키워드 광고 대신 쇼핑몰 명함을 제작해 가수길 고객에게 홍보하기로 했다.

조명부터 바닥 애폭시, 행거와 소품 테이블 제작까지 두 달 내에 끝내고 애폭시 공사 전에 가게 바닥에 화가 바스키아의「다이너소어」그림을 그려 넣기로 했다. 미국에서 태어난 장미셸 바스키아는 어려서부터 예술적 재능을 보였고 푸에르토리코계 미국인인 어머니와 함께 뉴욕의 미술관에 자주 다녔다. 덕분에 중세미술, 르네상스, 근대에서 현대에 이르기까지 많은 작품을 접하며 성장했다. 바키스아는 뉴욕 현대미술관에서 피카소의「게르니카」를 보고 화가의 꿈을 꾸었다. 어머니는 일곱 살 때 교통사고로 입원한 그에게 해부학책을 선물했다. 그의 작품에 인체의 뼈와 해골, 내장 이미지가 자주 등장하는 이유다. 1년 후 부모님이 이혼했고 어머니 마틸드는 정신병원을 전전했다. 방황하던 바스키아는 고등학교 중퇴 후 부유한 아버지 집에서도 쫓겨난다. 친구 집에 얹혀살며 티셔츠와 손수 만든 우표를 팔아 자급자족하며 생계형 예술을 시작했다. 뉴욕 곳곳을 헤집고 다니며 권위주의 사회를 비판하는 그라피티로 사회적 반향을 일으킨 그는 스물여덟 살에 약물 과다 복용으로 세상을 떠나기 전까지 예술혼을 불살랐다.

"일상의 모든 것이 나의 소재고 주변 사람들과의 사소한 사건과 생각이 작품의 소재로 낙서처럼 옮겨진다."

「다이너소어」는 공룡의 해부학적 그림이다. 입체파 화가인 피카소의 그림처럼 옆면 얼굴에 두 개의 눈이 보이고 앞으로 뻗은 두 팔과 주먹은 세상을 향한다. 열정의 상징처럼 배 주변에 붉은 원이 있고, 세상을 향해 이빨을 드러낸다. 「다이너소어」 그림 위의 시그니처 왕관은 자신의 목소리를 내는 평범한 소시민도 왕관을 쓸 자격이 있다고 말해 주는 듯했다. 흰색, 빨강, 블루, 검정, 노란의 단순하고 강렬한 그림이 시선을 빼앗았다. 세상을 향해 소리치는 용기 있는 다이너소어는 누구든 될 수 있지 않을까. 매장 바닥에 그린 「다이너소어」는 바스키아 정신을 이어받아 세상과 당차게 맞짱 뜨겠다는 다짐이었다.

용인 쪽 목재상을 돌다 몇백 년 묵은 나무를 발견했다. 폭 80cm에 길이 2m로 재단해 나이테가 새겨진 액세서리 전시용 테이블을 만들었다. 청계천 상가에 좌우 행거용 상판과 집기를 주문하고 매장에서 사용할 모던하고 실용성 있는 책상도 구입했다. 최대 난관은 건물주가 손대지 말라는 낡은 목재 간판이었다. 리폼이 절실했다. 밝은 우드톤으로 페인트칠하고 형광 핑크로 철제 로고를 제작해 달았다.

hornycat!

앞으로 사랑하고 가꿔갈 이름이었다. 분기별로 홍콩 브랜드 의류를 직수입하는 소윤 언니와 협업하기로 했다. 도매시장에서 셀렉한 의류 이외에 홍콩 브랜드 옷을 적절하게 섞어 호니캣만의 감성을 표현했다. 두 달간 시장과 청계천을 오가며 오픈 파티를 준비했다. 기존 쇼핑몰 고객은 물론 지인들에게 초청장을 발송하고 디저트와 케이터링 음식을 준비했다. 작은언니랑 작은형부, 남동생은 왔지만, 말레이시아에 사는 큰언니 내외와 부모님은 참석하지 못했다.

지나가던 관광객도 들뜬 분위기에 휩쓸려 들어온 덕분에 기대 이상의 매출을 기록했다. 맞은편에는 연예인이 찾는 고급 레스토랑이 입점하고 관광객 수가 증가했다. 하지만 안심할 수 없었다. 대출을 끼고 시작한 사업이라 휴일 없이 그물망처럼 촘촘한 시간표대로 살았다. 체력을 위해 아침 8시 반에 헬스장에 들러 운동하고 11시에 가게를 열었다. 밤 10시에 가게를 닫고 일주일에 두 번씩 새벽 2~3시까지 도매시장을 돌며 매장에 어울리는 신상을 찾았다. 한 달에 두 번씩 아침 스튜디오에 들러 모델 촬영을 했다. 손님이 오면 옷을 팔고, 손님이 없으면 블로그와 쇼핑몰에 제품 업데이트를 했다. 데이트나 다른 약속은 퇴근 이후로 잡았다.

레스토랑을 운영하는 싱글맘 진영은 가게 손님으로 만나 친해졌다. 옷을 좋아해 쇼윈도를 지나다 맘에 드는 옷이 보이면 그냥 지나치지 못했다. 나이는 몇 살 더 어렸지만, 인생 경험치가 몇 배 위였다. 진영은 나이 어린 손님한테는 반말을 쓰라고 충고했다. 깍듯하게 대하면 거리감을 느낀다고 했다. 병적인 존칭어를 떼어내고 반말과 익숙해지느라 애를 먹었지만, 효과는 있었다. 대학생이나 사회 초년생들은 '언니'라고 부르며 단골이 되었다. 진영은 레스토랑이 한가한 시간에 호니캣에 놀러와 새로운 방식으로 코디를 바꿨다.

진영과 1주년 기념 콜라보 파티를 기획했다. 호니캣 고객을 대상으로 파티 홍보를 하고 리플렛을 만들어 가로수길에 부착했다. 진영의 인맥으로 메이크업 아티스트를 초빙해 상담 및 시연 기회를 주고, 파티룩 팝업스토어를 열었다. 진영은 자신의 드레스룸을 보여줬다. 호니캣 매장보다 큰 드레스룸이었다. 원하는 드레스를 입어보라고 했다. 진영과 함께 화려한 메이크업과 드레스로 멋을 부렸다. 진영은 와인과 핑거푸드를 준비하고 친한 남자 후배를 불렀다. 파티 분위기를 위해 함께 어울릴 수 있는 게임을 진행했다. 새벽까지 파티가 이어졌고 나는 가게 소파에서 기절해버렸다.

직장을 벗어나니 자유롭게 꿈을 펼칠 수 있었지만, 매출을 위해 직원을 압박하던 오너 입장이 이해되었다. 경기가 안 좋아 매출이 전달보다 떨어지면 여파가 컸다. 매달 나가는 공과금과 월세와 분기별 세금까지 지출은 많고 매출 성장은 더뎠다. 상품군에 문제가 있는지 자체 검열하며 다음 시즌을 준비했다.

서울에서 직장을 다니던 남동생은 아버지의 끊임없는 요청으로 귀향을 택했다. 생애 첫 아파트였던 죽전동 LH 임대아파트는 남동생 이름으로 계약한 곳이라서 계속 머물 수 없었다. 출퇴근이 멀지 않은 방배동 주택가에 월세방을 구했다. 근처에 헬스장과 영화관도 있고 주차도 편리했다. 큰 안방과 작은방, 거실 겸 주방, 쪽방까지 있어 공간 활용이 좋았다. 작은방을 호니방으로 꾸며줬는데 발정기가 돌아와 호니의 짝을 알아봤다. 숫컷 고양이와 지내다 3일 만에 집에 온 호니는 발정을 멈추고 임신기에 접어들었다. 두 달이 금방 흘렀다. 집에 돌아와 컴퓨터에 열중하는데 호니가 불안한 듯 서성였다.

"호니야, 왜 그래?"

머리를 쓰다듬어도 불안이 가시지 않았다. 뚝뚝 떨어지는 핏자국을 보고 아차 싶었다. 양수가 터져 부르러 온 것이다. 방에 마련한 아늑한 핑크색 알집으로 데려갔다. 호니가 심호흡하며 주기적 진통을 참을 때마다 이마와 미간에 주름이 생겼다 사라졌다. 방바닥에 엎드려 호니와 눈을 맞추며 심호흡을 함께했다. 두 시간여 진통 끝에 첫 번째 애를 낳았다. 손바닥 절반밖에 안 되는 작은 아긴데 수고양이를 닮은 연분홍색이었다. 시계를 보니 벌써 새벽 1시였다. 감격의 출산을 목도하고 까무룩 잠이 들었다가 새벽에 깨어 보니 고양이 셋을 품고 있었다. 연분홍 첫째 이외에 호니를 닮은 얼룩무늬 고양이와 진회색 고양이가 보였다. 아기들은 애벌레처럼 온몸이 주름으로 뒤덮여 있었다.

제 엄마보다 주름 많게 태어난 아기들을 보니 영화 「벤자민 버튼의 시간은 거꾸로 간다」가 떠올랐다. 여든 살의 외모를 가지고 태어난 사내아이는 부모에게 버려져 양로원에서 노인들과 함께 생활한다. 성장할수록 젊어지는 벤자민은 사랑에 빠지지만, 둘의 시간은 거꾸로 흘러 만남과 헤어짐을 반복했다. 나이가 들수록 외모가 어려져 결국 갓난아기가 되지만 정신 연령은 노인이다.

"예전의 모습, 냄새, 느낌 다 그대로였다. 바뀐 거라곤 나 자신뿐이었다."

거꾸로 흐르는 시간을 사는 벤자민 버튼의 쓸쓸한 독백이 기억났다. 브레드 피트와 케이트 블란쳇이라는 매력적인 두 배우의 열연이 인상적이었던 영화가 태어난 아기들과 겹쳐 보였다.

호니는 발정과 임신, 출산을 거쳐 나보다 먼저 엄마가 되었다. 장난기 많고 활기차던 호니는 어엿한 엄마가 되어 세 아이를 돌보고 젖을 먹였다. 인생에서 가족과 진정한 사랑이란 무엇일까? 우리 엄마는 앞이 안 보이는 현실에서 탈출하려고 사랑하는 남자와 결혼을 택했다. 고향보다 더 시골로 시집와 가져온 손톱 손질 세트를 열어

볼 여유도 없는, 고된 노동에도 마음이 편해 행복했다고 했다. 자신의 지랄 맞은 성격을 알기에 엄마가 못 될 줄 알았는데 첫째 아이가 이쁜 짓을 하면 다 잊고 둘째 아이를 낳았고, 아들을 낳을 때까지 네 명의 아이를 낳았다고 했다. 시골살이가 몸은 고달파도 마음은 풍요로웠다고 했다. 힘든 노동을 극복하게 하는 가족의 힘이 무엇인지 궁금했다.

아기들은 사랑스러움 그 자체였다. 출근해서도 자꾸 보고 싶어 저녁 일정을 줄이고 밤 10시가 되면 서둘러 집으로 향했다. 주름 가득한 몸으로 걸음마를 떼는 모습이 밤새 벌레로 변해 버린 그레고리 잠자가 익숙하지 않은 몸으로 침대에서 버둥대는 모습과 흡사했다. 셋 다 매력 있었지만 비좁은 집에서 다 키우지 못한다는 생각에 슬퍼지곤 했다. 고양이를 아끼고 사랑하는 집에 둘을 분양하고 한 아이만 키우기로 했다. 원래는 호니랑 똑 닮은 얼룩무늬 막내를 키우려 했는데, 진회색 키카가 먼저 분양되었다가 일주일 만에 파양당했다. 너무 활발하게 나대서 기존에 키우던 고양이가 주눅 든다는 이유였다. 쉽게 결정을 번복하는 그 사람에게 화도 나고 키카를 혼란스럽게 해 미안했다. 차에 태워 일산에서 데려오는데, 키카는 창문 너머 세상 구경에 마냥 신이 났다. 자신의 처지도 모르고 해맑게 기웃대는 모습에 눈물이 났다. 돌아오는 차 안에서 다짐했다. 키카를 끝까지 책임지기로!

가게 안 대형 전신거울 옆에 편안한 2인용 소파를 두고 돌체구스토 캡슐커피 머신을 구비했다. 느긋하게 옷 구경하는 손님에게 따뜻한 커피를 권했다. 기본 블랙에서 라떼까지 다양한 커피를 취향대로 뽑아 온기를 전했다. 사람들은 커피 한 잔에 발길을 멈추고 수다 삼매경에 빠졌다. 향긋한 커피로 몸과 마음이 따뜻해지면 느슨한 마음으로 옷 구경을 시작했다. 바빠서 쇼핑할 짬이 없다는 고객이 두세 시간씩 머물러 여유로운 쇼핑을 즐겼다. 정글 탐험하듯 행거 사이사이를 꼼꼼하게 살피며 숨겨진 보물 같은 옷을 찾아냈다. 나의 원픽 디자인을 알아주는 손님을 만나면 감동이 몽글몽글 피어올랐다. 새 주인을 만난 옷을 보면 호니의 자녀를 분양 보낼 때처럼 기쁘고 아쉬웠다.

손님 중에는 가로수길을 동네 산책 겸 들르는 사람도 있고 핫플을 경험하려고 방문했다가 두 시간 넘는 거리를 왕복하는 단골이 되기도 했다. 하루는 170cm가 넘는 훤칠한 키에 모델처럼 예쁜 다리가 돋보이는 언니와 150cm 중반 키에 소심해보이는 언니 둘이 들어왔다. 회사 동료라고 했지만 특별한 사이처럼 보였다. 안양에 사는 두 언니는 금방 친해져 호니캣 오픈 초기부터 꾸준한 단골이 되었다. 시즌 오프 행사나 생일쿠폰 문자, 카카오스토리나 블로그에 신상을 업데이트하면 바로 가로수길로 달려왔다. 키가 작은 언니는 주로 귀여운 티셔츠를, 키 큰 언니는 레깅스나 스키니진에 시크한 루즈핏 상의를 즐겼다. 생김새나 취향은 전혀 달랐지만, 항상 존댓말을 사용하며 서로를 배려하는 모습이 예뻤다.

마사지샵을 운영하는 50대 여사장은 9시 마감 후 집에 가는 길에 종종 지친 발걸음을 돌렸다. 소파에 털썩 주저앉아 하루 종일 마사지하느라 부르튼 손과 피곤함에 절은 얼굴로 인생사 보따리를 풀어났다. 하소연이 끝난 후에야 작은 키를 보완하는 보카시 샌들이나 편안한 티셔츠를 구매했다. 옷에 관심이 없는 여사장은 자신의 하소연을 들어준 가게 주인에게 보답하듯 급하게 옷을 골라 마감시간에 집으로 돌아갔다.

  칸영화제에 초청받은 적이 있다는 시나리오 작가는 프랑스 남자와 살았다. 150cm 중반 키에 깡마른 몸, 신경질으로 예민한 얼굴의 소유자였다. 예리한 눈으로 자신에게 어울리는 옷을 골라 전신거울 앞에서 여러 벌을 피팅 후 다시 행거에 걸었다. 몸매가 드러나는 드레시한 원피스를 좋아했는데 돈 씀씀이는 크지 않았다. 너무 바빠 궁궐 같은 집에 커튼 달 시간이 없다며 하소연했다. 프랑스인 남편이 아이를 원했다고 한다. 자궁이 좋지 않았지만 무리해서 낳았고, 출산 후 성적 기쁨을 잃었다는 것이다. 자신이 만족을 줄 수 없는 몸이 되자 남편이 바람을 피웠다고 했다. 프랑스에서 자유롭게 연애하던 시절 이야기를 늘어놓다가도 딸 때문에 이혼할 수 없다며 신파의 여주인공이 되었다. 가끔은 그녀의 이야기 중 어디까지가 진실인지 궁금했다. 절반쯤은 그녀의 시나리오에 나오는 여주인공 이야기처럼 허황되게 들렸다. 하지만 얼마 후 일곱 살 딸아이를 실제로 데려왔다. 눈이 크고 곱슬머리가 잘 어울리는 조용한 소녀였다. 몇 시간째 긴 이야기를 풀어놓느라 소파에서 일어나지 않는 그녀를 찾으러 키가 크고 건장한 프랑스인 남편이 오기도 했다. 지적인 중년 남성인 그는 아내에게 쩔쩔맸다.

  시각디자인회사 여사장은 가로수길 주택가에 살아 동네 마실 가듯 즉흥적으로 들렀다. 주로 휴일에 무장 해제된 옷차림으로 들렀다가 세련된 옷을 골라주면 허당끼 가득한 미소지으며 아이처럼 좋아했다. 한번은 업체 미팅이 잡혔다며 급하게 재킷을 사러 왔다. 커리어 우먼 느낌의 재킷이 많지 않았다. 딥그린컬러의 와이드재킷에 화이트 씬 벨트로 포인트를 줬더니 호리호리한 몸매가 돋보였다. 그날 저녁 여사장이 호니캣을 다시 찾았다. 덕분에 미팅이 성공적이었다며 와플을 내밀었다. 소박한 기념 만찬을 즐기며 오늘 코디 덕분에 패션테러리스트라는 오래된 꼬리표가 떨어졌다며 고마워했다. 사업하는 중년 여성의 해맑은 웃음에 기분이 묘했다. 삶에 찌들지 않고 사는 비법이 궁금했다.

방과 후 플롯 선생님인 연주는 청바지를 입어보다 손톱이 부러졌다. 살짝 피까지 비쳐 걱정되었다. 밴드로 응급조치하고 집에 돌려보냈는데, 며칠 지나 가게를 다시 찾았다. 황급히 가느라 청바지 핏을 제대로 못 봐 계속 생각났다고 했다. 호탕한 웃음과 달리 플롯 악기처럼 섬세하고 배려심 있는 동생이었다. 가게에서 10m미터 거리 빌라에 살았는데 두 살 차이에 대화가 잘 통했다.

가게 문을 닫는 시간은 직장인들이 2차를 끝내고 귀가할 시간이라서 내 대인관계의 대부분은 가게에서 이뤄졌다. 친구는 물론 대학 후배, 시골 집으로 귀촌하기 전까지 작은언니도 가게로 놀러와 시간을 보내다 돌아갔다. 맥주 한 잔 주량이지만 밤늦게 맛있는 이자카야나 술집에 갈 사람이 없어 아쉬웠다. 연주는 개인 레슨과 학교 몇 군데를 돌고 집에 오면 술 한 잔이 간절하다고 했다. 가로수길에 오래 살아 맛집을 줄줄 꿰고 있는 연주와 퇴근 후 가로수길 맛집 정복에 나섰다. 1~2주에 한 번 가게 끝내고 술잔을 기울이며 피곤을 풀었다. '꾸준한데 장사 없다'는 어른들 말씀처럼 2년 넘게 꾸준히 술을 마셨더니 맥주 한 잔 주량이 서너 잔까지 늘었다. 가오리튀김과 생새우 튀김이 일품인 이자카야를 비롯해 번데기와 닭발 거부감을 없애준 숯불구이 닭발집도 자주 갔다. 간장새우와 감바스가 일품인 술집에 가면 공깃밥을 추가해 나눠 먹으며 술잔을 기울였다. 돼지고기 뒷고기와 특수부위, 양꼬치와 숙성회까지 다양한 식도락 여행엔 술이 빠지지 않았다. 연주는 나이 차이 많은 남자와 장거리 연애 중이라 평일 저녁 10시 이후는 나를 위해 비워뒀다.

가게를 시작한 후 작은언니는 약속 장소도 가로수길로 정하고 쇼핑도 우리 가게에서만 했다. 캐나다에서 살다 온 작은언니 절친 지연 언니도 호니캣 오픈 날부터 꾸준히 단골 도장을 찍었다. 지연 언니는 대학 때 유학 가라는 부모님 등쌀에 집을 나와 4남매가 살던 회기동 옥탑방에서 함께 지낸 적이 있어 친해졌다. 작은언니가 남자친구와 데이트로 바쁘면 신촌 뮤직카페에 함께 갈 정도로 편한 사이였다. 티 내지 않고 동생 가게의 매출을 신경 쓰는 지원군 덕에 마음이 든든했다.

퇴사 후 조경법인회사를 준비하던 큰언니는 갑자기 말레이시아 주재원으로 발령 난 큰 형부를 따라 몇 년간 한국을 떠나 있었다. 해외에서도 동생 걱정이 되었는지 말레이시아의 부자 엄마들한테 인기가 많다며 리얼 뱀피가죽 가방 브랜드를 소개했다. 업체는 언니를 믿고 제품을 보낼 테니 판매 후 대금을 지급하라고 했다. 부담 없는 조건인데다 디자인이 세련되고 트렌디했다. 한국에서 판매되는 얇은 뱀피가죽과 달랐다. 가죽이 두껍고 결이 살아 있었다. 보기 드문 퀄리티의 클러치백, 닥터백, 쇼퍼백, 크로스백 등 제품 종류도 다양하고 컬러도 고급스러웠다. 기본 블랙부터 패브릭 펜슬로 색칠한 듯 원색적이고 화려한 컬러까지 다양했다. 매장 쇼윈도에도 진열하고 운영하던 블로그에도 뱀피 가방을 업데이트했다. 20만원에서 70만원 가격대의 수입 가방은 매장 고객보다 블로그 이웃한테 인기였다. 큰언니 덕분에 호니캣과 어울리는 제품군이 추가되어 매출이 늘었다. 큰언니는 한국에 잠깐 나왔을 때 예쁜 조카 둘을 데리고 가게에 들렀다. 나랑 생일이 같은 첫째 조카 서윤은 연핑크색 캉캉치마를 가슴까지 끌어올려 입어보더니 마음에 든다며 벗지를 않았다. 선물로 줬더니 유치원에 갈 때마다 캉캉치마만 입으려 해서 애를 먹는다고 했다. 둘째 조카 시훈은 조용하고 누나 말을 잘 듣는 게 어린 시절 남동생과 비슷했다.

　가게를 시작한 지 2년이 넘어가니 충성 고객도 늘고 손님 응대 요령도 늘었다. 부동산의 말대로 가로수길 유명세는 해가 갈수록 높아졌다. 선글라스 액세서리를 판매하는 옆 가게 언니는 권리금이 높을 때 가게를 팔고 나갈지 고민이라고 했다. 언니는 백화점 팝업 스토어에 입점해 매출을 올렸기 때문에 쇼윈도 개념인 매장을 권리금 없는 2층으로 옮겨도 무방하다는 판단이었다. 건물 앞 부동산에 슬쩍 말을 해놨다고 귀띔했다. 나는 가게를 옮겼을 때 단골들이 따라올지 미지수라 고민되었다. 결론을 못 내리고 갈팡질팡하는데 어느 날 등기우편이 가게로 배달되었다. 호니캣 뿐만 아니라 건물 전체 임차인이 동일한 우편물을 받았다. 건물주가 바뀌었으니 6개월 후까지 가게를 비우라는 내용증명이었다. 우체부 아저씨가 다녀간 후 너나 할 것 없이 밖으로 뛰어나와 서로를 찾았다. 대책회의를 열고 어떻게 할지 의논했다. 믿었던 상가임대차 보호법은 주인이 바뀌거나 대수선을 추진하면 보호받지 못한다고 했다.

청! 천! 벽! 력!

그보다 잘 어울리는 단어가 생각나지 않았다. 대출금도 다 못 갚았는데 갑자기 나가라니! 걱정할 부모님과 언니를 생각하니 도저히 입이 떨어지지 않았다. 대책 마련이 시급했다. 가로수길은 물론 서래마을 등 소위 잘나가는 동네의 젠트리피케이션이 큰 이슈였다. 사건의 당사자는 누구라도 될 수 있었다. 방법을 모색하려고 지역에서 쫓겨나는 상인들을 찾아 나섰다.

국내 유명 힙합 가수들이 강남에서 곱창가게를 하다 건물주에게 쫓겨나자, 가로수길에 건물을 샀다. '우장창창'이라는 잘나가는 곱창가게 건물이었다. 힙합 가수들은 건물주가 되어 자신이 당한 걸 임차인에게 그대로 돌려줬다. 우장창창 주인에게 나가라는 내용증명을 보냈다. 사회 문제를 노래하는 힙합 가수가 본인이 당한 걸 건물주 권한이라는 명목으로 당당하게 사용하다니 아이러니했다. 왜 상인끼리 주고받은 권리금을 건물주에게 요구하냐며 언론 플레이도 서슴지 않았다. 건물주 이야기만 들으면 다 맞는 말 같다. 하지만 바닥권리금은 개인 간 문제가 아니라 사회 문제였다. 부동산에서 이중계약서를 작성하지 않으면 장사할 수 없는 사회시스템을 지적하는 기사는 찾아볼 수 없었다. 상인들은 울며 겨자 먹기 식으로 권리금을 주고 5년간은 '상가건물 임대차보호법' 아래 있다고 착각하지만, 건물주가 바뀌어 건물 대수선을 주장하면 기간을 채우지 못하고 쫓겨나는 젠트리피케이션이 반복되었다. 건물주에게 권리금을 달라는 게 아니라 법에 정해진 5년간 장사할 수 있게 보장해 달라는 요구였다. 유명 힙합 가수가 연루된 사건이라 기자들이 몰려와 진실 공방이 이어졌다. 맛있는 곱창집이라 종종 가던 곳이었다. 같은 건물에서 장사하는 언니들과 함께 곱창을 주문하고 조심스레 사장님을 불렀다. 남자 사장님은 우리랑 비슷한 30대였다. 건물주가 바뀌어 내용증명을 받았다는 말을 꺼내자, 반갑게 환영했다. '맘상모'라는 쫓겨나는 상인 모임에 들어와 함께 투쟁하자고 했다. 무료 변론 변호사도 많으니 찾아가 법적 대응을 준비하라며 명함을 챙겨줬다.

그때부터 우리들의 이중생활이 시작되었다. 새벽에 대집행이 예정된 '맘상모' 회원 가게에 모여 맨몸으로 막아선 후 가게에 출근해 오전 11시에서 밤 10시까지는 돈을 벌었다. 투쟁에서 승리한 가게가 나오면 찾아가 축하하고 앞으로 계획을 세웠다. 무료 변론 변호사 사무실에 찾아가 새 건물주에게 보낼 내용증명도 작성했다. 새 건물주는 아동복 그룹이었다. 맘상모 회원들과 회사로 찾아가 사장 면담을 요청하기로 중지를 모았다.

여름이라 오전 10시부터 8차선 대로가 뜨겁게 달아올랐다. 햇빛을 받은 고층 유리 외벽이 날 선 은빛 칼을 휘두르며 위용을 드러냈다. 건물에 들어서기 전부터 위축되었다. 맘상모 회원 스무 명과 손을 꼭 잡고 쭈그러든 어깨를 펼쳤다.

10층 사무실에 올라가 '상가건물 임대차보호법' 준수 구호를 외쳤다. 일하던 직원들의 시선이 우리에게 쏠렸다. 한때 아동복 디자이너를 꿈꾸며 이력서를 냈던 회사에 항의 방문이라니 기분이 묘했다. 사장 대신 키가 큰 상무가 나와 회의실로 안내했다. 사장은 만날 수 없으며 내용증명에 적힌 대로 6개월 후에 나가달라고 했다.

"저희는 생존이 걸린 문제입니다. 장사한 지 5년도 안 돼 쫓겨나면 권리금 회수도 못하고 빚쟁이가 되는데, 상무님이라면 순순히 나가시겠어요? 대집행이 들어온다면 몸으로라도 막겠습니다."

우리는 확실한 투쟁 의지를 보이고 건물을 나왔다. 가게 일에 맘상모 활동까지 겹쳐 다른 건 신경 쓸 겨를이 없었다. 어느 날 남자친구가 가게에 무슨 일 없냐고 물었다.

"무슨 일? 아무 일도 없는데?"

"진짜 아무 일도 없어? 믿어도 돼?"

"무슨 얘기라도 들은 거 있어? 갑자기 왜 그러는데?"

"그냥 궁금해서 그래. 진짜 아무 일도 없지?"

남자친구는 뭔가 알고 있는 사람처럼 물었지만 직접적인 언급은 피했다. 조금 더 버티면 결론이 나지 않을까? 성과를 낸 후 그간의 힘들었던 과정을 한꺼번에 풀어놓고 싶었다. 끝까지 투쟁한 후에도 빈손으로 쫓겨나면 그땐 어떻게 하지? 고등학교 때 부모님이 운영하는 농원 식당에서 일해 본 경험이 있어 고된 식당 일은 두렵지 않았다. 남자친구의 실망한 눈빛을 보는 게 겁이 났다. 오전에는 시급 높은 식당에서 일하고 저녁에는 의류 도매시장에 취업해 대출받은 돈을 갚기로 마음먹었다. 야간 도매시장 거래처에 말하면 판매 일자리를 구할 수 있을 것이다. 2년 정도 투 잡 뛰며 빌린 돈을 갚고 다음 계획을 세우기로 생각을 굳혔다.

가게 운영과 맘상모 활동을 하면서 부업을 알아봤다. 생활용품과 영양제 등을 판매하는 멜라루카는 제품력이 좋고 가격도 시중 제품과 비슷해 가정주부들한테 인기가 많았다. 투명한 수익 구조도 좋고 파워블로거가 돈을 많이 벌어 궁궐 같은 저택으로 이사하면서 멜라루카의 상징 같은 존재가 되었다. 네이버 카페를 통해 부업으로 멜라루카 사업하는 친구들을 알게 되었는데, 대부분 가정주부였다. 카페 친구들과 회사의 제품 강연회를 듣고 매출 1등의 비법이 궁금해 블로그 후기의 주인공을 찾아갔다. 그녀는 누구나 알고 있는 뻔한 이야기와 자기 자랑만 늘어놓았다. 우리 그룹의 사람들은 성실하고 정직하게 월권 회원을 만들었지만, 이렇다 할 수익을 창출하는 멤버는 없었다. 시골로 귀촌한 작은언니와 지인에게 샘플을 만들어 홍보하고 회사 쇼핑몰에 가입해 매달 필요한 생활용품과 영양제 구매를 부탁했다. 처음 한두 달은 호기심에 자발적 구매가 이루어졌지만, 생필품과 영양제 사용 기간이 길어 매달 구매할 제품이 없었다. 다이어트에 관심 있는 호니캣 고객을 대상으로 가르시니아 다이어트보조제와 단백질 초코바를 홍보했다. 블로그와 카카오스토리 신상 의류 사진 사이에 가로수길 맛집 탐방 사진을 올리고 마지막에 가르시니아 제품을 끼워 호기심을 유발했다. 식후에 음료수처럼 시원하게 마시면 체중 관리에 도움이 되지만, 극적인 효과가 없어 다이어터의 관심은 금세 시들했다.

주요 단골이던 대학원생 다인은 풋풋한 연애를 끝내고 대기업 직원과 현실 결혼해 택했고 얼마 후 남편과 함께 중국으로 떠났다. 커플처럼 함께 다니던 민주 언니와 현정 언니가 한동안 보이지 않아 걱정했는데 오랜만에 가게를 찾았다. 소파에 앉아 캡슐 커피 한 잔씩을 나눠 마시며 그간 있었던 사정을 이야기했다. 민주 언니는 뇌출혈로 쓰러져 회사를 관뒀고 현정 언니도 회사 사정으로 해직되어 집에서 쉬는 중이라 했다. 영업 중인 가게에서 긴 수다가 미안했는지 언니들은 서둘러 일어났다.

"오랜만에 호니캣 왔는데, 뭐라도 사 가야지."

"걱정했는데 언니들 얼굴 봐서 좋다. 옷은 나중에 새로운 직장 취직하면 기념으로 사줘. 오늘은 얼굴 본 걸로 만족!"

옷을 고르는 언니들을 말렸다. 내 사정도 빠듯하니 뭐라도 팔아야 맞지만, 불편한 마음이 가로막았다. 옷을 팔아 돈 버는 일이 처음으로 죄스럽게 느껴졌다. 더 많은 옷을 팔아 이윤을 극대화하는 게 가게의 목적이고 이유인데, 제 앞가림도 못하면서 도리와 정을 따지는 스스로가 바보스러웠다.

가로수길 와인바에서 피아노를 연주하던 희영 언니는 홍콩에서 수입한 드레스를 자주 구매했는데 경기가 안 좋아 연주할 곳을 잃었다. 가족들이 있는 경기도로 내려가 살 거라며 마지막 인사를 건넸다. 미술학원에 다니는 딸 픽업을 위해 잠깐씩 가게에 들러 70~80만원씩 옷을 사던 희숙 언니는 이혼 후 홀로서기를 시작했다. 사업 구상 중이라 당분간 오기 힘들 거라고 했다. 화가 애인을 둔 혜주샘은 글래머러스한 몸매의 중년 여성이었다. 옷보다는 사람이 고파 한참 수다를 떨다 돌아가곤 했다. 애인이 원해 생전 처음 누드모델을 섰다며 떨렸던 순간을 회상했다. 가로수길에 탱고 등 다양한 춤 동호회가 늘면서 드레시한 플레어스커트를 찾는 고객이 늘었다. 춤을 배우려고 2주에 한 번 광주에서 KTX를 타고 서울에 올라오는 직장인은 춤출 생각으로 무료한 일상을 버틴다고 했다. 동호회 회원들을 끌고 단체 쇼핑을 오기도 해 호니캣 상품군도 고객 니즈에 맞춰 변화했다.

방배동에서 길 하나만 건너면 사당동이다. 방배동은 주택가에 학교와 실내 골프연습장이 있어 한적한데 사당동 주택가는 전집과 닭볶음탕, 횟집, 포차 등이 즐비하고 거미줄처럼 얽히고설킨 주택 사이사이에 작은 시장과 카페가 심심찮게 있어 활기가 넘치는 동네였다. 사당동 먹자골목 근처에 새로 방을 구했다. 방 두 개에 제법 넓은 거실이 있는 월세방을 얻어 지연 언니와 함께 살기로 했다. 큰언니랑 살던 외대 지하철 근처 월세방이 떠오르는 반지하였다. 30대에 다시 돌아온 어두운 반지하 방에서 씁쓸한 눈개승마나물 맛이 났다. 낡고 오래된 갈색 욕실문과 창틀이 거슬렸다. 주인 허락을 맡아 모네의 집처럼 창틀과 방문을 원색 컬러로 페인트칠했다. 큰 방과 작은 방, 주방 창틀은 로얄블루컬러로 칠하고, 넓은 면적의 방문과 욕실 문은 연핑크로 칠해 차분하고 따뜻한 느낌을 주었다. 낡은 집에 색을 입히니 어둑한 느낌이 사라졌다. 모네의 정원처럼 풍성한 시골 집이 떠올랐다. 새봄, 푸른가막살(찔레)나무의 통통한 새순 껍질을 벗겨 앞니로 총총 씹으면 아삭한 찔레가 단물을 내뿜으며 널레널레 춤을 췄다. 집에 들어서면 직접 칠한 로얄블루 창틀이 찔레꽃 새순처럼 반겼다. 지친 마음을 쓰다듬으며 이곳에서 마음껏 쉬고 재도약하리라 마음먹었다.

지연 언니는 부잣집 딸이지만 홀로서기 중이었다. 캐나다 유학을 다녀온 후 노량진 공무원시험 학원가에서 촬영 일을 했다. 물보다는 콜라, 밥보다는 디저트를 즐겼다. 집에 오면 언니와 시원한 맥주잔을 기울이며 하루의 피로를 풀었다. 안주는 주로 간단한 견과류나 과자였다. 언니는 유행하는 꿀맥주를 만들겠다며 꿀단지를 사왔다. 그런데 차가운 맥주에 꿀을 넣으면 밑바닥에 가라앉아 잘 녹지 않았다. 꿀맛을 보려면 손목이 아플 때까지 티스푼을 쉼 없이 휘저어야 했다. 둘 다 주량이 약해 달콤한 꿀맥주 한 잔이면 마음이 느슨해졌다. 키카랑 호니는 우리들의 무릎냥이가 되어 놀고 있는 왼팔을 기분 좋게 핥았다. 겨울에는 앉은뱅이 테이블에 모직숄을 둘러놓으면 보온 효과가 좋아 고양이들이 수시로 드나들며 놀이터로 사용했다. 허기진 날은 슬리퍼를 끌고 집 앞 전주전집으로 마실을 나갔다. 모둠전을 주문하면 폭이 1미터쯤 되는 대형 철판에 재료를 올려 즉석에서 전을 부쳤다. 바로 만든 두툼한 동그랑땡, 동태전, 깻잎전, 새송이전, 호박전, 두부전은 따뜻하고 바삭했다. 언니는 전을 좋아했고, 나는 기름진 안주에 시원하고 달콤한 막걸리를 즐겼다. 술이 술술 들어가 전 두 판을 먹는 동안 막걸리 한 병을 다 비우기도 했다. 나는 꼬들 라면을 좋아하고 언니는 불어 터진 라면을 좋아했다. 언니는 커트 머리에 보이쉬한 외모고, 나는 긴 웨이브펌에 짧은 치마와 원피스를 즐겼다. 외모와 음식 취향까지 모두 달랐지만, 우리의 동거는 소풍 가듯 설레고 즐거웠다. 배려심 많고 유쾌한 언니 덕분에 집 안에 온기가 돌았다. 영상 편집을 좋아해 호니와 키카를 주인공으로 짧은 영상을 만들기도 하고, 미니 털모자를 짜서 선물하기도 했다.

가게에서 점심은 간편한 편의점 도시락이나 김밥, 샌드위치를 먹었다. 속 재료도 풍성하고 누군가와 맛있게 먹었던 메뉴인데 혼자 먹는 음식은 왜 맛이 없을까? 같은 걸 먹어도 혼자는 맛이 없고, 함께 먹으면 달콤함도 매콤함도 두 배였다. 익숙한 음식이 혼자서는 종잇장처럼 입안에서 따로 놀았다. 나도 모르게 한숨을 쉬었다. 세 집뿐인 작은 마을에서 자랐는데도 지독한 외로움은 익숙해지지 않았다.

지연 언니를 위해 오랜만에 주방에 섰다. 아연을 불러 새우랑 통마늘을 듬뿍 넣은 감바스를 종종 만들어 먹었는데 바빠진 후론 주방과 멀어져 음식솜씨가 제자리걸음이었다. 집 앞 마트에서 당면과 양파, 당근, 시금치, 표고버섯, 잡채용 등심과 와인을 골랐다. 당면을 물에 담가 불려준 후 갖은 채소를 얇고 길쭉하게 채 썰었다. 등심은 간장과 다진 마늘, 후추, 미림, 약간의 설탕으로 밑간을 했다. 프라이팬에 기름을 적당량 두른 후 불린 당면에 간장과 설탕을 넣어 기름에 볶으면 먹음직스러운 갈색빛을 띠었다. 등심을 볶고 이어서 채소를 볶았다. 넓은 볼에 볶은 재료를 모아 참기름을 뿌려 버무린 후 납작한 접시에 담고 마지막으로 통깨를 뿌렸다. 곁들일 음식으로 계란말이도 준비했다. 당근과 청양고추를 잘게 다져 달걀물에 넣고 소금과 후추로 간을 했다. 넓은 프라이팬에 얇게 달걀물을 부은 후 겉면이 굳기 전에 돌돌 말고 달걀물을 추가로 부어 도톰한 벽돌 계란말이를 완성했다. 칼로 썰어 접시에 담고 케첩으로 토핑했다.

"오호, 잡채에 계란말이까지? 오늘 무슨 날이야?"

"꼭 무슨 날에만 요리를 하나. 함께 먹을 사람이 있으니 요리하지, 혼자서는 귀찮아서 안 해. 실력이 녹슬지 않았나 모르겠네. 하하."

소소한 행복이 밀려왔다. 온기를 함께 나눌 사람이 있어 밖에서 힘든 일도 툭툭 털고 일어났다.

여름이 깊어 가는 오후, 아동복 회사의 상무가 땀을 닦으며 가게 안으로 들어왔다. 순간 긴장해 눈살부터 찌푸렸다.

"이제는 저를 경계하지 않으셔도 됩니다. 사장님 전권을 받아왔습니다."

상무는 문제 해결을 최우선시하라는 지시를 받았다고 했다. 우리 입장은 명확했다. 남은 2년간 장사하게 해주거나 권리금을 보전해주거나 둘 중 하나면 족했다. 상무는 건물을 부수고 지하부터 지상 5층까지 새 건물을 지을 예정이라고 했다. 투쟁을 시작한 지 1년, 40대 상무의 검은 머리카락이 반백으로 변해 있었다. 회색빛 머리카락을 긁적이며 각자의 권리금을 보전해줄 테니 두 달 후까지 가게를 정리해달라고 정중히 부탁했다.

"저도 직장인이라 여러분 마음 백번 이해합니다. 저라도 가게를 떠날 수 없었을 거예요. 여러분이 피해 보지 않게 하려고 사장님께 여러 상황을 설명했습니다. 저는 처음부터 나쁜 마음 없었다는 것 알고 계시죠?"

이해타산이 밝은 대기업에서 상무의 인간적 마음이 없었다면 극적 타결은 불가능했다는 걸 알기에 악수를 청했다. 지연 언니한테 제일 먼저 기쁜 소식을 알리고 축하주를 마셨다. 하지만 들뜬 기분은 며칠 못 갔다.

새로운 고민이 시작되었다. 권리금을 받아 대출금을 갚고, 나머지 돈으로 가게를 다시 시작할 수 있을까? 어디서 장사하든 권리금은 필수였다. 이번에는 보상받았지만, 다음번에는 어떤 건물주를 만날지 몰랐다. 말레이시아 뱀피가방업체는 두 나라를 오가며 MD 역할을 해줄 수 있는지 물었다. 항공권을 보낸다며 본사 방문을 요청했다. 큰언니도 적극 추천했지만, 나는 뒤로 물러섰다. 돈을 왕창 벌어 돈 없는 서러움을 극복하고 싶기도 했지만 투쟁하면 지친 심신은 도전보다 안정적인 삶을 원했다. 내가 잘하는 게 뭐가 있지? 학교 앞에 분식집을 열어 입소문이 나면 죠스떡볶이처럼 가맹점이 생기고 사업 확장으로 많은 돈을 벌지 않을까? 아니면 바리스타 자격증을 따서 카페를 차릴까? 두 평짜리 테이크아웃 카페 하루 매출이 몇백만원이라니 욕심났다. 도전해볼 가치가 있어 보였다.

여러 생각으로 갈팡질팡하는데 동아리 친구 소라가 엽기떡볶이 가맹점 이야기를 꺼냈다.

"공무원 재미없어. 학원강사 할 때는 돈이라도 많이 벌었는데……. 누가 공무원 되면 워라벨을 챙길 수 있다고 뻥친 거야! 완전 속은 기분이야. 나랑 엽기떡볶이 가맹점 할래? 인기 많아서 돈 많이 번다더라. 네가 요리 잘하니까 주방 맡고 내가 영업 뛰면 대박날 것 같지 않아?"

"네가 같이하면 나도 엽떡 체인점 좋아. 그 대신 노는 거 지겨우니까 빨리 결정해."

"알겠어. 근데 나도 계산기 좀 때려봐야지. 좀 기다려주라 친구야."

소라는 높은 연봉을 포기하고 공무원이 된 지 3년 정도 되었다. 환경부에서 일했는데 평일 야근과 주말 근무를 밥 먹듯이 해 점차 지쳐갔다. 승진에 목숨 건 경쟁자도 많고 마음 터놓고 얘기할 사람도 없다며 불평했다. 하지만 미적거리는 모양새가 관두지 못할 듯했다. 가능성을 열어두고 혼자 할 수 있는 사업 구상에 착수했다.

만화 코스튬 콘셉트로 감성 떡볶이집을 열고 카카오스토리와 블로그 홍보를 병행하면 손님을 끌지 않을까? 우선은 입소문이 날 만큼 목 좋은 자리를 찾는 게 중요했다. 아이들이 많은 학교 앞 분식집을 원했는데, 장사가 잘되는 구역은 빈자리가 없고 외진 곳은 파리만 날렸다. 맛집이 들어와도 성공하기 힘들어보였다. 부동산을 따라 며칠째 동분서주했더니 진이 빠졌다. 무한히 열린 미래 앞에서 가보지 않은 길을 택하기 어려웠다. 밤새 잠을 설쳐 자몽했다. 시원한 방바닥에 대자로 누워 선풍기 바람을 쐬는데 호니랑 키카 모녀가 느긋하게 다가와 팔베개를 했다. 양쪽에서 클래식한 골골송을 연주하니 밀린 잠이 쏟아졌다. 몽롱한 상태로 '철컹' 여닫는 소리에 잠이 깼다. 일 갔던 지연 언니가 집에 들어오는 소리였다.

"은숙아, 너도 공무원시험 준비해보는 거 어때? 어차피 지금 할 일도 없잖아."

"머리가 굳어서 공부는 못해 언니……. 중학교 영어 단어도 기억이 안 나는데 무슨 공부야!"

"지난번에 서류 떼러 동사무소에 갔는데, 직원들 표정이 그렇게 편하고 좋아보이더라. 그때 공무원을 직업으로 삼아야겠다 결심했어. 우리 학원에 촬영 알바하면서 합격한 사람도 있어. 생활비 벌면서 공부도 하니까 일거양득이지. 내가 괜히 공무원학원 촬영일을 하는 게 아니라니까. 나랑 같이 공부해서 공무원 하자."

"공무원은 고리타분해서 싫어 언니. 공부해서 합격할 자신도 없고……. 떡볶이 장사하려고 알아보는 중이야."

"가로수길에서 그렇게 큰일을 겪고도 다시 장사가 하고 싶어? 우리 아버지도 사업했지만, 남의 돈 받으며 일하는 게 제일 속 편해. 내가 왜 법원직 공무원이 되고 싶은 줄 알아? 형사사건 기록을 다 볼 수 있잖아. 리얼한 범죄 시나리오 쓸 때 도움 될 것 같아. 낮에는 월급 받으며 일하고 밤에는 카프카처럼 글 쓰며 살고 싶어."

"언니랑 잘 어울려. 아이디어가 많아 재치 있는 영상도 잘 만들잖아!"

"내 꿈은 이미 정했으니까, 너도 놀다가 심심하면 강의 한번 들어봐. 내 공단기 아이디랑 비번 알려줄게."

싫다는데도 자신의 아이디와 책을 가져다줬다. 언니가 일하러 가면 나는 하릴없이 호니와 키카를 품고 방을 뒹굴었다. 오랜만에 휴식이었다. 활동량이 줄어 조금만 먹어도 소화가 안 되고 속이 답답했다. 오전에 당근이나 오이 같은 채소를 썰어 간단히 아침을 해결하고 헬스장에 가서 러닝머신을 뛰었다. 2시쯤 점심을 먹고 컴퓨터로 영화 한 편을 보면 뉘엿뉘엿 저무는 햇살이 반지하 방에 눈부신 햇빛을 수혈했다. 가게 할 때는 24시간을 쪼개서 사용했는데 놀고 먹으니 하루가 금방 사라졌다. 하지만 미래가 없는 휴식은 진정한 쉼이 아니었다. 티라미수 치즈케이크처럼 달콤하고 금방 질렸다. 카페를 통해 인연을 맺은 쯔양에게 연락했다. 어수선한 마음을 횡설수설 떠들어도 부끄럽지 않은 동생이었다. 고민을 듣더니 홀가분하게 상황을 정리했다.

"언니가 공무원이랑 사업을 놓고 고민한다는 것 자체가 공무원에 관심 있다는 뜻이잖아. 고민하지 말고 공부를 시작해보는 건 어때? 일단 합격해서 일을 해보고, 안 맞으면 그때 다른 일을 찾아도 되지 않을까? 아직 서른일곱이잖아. 지겹게 공무원 생활하다 떡볶이가게 사장님은 나이 들어서 해도 되겠네. 나는 이런 고민하는 언니가 부러운데?"

집에 돌아와 호기심에 공단기 사이트에 접속했다. 국어, 영어, 한국사 등 과목별로 강사 수가 엄청났다. 가장 자신 없는 영어 일타강사 강의를 들어보고 마음을 정하기로 했다. 도저히 못 따라갈 수준이면 강의를 닫고 일상으로 돌아가면 그만이었다. 기본문법 강의는 중학교 수준이었다. 2형식, 3형식, 4형식 문장 구조부터 알기 쉽게 설명했다. 문법은 그럭저럭 기억나는데 취약한 단어 암기는 어떻게 하지? 찾아보니 별도의 단어 수업이 있었다. 연상 기법을 응용한 암기 강의가 수십 개였다. 궁금한데 한 번 들어볼까? 가벼운 마음으로 강의 투어를 시작했다. 퇴근하고 집에 온 지연 언니는 책상에 앉은 나를 보며 화색이 돌았다.

"강의 재미있지. 결정한 거야?"

"아직 아니야, 언니. 그냥 심심해서 들었는데 일타강사라 그런지 강의가 재미있네."

"비도 오는데 오랜만에 전주전집 갈까? 지글지글 기름진 전이 땅기는 기분 좋은 날이다."

언니는 자기 일이라도 된 듯 기뻐했다. 언니가 공부하는 법원직은 여덟 과목에 커트라인도 높다고 했다. 나도 언니처럼 전문 분야에서 일하고 싶었다. 합격 후기를 보니 관세청에서 근무하면 마약류 단속 및 범칙사건 수사도 가능하고 총기 소지도 허용된다니 멋져 보였다. 그해 가을, 큰 결심 없이 어영부영 공부를 시작했다. 관세직은 1년에 150~200명 정도 뽑았다. 9급은 관세법 개론이 필수고 7급은 관세법과 무역학이 필수였다. 강사들은 1년 만에 7급 시험에 합격한 사람도 있다며 강의 중간 중간에 의욕을 펌프질했다. 나이도 많은데 이왕 시작한 거 빨리 합격해야 한다는 욕심에 조급해졌다. 국어, 영어, 한국사, 행정학, 관세법을 기본으로 지방직 시험까지 보려면 행정법 공부도 필요했다. 난관은 기초 지식이 부족한 영어였다. 과목별로 하루 두 시간씩 배정해 시간표대로 공부하고 영어는 단어 암기, 문장 구조, 독해까지 필요해 하루 세 시간을 잡았다. 주말도 쉴 수 없었다. 기본서 강의부터 문제풀이 강의 수가 과목별로 100개가 넘었다. 다음해 4월 관세직 시험과 6월 지방행정직 시험을 보려면 총 여섯 과목을 6개월 안에 끝내야 했다. 한 달이라도 일찍 마음먹을 걸. 갑자기 후회가 밀려왔다. 일단 결정하면 결과가 나올 때까지 불도저처럼 밀어붙이는 성격이라 시간표대로 초 단위까지 재며 공부했다. 시작한 지 두 달 정도 되어 재미가 붙었는데, 소라한테 연락이 왔다. 제주도로 공무원 워크숍을 왔는데, 2박 3일 정도 더 머물 계획이니 내려오라고 했다.

"이제 막 공부를 시작해서 여행할 시간 없는데……."

"2박3일 공부 못한다고 합격할 사람이 떨어지겠니. 그냥 얼굴 보러 내려와. 승마도 하고 올레길이랑 한라산도 다녀오자. 계획은 내가 짜 놨어. 넌 몸만 오면 돼."

11월 말이라 끝난 공부도 없지만 시험이 코앞은 아니었다. 오랜만에 제주도 여행에 마음이 흔들렸다. 불안한 마음에 여행 가방 깊숙이 한국사와 영어 단어 책을 쑤셔 넣었다. 틈날 때 읽을 책을 가져가야 죄책감이 덜할 듯했다. 제주도 첫 끼로 두문포항 근처 순이네 돌문어볶음을 먹고 승마장에 갔다. 소라는 승마 레슨을 꾸준히 받아 잘 탔지만, 나는 제주도 올 때 초보 코스를 도는 정도였다. 사장님은 경험자라는 얘기를 듣고 "그러면 알아서 탈 수 있겠네요?" 하며 넓은 승마장으로 우리를 데려갔다. 말에 태워 한 바퀴 도는 걸 지켜보더니 "즐겁게 타세요." 말을 남긴 채 들어가버렸다. 처음에는 빠르고 안정적인 속보에 몸을 맡기는 게 즐거웠는데, 10분이 넘어가니 딱딱한 운동장에 내딛는 말의 거친 보폭이 부담되기 시작했다. 속보라지만 초보인 나한테는 달리는 말과 진배없었다. 온몸에 충격이 전해졌다. 승마하다 떨어지면 크게 다칠 게 뻔한 데 컨트롤해줄 사람이 없어 중간에 멈출 수 없었다. 고삐를 잡고 최대한 허리를 꼿꼿하게 세웠다.

"소라야, 나 그만 타고 싶어!"

"재밌지 않아? 사장님이 와야 네 말을 멈출 수 있으니까 조금만 참아!"

"처음에는 재미있었는데, 오래 타니 힘들어! 엉덩이도 아프고 허리도 아파"

"버텨! 내가 탄 말은 컨트롤해도 네 말은 멈출 수 없어. 버텨!"

우리는 말 위에서 소리 지르며 겨우겨우 대화를 이어갔다. 고삐 잡는 법만 배우고 말을 멈추는 법은 모르니 사장님이 어슬렁거리며 나올 때까지 버틸 수밖에 없었다. 30분간 승마를 끝내고 내려오니 다리가 후들거렸다. 카페인 수혈이 필요했다. 가까운 카페를 찾아 달콤한 디저트와 함께 긴장의 끈을 풀었다.

다음날은 한라산 등반 예정인데 갑자기 많은 눈이 내려 입산이 금지될까 조마조마했다. 관음사 탐방로 쪽으로 방향을 잡았는데 제설작업이 안 된 도로가 빙판길로 변해 차가 뱅그르르 돌았다. 깜짝 놀라 비명을 질렀다. 다행히 차량 통행도 없고 노련한 소라가 운전대를 잡아 사고를 면했다. 폭설이 내렸는데도 한라산 주차장에는 눈을 뒤집어쓴 차량이 즐비했다. 아무 생각 없이 따라왔는데 한라산 초입부터 펼쳐지는 눈부신 설경에 등반 욕심이 생겼다. 소라는 등산화를 챙겨왔는데, 나는 운동화가 전부였다. 입산 전에 아이젠을 사서 급한 대로 운동화에 장착했다. 울창한 숲속 나뭇가지에 겹겹이 쌓인 눈이 은빛 정원을 뽐냈다. 앞서간 등산객들 발자국을 따르면 길을 잃어버릴 위험은 없었지만, 바닥이 반질반질해 아이젠을 껴도 미끌렸다. 발을 내디딜 때마다 힘주어 걸어야 넘어지지 않았다. 패딩 안쪽으로 땀이 흘러 온몸이 젖었다. 왕복 네 시간 눈꽃 산행에 감탄사를 연발했지만, 준비 없이 산행의 결과는 처참했다. 발에 물집이 터져 피가 난 건 물론이고 평지를 걸을 때도 절뚝거렸다. 다음날 올레길을 걷는 건 무리였다. 일정을 변경해 바다낚시를 예약했다.

둘 다 피곤했는지 늦잠을 자버렸다. 허겁지겁 일어나 렌트카를 밟았다. 늦게 도착했더니 이미 다른 손님은 낚싯배에 타고 떠나기 일보 직전이었다. 소라가 선착장보다 한참 높은 선체를 잡고 배에 올라 내게 손을 내밀었다. 손을 잡고 배에 오르려다 아차 하는 순간 굴러 떨어졌다. 몸무게 차이가 10kg인 걸 깜박한 것이다. 두꺼운 패딩을 입어 긁힌 곳은 없지만 머리가 핑 돌았다. 깜짝 놀란 소라가 배 위에서 소리쳤다.

"은숙아, 네 머리에 피!"

다급하게 선장을 불렀다. 머리를 만지니 손에 피가 묻어났다. 선장 사모가 구급상자를 들고 와 상처 부위를 소독하고 응급처치를 했다. 선장은 더 이상 지체할 수 없으니 낚시를 갈지 결정하라고 재촉했다. 아쉬움과 걱정으로 뒤섞인 소라의 얼굴을 지나칠 수 없었다. 머리에 피가 났지만, 다른 곳은 멀쩡해 여행 마지막 날을 망치고 싶지 않았다. 낚싯배를 타고 나가 세 시간 동안 오징어 낚시를 하고 돌아왔다. 선장을 우리가 잡은 오징어로 회를 떠주고 선장 사모는 맛집에 데려가 점심을 사줬다. 일요일이라 근처 병원이 문을 닫았다며 괜찮냐고 물었다. 제주흑돼지를 살 수 있는 가게를 묻자, 자신의 거래처에 데려가 저렴하게 사도록 도왔다. 그날 저녁 비행기로 김포공항에 도착했더니 주변이 깜깜하고 2박 3일 여행의 피로가 한방에 몰려왔다. 사당까지 가는 리무진 버스를 검색하는데 소라가 말렸다.

"우리 오빠 불렀으니까 기다려. 집까지 데려다줄게."

"아니야, 버스 타고 가면 돼."

"네 머리에 피가 안 멈춰······. 짐도 있는데 데려다줄게. 고집 피우지 마."

통증도 없고 뒤통수가 안 보여 감흥이 없었는데, 움직일 때마다 찢어진 부위에서 피가 난다며 친구의 얼굴이 울상이 되었다. 지연 언니는 머리통이 깨진 채 낚시하러 가는 사람이 어디 있냐며 난리를 쳤다. 밥 한 그릇 사주고 병원도 안 데려가는 불량한 업체는 고발해야 한다며 노발대발했다. 흑돼지도 싸게 샀다고 자랑했다가 욕만 푸지게 먹었다. 다음날 병원에서 열 바늘을 꿰매고 집에 오니 슬슬 걱정되었다. 언니 말대로 응급실에 데려다달라고 할 걸 그랬나? 혹시 뇌부종이 뒤늦게 생기는 건 아니겠지? 꿰맨 우측 뒤통수가 자꾸 욱신거려 신경 쓰였다.

여행을 다녀온 후 마음이 조급해졌다. 헬스장 러닝머신 위에서 영어 단어를 외우며 쉼 없이 공부했다. 다음해 관세직 시험까지 남은 기간은 4개월뿐인데 일곱 과목을 돌리려니 24시간도 부족했다.

기대가 큰 만큼 시험 결과는 충격이었다. 첫 관세직 시험은 떨리고 긴장되어 문제를 다 풀지도 못했다. 남은 두 달은 행정직 공부에 집중했는데 영어랑 행정학 시험 때 뇌 회로가 꼬여버린 듯했다. 시험을 망치고 집에 왔는데 지연 언니는 문제풀이 영상 촬영하러 가고 없었다. 굳어버린 머리와 제주 여행 탓을 하며 호니랑 키카를 껴안고 이불 속에 틀어박혔다. 입맛도 없고 아무것도 하기 싫었다. 침전하는 마음에 짓눌려 욕구도 의지도 상실된 상태로 누워있는데 핸드폰이 울렸다. 엄마였다.

"우리 딸 첫 시험 보는 날이지? 어땠어?"

"시험 망쳤어…… 완전히 망쳤어. 머리가 안 돌아가……."

"내려와서 엄마 밥 먹으면서 공부할래? 은희랑 택섭이도 함께 사는데 너만 서울에서 공부한다고 외롭게 지내잖아. 밥은 제대로 챙겨 먹고 살아? 뭐 하러 몸 축나게 혼자 지내. 공부는 시골 집 내려와서 해도 되잖아."

엄마의 따뜻한 말에 설움이 복받쳤다. 뭐 하러 나이 먹어 공부한다며 이 고생인가 싶었다.

"고민해 볼게, 엄마."

"공부에 방해되지 않게 농사일은 안 시킬 테니 걱정 말고 내려와. 엄마도 우리 딸 옆에 끼고 살아보고 싶다."

생각해본다고 했지만 이미 마음은 시골 집을 향했다. 갑자기 익숙한 반지하 방이 꼴도 보기 싫었다. 시골 집의 모든 게 그리웠다. 그 사이 깜보와 수박이는 하늘나라에 가고 없지만, 엄마의 매콤달달 닭볶음이 사무치게 그리웠다. 작은언니한테 얘기했더니 아빠한테 말해놨으니 내려와서 편하게 공부하라고 했다.

중성화수술 후 식탐이 많아진 호니랑 키카는 비만 고양이에 속했다. 둘 다 식이조절을 했는데 유독 키카가 배고픔을 못 견뎠다. 병원과 상담하면 비만이 만병의 원인이라며 다이어트의 중요성을 강조했다. 옷이며 가구는 다 두고 최소한의 계절 옷과 고양이 살림살이만 챙겨 내려갈 준비를 하는데 키카가 이상했다. 원인을 알 수 없는 급성신장염으로 2주간 병원 입원 치료를 받고 호전되었다. 키카의 컨디션이 완전히 회복되진 않았지만 빨리 시골 집으로 내려가고 싶어 다시 짐을 챙겼다. 좋은 소식 가지고 올라올 테니 집을 잘 지켜달라고 지연 언니한테 부탁했다. 각자 원하는 시험에 합격해 만나자며 아쉬운 이별을 했다.

남동생이 트럭을 가지고 올라와 간단한 이삿짐을 꾸렸다. 네 시간 동안 덜컹거리는 트럭 안에서 두 고양이의 불안한 울음과 구토가 이어졌고 시골 집에 도착하니 기진맥진했다. 명절에만 잠깐씩 내려오던 시골에 살러 왔다고 생각하니 낡은 통나무집이 반갑고 반가웠다. 7월이라 사방이 푸르렀다. 통나무 펜션 뒷방에 짐을 풀었다. 고양이들을 위해 마름모상자를 이어붙여 꿀벌집 모양의 캣타워를 만들어 창문가에 설치했다. 서울 집은 거실이랑 작은방까지 연결되어 있어 고양이들 활동 반경이 넓었는데, 시골 집 뒷방은 공간이 협소했다. 털이 없는 스핑크스 고양이들이 야생동물 습격을 받을까 무서워 방문을 개방하지 못했다. 가족들과 점심 먹는 시간에만 잠깐씩 야외 산책을 허용했다. 키카는 시골 집에서 컨디션을 많이 회복하고 되찾은 식탐으로 방 구석구석 먹을 걸 찾아 헤맸다. 나무 서랍장 안에 들어있는 먹이통을 꺼내려고 이빨로 깨물고 손잡이를 잡아당겼다. 통통한 뱃살은 줄었지만, 목표 체중에 도달하지 않아 식이조절을 멈출 수 없었다.

매일 오전 7시부터 밤 11시까지 과목별 계획을 다시 세웠다. 식사 및 휴식은 한 시간, 걷기운동은 오후 4~5시 사이로 정하고 걸을 때 전날 공부한 영어 단어를 암기했다. 비가 오면 한 손에는 우산, 또 다른 손에는 단어장을 들고 수영장이나 썰매장 주변을 걸었다. 손님으로 북적이던 야외 수영장은 페인트가 벗겨지고 진초록 이끼가 자라 흉물스럽게 변해버렸다. 낡은 시설물에 현혹된 마음을 거둬내면 고즈넉한 자연이 눈에 들어왔다. 방해받지 않고 걸을 수 있는 안온함이 좋았다. 답답한 공부방을 벗어나 발바닥으로 딛는 땅의 촉감에 기분이 상쾌해졌다. 눈비가 많이 내려 야외 산책이 불가능한 날은 통나무집 건너편 대연회장 건물로 갔다. 관광농원 식당이 성업일 때는 100명 이상 단체 손님이 자주 방문했다. 아빠는 전통 기와를 얹어 몸값 1억원이 넘는 대연회장을 증축했다. 이후 IMF가 터져 연회장에 놓인 200석 규모 테이블과 의자에 빨간딱지가 붙어 사라졌고 공간은 텅 비었다. 남은 빚을 갚는 것도 하세월이라 시설관리가 불가능했다. 뜨내기 손님은 낡은 숙박시설에 실망해 돌아갔지만, 엄마의 음식솜씨를 기억하는 오래된 단골들이 가끔 찾아왔다. 단체 손님이 끊겨 쓸모를 다한 대연회장은 계절 고추와 고사리, 감자, 고구마, 깨들이 잠시 비를 피해 몸을 말리는 장소가 되었다. 내가 시골에 내려온 후 걷기운동이 사용 목적에 추가되어 굳게 닫힌 문을 열었다. 연회장은 사방 통창을 통해 건너편 저수지와 통명산이 한눈에 들어왔다. 마룻바닥 먼지와 멍석 위에 말리는 고추는 걷기 코스의 변주로 여기면 지루하지 않았다.

작은언니와 엄마는 대연회장 옆 작은 기와집에서 주기적으로 시 수업을 했다. 교수님은 전남대 국문과 교수 출신으로 문학뿐 아니라 회화 작품 활동도 열심이었다. 작은 기와집의 큰 책장 전체를 자신의 책으로 도배하고 대연회장에서 그림 전시를 열곤 했다. 문학반 문우들을 잔뜩 불러 떠들썩한 오픈식이 끝나면 정체 모를 그림들은 연회장 캔버스 거치대 위에 외롭게 방치되었다. 어지럽게 전시된 그림 속을 헤엄치듯 걸으면 단어 암기 시간이 훌쩍 지났다.

작은언니와 엄마, 아빠는 남동생을 따라 도라지 산행을 다녔다.

어렸을 때는 재미로 더덕과 난초, 밤, 도토리를 주우러 산을 다녔는데 가세가 기울고 농원 식당 손님이 줄어든 후 생계를 위한 산행에 나섰다. 언니는 산약초 카페에서 활동하며 각종 약초랑 산도라지가 암환자 사이에서 인기인 걸 알게 되었다. 우리도 한번 캐러 가볼까? 가벼운 마음으로 시작했는데 도라지 잔뿌리를 그대로 살려서 캔 사진을 보고 구매 문의가 이어졌다. 가족들은 바쁜 농사일을 끝내놓고 틈틈이 산행을 다녔다. 능이버섯부터 송이버섯, 영지버섯, 도라지, 거북손 등 산이 주는 건 다양했다. 아빠는 산에서 귀한 송이를 따오면 소주에 찢어 넣고 마셔보라고 권했다. 소주를 싫어해 고개를 절레절레 흔들면 아빠 믿고 한 잔만 마셔보라며 재차 권했다. 담금주도 아닌데, 금세 향긋한 송이 향이 퍼져 고급 양주 부럽지 않았다. 송이를 딴 날은 마루에서 고기 파티가 벌어졌다. 시골 집에 내려오지 않았다면 누릴 수 없는 호사였다. 가족들의 웃음소리와 별 모양 꽃댕강나무 향기가 은은하게 퍼져 마음을 풀어헤쳤다.

초등학교 2학년인 건우는 꼰두발 서서 창문 너머로 저녁식사를 알렸다.

"이모, 식사하세요. 저 호니 안아 봐도 돼요?"

조심스레 방에 들어올 기회를 엿봤다. 고양이를 품에 안으면 지그시 눈을 감으며 행복에 젖었다. 호니랑 키카는 어린 건우가 귀찮게 따라다녀도 싫은 내색을 안 했다. 공부하느라 놀아주지 못하는 게 항상 마음에 걸렸는데 건우가 사랑을 나눠주니 고마웠다.

시골 집은 여름 한 달이 죽을 맛이었다. 공무원 강의를 들으려고 선풍기에 의지해 책상에 앉으면 호니랑 키카가 서로 무릎 위에 올라오려고 경쟁했다. 하나만 챙길 수가 없어 5kg 육박하는 고양이 둘을 무릎에 앉히고 사이버 강의를 들었다. 6~7월은 견딜만한데, 8월 중순을 넘어가면 땀이 비 오듯 해 정신줄을 잡기 힘들었다. 엄마한테 얘기했더니 직사각형 빨간 대야와 2리터짜리 냉동 생수병 두 개를 건넸다. 책상 아래 대야를 놓고 얼음병 위에 발을 올려보라고 했다. 엉뚱하고 괴상한 조합이라 여겼는데 발바닥을 통해 시원한 냉기가 퍼졌다. 엄마의 기발한 아이디어로 한낮 더위를 버티며 공부할 힘이 났다.

4월 국가직 9급과 6월 지방직 9급, 10월 7급 시험까지 1년에 총 세 번의 시험 기회가 있었다. 아빠가 시험 날마다 데려다주고 끝날 때까지 기다렸는데 시험을 망치면 점심을 먹는 둥 마는 둥 한숨부터 나왔다. 언제쯤 공시생을 탈출할지 몰라 불안하고 조급했다. 상반기 시험을 망치고 10월 관세직 7급 시험 준비로 바쁜데, 허겁지겁 사료를 먹어 치운 후 다음 사료를 찾아 헤매던 키카가 아무것도 먹지 않았다. 하루 이틀, 일주일이 넘어가니 눈에 띄게 살이 빠지고 풍만하던 엉덩이에 뼈골이 드러났다. 서울에서 치료하던 병이 재발한 건 아닌지 불안했다. 마침 추석을 앞둔 시기라 부모님께 추석 특강 들으러 간다고 거짓말을 하고 작은언니한테 호니를 부탁했다. 키카를 데리고 지연 언니가 살고 있는 사당동 집에 짐을 풀었다. 병원은 수술 외에는 방법이 없다고 했다. 수술하고 일주일간 병원에 입원해 경과를 지켜봤다. 퇴원은 했지만 뼈밖에 남지 않은 가려진 몸으로 휘청거렸다. 딱딱한 사료를 씹을 힘이 없어 고양이용 미음을 사서 먹였다. 시골에서는 호니가 피오줌을 싼다는 연락이 왔다.

한 달분 약을 지어 급하게 시골로 내려왔다. 시험이 얼마 남지 않아 마음이 조급한데 키카는 혼자 밥을 먹지 못했다. 주사기로 미음을 경구 투여하고 알약을 먹인 후 책상에 앉으면 얼마 안 있어 구토 소리가 들렸다. 매일 강제로 먹이고 토하는 상황이 반복되었다. 몇백만원을 들여 수술한 돈이 무색하게 키카는 계속 야위었다. 시험으로 인한 압박감과 키카의 건강 악화로 신경이 극도로 예민해졌다.

가을인데도 바람 한 점 없이 따뜻한 오후였다. 점심 먹고 키카를 데리고 연못 정원 산책에 나섰다. 키카가 걸을 때마다 헐렁헐렁한 꽃무늬 니트 사이로 앙상한 등뼈와 엉덩이뼈가 엇박자를 내며 흔들거렸다. 한낮의 태양에 달궈진 정원 대리석 위에 누워 여유롭게 엉덩이 팡팡을 즐겼다. 오랜만에 컨디션이 좋아 노란 국화꽃에 희망을 실었다. 평화로운 산책 후 키카를 안고 공부방으로 돌아왔다.

책상 너머로 화장실 펠렛을 헤집는 키카의 발소리가 들렸다. 똥이 마려운지 야윈 몸에 핏줄이 드러나게 힘을 주었다. 균형을 잡지 못해 흔들리는 키카의 콧잔등이 심하게 일그러졌다. 안쓰러웠지만 시험이 코앞이었다. 정신을 가다듬고 공부에 집중했다. 책장을 넘기는데 이번에는 키카의 구토 소리가 들렸다.

"제발 키카야, 토하지 마. 언니 공부해야 한다고……."

아픈 아이를 야속하게 바라보며 싫은 소리를 했다. 키카의 표정은 절망적으로 일그러졌다. 간곡한 눈빛이 교차했다. 울며 토사물을 치우는데 키카가 방바닥에 쓰러져 일어나질 못했다. 너무 놀라 키카를 안아 올렸는데 맑은 갈색 눈동자가 탁한 회색빛으로 변했다. 내 품 안에서 여린 호흡을 내쉬던 키카는 그대로 눈을 감았다.

벨벳처럼 부드럽고 따뜻한 피부가 온기를 잃었다. 마지막 숨을 붙들고 싶어 '키카'를 불렀지만, 꺼져버린 불씨를 되돌릴 수 없었다. 키카를 안고 가족들을 찾았다.

"키카 어떻게 해, 키카 어떻게 해!"

누군가 키카가 살아 있다고 말해 주었으면 했다. 모든 게 순식간에 벌어진 일이라 현실성이 없었다. 가족들은 미친 듯 중얼거리는 나를 보고 차마 위로의 말도 꺼내지 못했다.

'아빠한테 부탁해 박제로 만들어달라고 해야 하나?'

이대로 보낼 수는 없었다. 거죽만이라도 옆에 두고 싶었다. 키카는 호니가 낳았지만, 마음으로 키운 자식과 같은 아이였다. 새벽시장을 돌고 집에 돌아오면 현관문을 지키고 앉아 나를 반겼다. 고단한 서울의 밤을 버티도록 체온을 나눠준 아이였다. 내가 잠들 때까지 무수한 어둠의 시간을 함께 이겨냈다. 남자친구와 헤어진 후 촛불처럼 흔들리던 내 영혼을 붙들어 준 키카였다. 꺼억꺼억 울음은 그런 아이에게 소리 지른 죄스러움 때문이었다. 용서를 구하고 싶었다.

남동생은 누나가 매일 눈물바람 할까 무섭다며 모르는 곳에 키카를 묻겠다고 했다. 상상도 할 수 없는 일이었다. 키카를 옷과 담요에 감싸 내 방 옆 소나무 아래 묻었다. 무덤에 큰 바윗돌을 얹어 산짐승이 파헤치지 못하게 했다. 비석은 못 세웠지만, 매일 정원의 들풀꽃과 동백나무꽃을 꺾어 무덤을 찾았다. 키카가 떠난 후 호니까지 아플까 걱정했지만 키카를 찾지는 않았다. 내가 며칠 집을 비우면 요로결석이 도져 피오줌을 쌌지만, 키카가 사라진 후 오히려 평화로웠다. 딸이 아니라 경쟁상대로 인식했을까? 알다가도 모를 일이었다.

가슴에 두 번째 구멍이 뚫려 돌개바람이 헤집고 지나갔다. 조카들이 키카 얘기를 꺼내면 밥을 먹다 말고 고장 난 수도꼭지처럼 눈물이 났다. 벌게진 눈으로 거실을 나와 무덤 곁에 가야 안정되었다. 키카가 주홍글씨처럼 새겨져 죄스러움과 부끄러움으로 얼룩진 마음을 난도질했다.

그즈음 큰언니의 권유로 아빠랑 남동생을 제외한 가족이 성당에 다녔다. 나한테도 권했지만, 믿음이나 종교 활동은 내 의지를 벗어난 영역이라며 거절했다. 종교는 이성이 앞서는 순간 교리서적 그 이상도 이하도 아니었다. 교회에 다닌 후 까막눈 외할머니가 성경책을 읽게 되었다는 얘기를 들었지만 믿지 못했다. 배우지도 않은 한글을 성령의 힘으로 읽었다니 황당무계한 소리로 들렸다. 종교화를 보고 믿음을 갈망했던 적이 있으나 믿음은 취사선택이 가능한 영역이 아니었다.

그해 겨울은 유난히 추웠다. 아끼던 키카를 먼저 보내고 마음에 칼바람이 수없이 날아와 박혔다. 시리고 시린 겨울이었다. 신작 영화로 레오나르도 디카프리오의 「레버넌트」(죽음에서 돌아온 자)가 개봉했다. 곡성에 내려온 후 친구를 만나러 간 적도 영화관에 간 적도 없었다. 시험 합격 전까지 모든 걸 미뤘는데 언니는 휴식이 필요하지 않겠냐며 외출을 권했다. 가지고 내려온 외출복이 없어 나가고 싶지 않았다. 사당동 자취방에서 나를 기다리는 옷장의 먼지는 합격 후 털어낼 예정이었다. 하지만 작은언니는 다 함께 다녀오자며 보챘다. 디카프리오의 야생성이 극대화된 「레버넌트」 예고편을 보고 못 이기는 척 아빠 차에 올랐다.

  영화는 서부 개척시대 이전인 19세기 아메리카 대륙을 배경으로 인디언 피가 섞인 아들을 둔 사냥꾼 휴 글래스(디카프리오)의 험난한 여정을 그렸다. 휴는 사냥터에서 회색 곰에게 습격당해 사지가 찢긴다. 동료들이 치명상을 입은 휴를 죽이려 하자 아들 호크가 저항한다. 동료들은 움직일 수 없는 휴의 눈앞에서 호크를 죽여 버린다. 그는 조용한 숲에 버려진 채 사자처럼 오열하고 아들을 죽인 피츠제럴드에게 복수를 결심한다. 시련은 예기치 않은 순간에 찾아오고 인생은 의지와 상관없는 방향으로 그를 이끈다. 신은 죽지 않을 만큼 고통을 주고, 남자가 죽을 각오로 세상과 맞설 때 따뜻한 손을 내민다. 소의 내장을 파고 들어가 설원의 추위를 버티며 복수를 위한 추적을 계속한다. 마침내 휴가 피츠제럴드를 붙잡지만 '복수는 신의 일'이라는 원주민의 말을 떠올리고 개울에 던져버린다. 피츠제럴드는 마침 지나가던 원주민 부족에게 잡혀 죽임을 당하고 휴도 다시 한 번 죽음의 순간과 맞닥뜨린다. 하지만 인디언 추장은 딸 포와카를 구해준 적 있는 그를 살려준다.

  내 삶의 지도도 의지와 어긋난 방향으로 흐르고 있었다. 서른 살에 창업해 성공한 도시인으로 살아갈 줄 알았는데, 일주일만 지나면 마흔이었다. 이룬 건 없고 공시생의 삶은 아득하고 멀기만 했다. 고향으로 돌아와 합격할 때까지 포기하지 않기로 마음먹었지만, 쉼표가 필요했다. 차창 밖으로 휘달리는 눈발이 복잡한 마음의 질문을 흩뿌렸다. 집에 돌아오는 차 안에서 핸드폰이 울렸다.

소라였다. 대뜸 전화해 너도 성당에 나가야 하느님이 합격시켜준 다는 궤변을 펼쳤다. 박장대소하며 웃는데 소라는 진지했다.

"내가 운 좋게 공무원시험 준비한 지 1년 만에 꼴찌로 합격했잖아. 그거 다 성모님이 해주신 일이야. 몇 년에 한 번 뽑는 환경직 시험에 내가 어떻게 합격했겠어?"

"말도 안 되는 소리 하지 마. 그러면 성당 다니는 사람은 다 공무원시험 합격하라고?"

친구의 말을 비웃었다. 학원강사 일을 관두고 공무원 공부를 시작하기 전에 홀로 유럽 여행을 떠난 소라는 세기의 성당을 둘러보고 종교를 가졌다. 아름다운 성당에서 신의 손길을 느꼈다고 했다. 대학 친구 중에 가장 이성적이고 논리적인 사람이 소라였다. 내게 '소라'라는 이름은 '논리적'이라는 단어와 동의어였다. 그런데 웬 뚱딴지같은 말인지 이해되지 않았다. 영화처럼 차창 밖으로 눈발이 휘날렸다. 통화를 들은 작은언니가 옆에서 거들었다.

"나도 건우랑 범우 때문에 성당에 다니기 시작했잖아. 하느님의 존재를 믿느냐는 거룩한 질문에 확신이 있기보다는 성당에 가면 마음이 편해. 너두 공부한다고 방에 처박혀 있지만 말고 일요일에 가족들과 바람 쐴 겸 성당에 다니자. 우리 성당 성가대가 규모는 작아도 노래를 잘해서 타 본당 신자들이 칭찬할 정도야. 주말에 같이 가서 들어봐."

복잡한 머릿속에 종교나 믿음 같은 물음표를 추가하고 싶진 않았다. 하지만 조카 건우의 꿈이 '신부님'이라고 하니 성당 신부님이 궁금했다. 문화생활 한다는 마음으로 성가대 노래나 들으러 가볼까? 끈질기게 요청해도 미동이 없던 마음의 빗장이 슬그머니 열었다. 영화 때문인지, 한해의 끝자락에 감성이 폭발해서인지 알 수 없었다.

주말이면 무쏘 차 안이 콩나물시루가 되었다. 엄마, 할머니, 작은언니, 조카 범우, 건우, 나까지 일곱 명을 실은 무쏘는 곡성성당 앞에서 문을 열었다. 아빠는 미사가 끝날 때까지 근처 낚시방에서 놀다 끝나는 시간에 데리러 왔다. 성당 신부님은 고리타분하게 교리를 강조하는 분이 아니었다. 큰 키에 시원시원한 이목구비, 중저음의 목소리가 듣기 좋았다. 매주 성경 말씀에 본인 체험에서 깨달은 에피소드를 섞어 알기 쉽게 설명했다. 어린 건우뿐 아니라 어른이 보기에도 멋진 분이었다. 성가대는 열 명 내외인데 지휘자와 함께 멋진 화음을 연주했다. 매주 일요일, 가족과 함께 힐링하는 마음으로 성당에 갔다. 언니는 묵주반지를 선물했고 자연스레 새 신자 모집란에 이름을 올렸다. 교육생은 퇴직 공무원 한 명, 주간보호센터를 운영하는 모녀 두 명, 퇴직 후 강빛마을로 이주한 이장님 한 명, 동막마을 부부 두 명에 나를 포함 일곱이었다. 주일미사 한 시간 반 전에 교육관에 모여 신부님이 직접 교리를 가르쳤다. 교리는 천주교 신자로 행하는 묵주기도나 성호의 의미, 성모님께 기도하는 이유, 주요 기도문 내용 중 아리송한 부분의 해석이 주를 이뤘다. 공부라기보다는 궁금증을 해결하는 시간이었다. 첫날 각자의 포부와 기도 제목을 나누는 자리에서 퇴직 공무원은 치매 어머니를 걱정했고 주간보호센터를 운영하는 동생은 삶의 여유를 바랐다. 인자한 얼굴의 강빛마을 이장님은 모두 만족한다며 얼버무렸고 동막마을 부부는 서울살이하다 고향에 내려와 적응 중이라고 했다. 나는 공시생 신분을 밝혔다. 삶의 궤적이 다른 어른들이 모여 자기주장을 내세울 법도 한데 다들 겸손하고 유쾌했다. 함께 성경을 나누는 시간이 매주 기대되었다.

소라는 시험 전에 세례를 받았으면 했지만, 나는 오히려 마음이 느긋했다. 가볍게 산책하는 마음으로 성당에 다녔다. 스펀지에 물이 스미듯 성당이 좋아졌다. 인간 세상에 외아들을 보내 인간을 구원하고 아들의 희생을 감내한 하느님이 궁금해졌다. 연옥과 구원에 대한 확신은 없었지만, 말씀이 마음을 움직여 눈물을 흘리는 날도 있었다. 앞서가려고 서두르지 않고 내 호흡을 유지하며 다음 스텝을 밟기로 마음먹었다.

4부

40대, 다시 삼기면에서

귀옥: 폭풍 속으로

귀옥은 전날부터 한숨도 못 잤다. 동신의 막내삼촌이 농원 개장을 축하하기 위해 무등일보 직원 400명을 데려온다고 했다. 광주 각화동 공판장에서 무쏘 차 한가득 새벽 장을 봐왔다. 경악마을 아주머니 서넛이 종일 마늘과 고추, 도라지, 겉절이 배추 다듬는 일을 도왔다. 일꾼 수십인 분 밥은 익숙하지만, 100명이 넘는 단체 손님은 처음이었다. 개장 첫날이라 추가 손님이 얼마나 될지 가늠할 겨를도 없이 밤새도록 새 그릇을 닦으며 탑처럼 쌓인 양은 쟁반을 헤아렸다.

아랫집에 살 때는 닭은 순복이 잡고 귀옥은 요리만 했다. 하지만 100마리는 혼자서 감당할 분량이 아니었다. 새벽 3시부터 일어나 시어머니 순복과 토종닭을 잡았다. 순복은 다부진 손으로 숨이 끊어질 때까지 닭목을 잡는데 귀옥은 죽음을 대면하는 게 불편했다. 노끈으로 세 마리씩 목을 묶어 선반에 매달고 고개를 돌렸다. 숨이 끊긴 닭은 다루기 수월했다. 털 뽑는 기계에 네다섯 마리씩 넣고 돌리면 엉덩이와 날개쭉지 잔털만 남고 벌거숭이가 되었다. 남은 잔털은 끓는 물을 부어 핀셋으로 뽑았다. 주방 바닥에 애들 키만 한

통나무 펜션과 정원·황귀옥

나무 도마를 깔고 순복을 따라 닭의 배를 갈랐다. 닭머리부터 자르고 갈비 옆에 붙은 허파를 떼어냈다. 오목가슴에 붙은 위 보따리와 꼬리의 기름샘도 제거했다. 맛있는 국물이 우러나게 날개 끝은 세 마디만 자르고 목에 붙은 울대와 밥줄도 떼었다. 밥줄은 일자로 생겼고 성대 역할을 하는 울대는 나사처럼 꼬불꼬불 꼬임으로 구별했다. 동그란 똥집에는 도톰한 쪽과 뾰족한 쪽이 있는데, 뾰족한 쪽에 칼집을 넣어야 똥주머니를 터트리지 않고 제거할 수 있었다. 귀옥이 닭가슴살을 썰어 참기름, 진간장, 설탕, 다진 마늘, 고춧가루를 넣고 버무릴 동안 순복은 주방 밖에 걸린 대형 가마솥에 장작불을 땠다. 솥에 닭 50마리와 통마늘, 녹두, 황기, 도라지, 대추를 넣고 집간장으로 간을 맞춰 한 시간 이상 끓였다.

4월의 끝자락이라 바깥 날씨는 완연한 봄인데, 주방은 8월 무더위를 방불케 했다. 압력솥에 닭을 서너 마리씩 넣고 30~40분간 끓이면 배불뚝이 압력솥이 징글벨을 울리며 하얀 증기를 뿜었다. 은색 추 돌아가는 소리와 희뿌연 증기가 뒤섞인 주방은 전쟁터를 방불케 했다. 회중시계를 보며 바쁘게 걷는 『이상한 나라의 앨리스』의 흰토끼처럼 자꾸 벽에 걸린 시계를 확인했다. 11시가 되자 밖은 손님맞이로 정신이 없고, 귀옥은 종일 뜨겁게 달아오른 주방을 뛰어다니며 상에 올라갈 밑반찬과 메인 메뉴를 챙겼다. 세 칸짜리 원형 사기그릇에 편썰기한 마늘, 고추와 도라지를 담고 겉절이김치와 깍두기, 소금 후추, 꽈리고추 간장무침을 은색 쟁반에 올려 밖으로 내보냈다. 손님들이 백숙을 먹는 동안 가마솥에는 녹두죽을 끓였다. 멥쌀만 넣으면 너무 껄끄럽고, 찹쌀만 넣으면 축축 쳐지니 멥

쌀과 찹쌀을 반반 섞어야 식감이 부드러웠다. 딱딱한 녹두 옆구리가 톡톡 터지면 닭죽의 느끼함도 잡아주고 고소한 맛이 진하게 올라왔다.

늦은 저녁이 되어서야 손님이 돌아가고 동신은 홀 서빙을 돕던 경악 아줌마들을 데려다주러 갔다. 환갑이 넘은 순복이 빠른 손으로 도왔지만, 몇백 명의 손님상을 치른 주방은 아비규환 상태였다. 다음날 장사를 위해 정리를 끝내야 했다. 귀옥은 순복을 방에 들여보내고 홀로 주방을 오가며 끝나지 않는 설거지와 재료 손질을 마무리했다. 테이블에 들러붙은 진득한 백숙 국물은 행주로 닦고 음식물쓰레기는 따로 모았다. 50리터짜리 파란 봉투를 들고 농원에 나뒹구는 쓰레기를 주웠다. 손님으로 가득 찼던 통나무집과 야외 테이블 사이를 돌며 비로소 한숨을 돌렸다. 연못가 돌계단 둔덕에 핀 다홍색 철쭉꽃이 까만 어둠을 뚫고 반겼다. 한 달 전에 피고 진 연분홍 서양동백꽃이 문득 그리웠다. 겹겹이 캉캉치마를 두른 연분홍 꽃잎 사이에 코를 박으면 지친 몸에 활력이 돌 듯했다. 꽃댕강나무에서 스카이로켓 향나무로 이어지는 정원 돌계단에 앉은 귀옥의 입꼬리가 초승달처럼 휘었다 풀썩 주저앉았다. 쪽잠이라도 자야 할 텐데 끝이 보이지 않았다. 마을에 다녀온 동신은 아이처럼 보챘다.

"이제 들어가 자자. 들어가 자자."

동신은 광주권 중견기업을 상대로 유풍농원을 홍보하고 식당 재료 공수에 힘을 쏟았다. 향어는 아랫 방죽에서 잡으니 간편하지만, 야생 멧돼지는 수급을 맞추느라 애를 먹었다. 국가는 야생동물 보호와 유해조수 균형을 위해 해걸이로 멧돼지 사냥을 허가했고 포수는 허가받은 산에서만 사냥할 수 있었다. 동신은 전국을 돌며 멧돼지를 공수했다. 그 이외에 펜션 청소와 주방일은 온전히 귀옥의 몫이었다. 음식은 허덕허덕해서라도 만들겠는데, 일당 받는 동네 아줌마들은 의욕 없이 일하다 저녁나절이면 돌아가 버려 손발이 안 맞았다. 새벽 2~3시까지 혼자 주방 청소와 뒷정리하는 날이 늘어 점점 힘에 부쳤다. 상주하며 도와줄 사람이 필요했다. 귀옥이 파업을 선언하자, 동신이 광주 직업소개소에서 사람을 데려왔다. 주방에서 마늘이며 미나리 다듬는 보조업무는 잘하는데 홀서빙할 인물이 아니었다. 귀한 손님이 오면 서빙은 물론 응대도 가능한 노련한 사람이 필요한데 보기 드문 추녀에 허름한 차림새라 밖에 내놓기 민망했다. 동신한테 이야기했더니, 이번에는 스물세 살의 예쁘장한 여자애를 데려왔다. 높은 인건비를 보고 따라온 듯했다. 경험도 없고 참을성도 부족한 딸 나이 또래 여자애가 버틸 수 있을지 걱정되었다.

"일이 힘든데 가능하겠어요?"

"네, 뭐든지 열심히 할게요."

당차게 대답했지만 일주일 만에 죄송하다며 짐을 쌌다. 세 번째로 데려온 이가 진숙이었다. 넓적한 얼굴에 성격이 화끈한데 곰살맞은 데가 있었다. 숙박 손님이 많아 방 여섯 개와 거실까지 만실이 되면 진숙이 자는 203호 방까지 내줘야 했다. 그럴 때마다 눈살 찌푸리는 법 없이 흔쾌히 짐을 옮겼다. 손끝이 야무져 주방일 뿐 아니라 손님 응대도 능숙했다. 팁을 받으면 혼자 그 돈을 갖는 법이 없었다.

"언니, 이거 봐. 팁 받았어! 우리 이걸로 맛있는 거 사 먹을까?"

쉬는 날 광주에 가면 궁전제과 빵이랑 예쁜 옷을 사오고 화가 남자친구한테 부탁해 벚꽃 그림을 선물하기도 했다. 귀한 선물을 받고 어쩔 줄 모르는데 진숙은 언니를 닮은 그림이라고 했다. 안방에 걸어두니 사계절 연분홍 벚꽃을 볼 수 있어 행복했다. 그림의 힘이란 참 대단하구나 싶었다. 항상 긍정적이고 웃음이 많아 구김살이 없을 줄 알았는데, 어느 날 진숙이 술을 마시고 속 이야기를 털어놨다. 남편이 이혼을 안 해줘서 어쩔 수 없이 딸애를 두고 나왔다고 했다. 폭력적인 남편 옆에 딸을 두고 나온 게 마음에 걸려 하루에도 열두 번 지옥을 오간다고 했다. 귀옥은 어설픈 위로 대신 함께 공감하고 아파했다. 진숙은 피를 나눈 자매처럼 살갑게 대했고 가족한테도 잘했다. 중학생인 은숙이랑 택섭도 '이모, 이모' 하며 잘 따랐다. 손님에게 비위를 맞추는 법과 진상손님이 왔을 때 대처법 등 여러 장사수완을 배웠다. 오래오래 함께하고 싶은데 손님들은 상냥한 진숙을 가만두지 않았다. 끝없는 구애가 이어졌고 일한 지 2년 만에 옥과 황사장과 결혼해 가정을 꾸렸다. 축하할 일이지만 헤어짐이 못내 아쉬웠다. 나이는 어려도 의지할 수 있는 인생 선배였다.

산 중 식당이라 흑돼지 같은 육고기가 많이 팔릴 것 같은데 토종닭 백숙에 이어 두 번째 인기 메뉴가 회였다. 향어회 주문이 들어오면 동신이 아래 방죽에서 뜰망으로 향어를 잡아왔다. 귀옥은 회 뜨는 법을 정식으로 배운 적이 없었다. 회칼도 가리는 것 없이 동신이 시장에서 사다준 걸 썼다. 붕어를 손질하듯 머리를 잘라 피를 빼고 내장을 꺼냈다. 얇은 칼끝으로 비늘을 벗겨낸 후 깨끗이 씻어 행주로 물기를 닦고 뼈를 중심으로 배를 갈랐다. 뼈를 제거하고 살만 발라 몸 둘레를 따라 도톰하게 포를 떴다. 둥근 접시 위에 하얀 무채를 깔고 그 위에 먹음직스러운 향어회를 가지런히 올렸다. 초록색 파슬리와 주황색 당근꽃을 만들어 색의 밸런스를 맞췄다. 손님상에 회랑마늘, 고추 등 밑반찬을 1차로 내보내고 냄비에 생선 머리랑 뼈, 내장 등 부산물을 넣었다. 다진 마늘과 무, 콩나물, 국간장, 소금, 후춧가루, 생강으로 비린 맛을 잡고 마지막에 고춧가루를 넣어 얼큰한 매운탕을 끓였다. 30분 정도 뭉근한 불에 끓이면 국물 색이 뽀얗게 우러났다. 검정 뚝배기로 옮겨 담은 후 고춧가루로 매운맛을 내고 손가락 마디 길이로 썬 초록색 미나리와 버섯, 홍고추로 먹음직스러운 색 조합을 만들었다. 손님상에 나가기 직전에 알싸한 산초가루를 뿌려 마지막 향을 입혔다. 향어회를 찾는 손님이 늘어 주방 옆에 큰 수족관을 설치했다. 몇 마리씩 수족관에 잡아두고 필요할 때 꺼내 쓰니 요리가 빨라졌다. 방죽에 키우던 향어가 거의 소진되어 송어회로 바꿨다. 예민한 손님은 향어회에서 흙내가 난다며 싫어했는데, 송어회는 살이 단단하고 식감이 일품이었다. 연어랑 비슷한 주홍빛을 띠는데 기름기가 적어 호불호 없이 인기였다. 향어와 마찬가지로 민물고기인 송어도 부산물로 끓인 매운탕이 인기였다. 민물회에 담백한 다래주가 잘 어울려 양옥집 살 때 지하실에 저장해둔 술 항아리 수십 개를 야금야금 꺼내 썼다. 단골한테는 서비스로 주고, 2홉짜리를 5,000원에 팔아도 맛이 좋아 잘 팔렸다.

쏘가리는 일급수에서만 잡히는 물고기라 원가가 비쌌다. 고급 어종인 쏘가리회를 찾는 손님은 생각보다 많지 않은데 수급 원활화를 위해 계속 쏘가리를 사야 했다. 뜨내기손님을 위해 수족관에 며칠씩 보관하다 냉동고에 들어갔다 나오면 살이 퍽퍽하고 쫀득한 맛이 덜했다. 처치 곤란한 물고기로 매운탕을 끓이면 가족들도 잘 먹지 않았다. 수지 타산이 맞지 않는 쏘가리매운탕은 없애고 자연스레 흑돼지, 야생 멧돼지, 토종닭, 송어가 주요 메뉴로 자리 잡았다.

동신은 겨울철 멧돼지 수렵 시기에 맞춰 전국에서 야생 멧돼지를 사와 쓸개와 피를 따로 팔았다. 단골들은 신선한 피와 쓸개주를 먹으려고 줄을 섰다. 멧돼지 구매 가격의 절반 이상을 거기서 벌고 고기는 부산물 개념이었다. 동신은 멧돼지를 잡아오면 귀옥에게 손질은 맡겼다. 여자 힘으로 버거워 도움을 요청했더니 손도 느리고 쩔쩔매는 꼴이 답답해 도맡았다. 멧돼지 해체를 따로 배운 적이 없어 아랫집 살 때 영철이가 돼지 잡는 걸 본 기억을 더듬었다. 피를 뺀 멧돼지고기는 세심하게 힘줄을 제거하지 않으면 먹을 수 없었다. 식도가 목구멍에서부터 똥구멍까지 연결되어 팔뚝처럼 두꺼운 식도를 잡아당기면 갈빗살 근처 간과 허파, 창자, 지레가 딸려 나왔다. 죽은 돼지의 창자는 빵빵하게 부풀어 칼을 잘못 놀리면 창자가 터져 고기를 오염시켰다. 똥구멍 근처 창자는 엉덩이뼈를 도끼로 쳐서 길을 내줘야 제거하기 편했다. 등뼈 양쪽으로 칼 선을 그어 힘으로 누르면 좌우로 쫙 벌어졌다. 갈비뼈를 잘 발라내야 삼겹살에 붙은 고기가 많았다. 1인분 200g에 앞다리살과 뒷다리살, 갈빗살에 붙은 삼겹살을 섞어 팔았다. 등심은 살이 퍽퍽해 꽈리고추를 넣어 장조림을 만들고 갓 잡은 멧돼지의 생간과 부드러운 안심은 생고기로 인기였다. 목살도 구이용으로 인긴데 힘줄을 잘못 제거하면 걸레처럼 너덜너덜해졌다. 생고기로 팔고 남은 고기는 얇게 편 썰어 냉동고에 넣었다. 손님이 오면 찜솥 채반을 올려 고기에 증기를 살짝 쏘였다. 시간 조절을 잘하면 적당히 녹아 생고기 비슷해졌다.

한 번은 단체 손님이 염소 한 마리로 주물럭과 탕을 끓여달라고 했다. 염소탕집 경험이 있는 동신의 지인에게 배우러 갔는데, 참기름 한 통으로 샤워를 시켜야 한다는 등 제대로 된 비법을 알려주지 않았다. 고민하던 귀옥은 염소 고기를 찬물에 30분 이상 담가 피와 불순물을 제거하고 소금과 식초를 뿌려 누린내를 중화시켰다. 고기를 넣고 끓인 첫물은 버리고 신선한 생강과 통마늘, 양파, 후추, 고춧가루, 미림 등을 넉넉히 넣어 가마솥에 끓였더니 누린내가 사라져 아이들도 거부감이 없었다. 염소주물럭에는 만능양념을 사용했다. 사과와 배, 생강, 마늘, 후추, 미림, 고운 고춧가루, 진간장, 물엿, 갉은 양파, 파인애플 통조림에 다래 효소를 배합해 큰 김치통으로 하나씩 만들어 냉장 보관하면 자연 숙성되어 각종 고기 요리에 두루 쓰였다.

시골 식당을 찾는 손님들은 건강한 채소 밑반찬을 좋아했다. 가지는 볶으면 기름을 흡수해 색이 칙칙하고 느끼한데 증기로 찌면 단맛이 강해졌다. 보라색 가지를 반으로 가르면 하얀 속살이 보였다. 칼집을 두세 개씩 내어 찜통에 넣고 무르지 않게 살짝만 찌는 게 비법이었다. 손님이 올 때마다 고춧가루와 마늘, 고추, 참기름, 깨를 버무린 양념장을 뿌려 가지런히 손님상에 올렸다. 진보라색 가지 위에 올라간 오색 양념장과 진한 참기름 향이 오감을 자극했다. 호박이랑 고구마 순도 뜨거운 물에 데쳐 기름소금으로 무쳤다.

시장에서 산 건 신선도가 떨어져 우중충한 연둣빛인데 밭에서 바로 딴 고구마 순은 투명한 초록빛이 돌았다. 껍질 벗긴 도라지는 쓴맛이 우러나도록 반나절 정도 물에 담갔다가 기름에 볶거나 고추장 양념에 버무렸다. 전라도에 시집와 순복한테 배운 방법인데 다들 맛있다며 칭찬을 아끼지 않았다.

귀옥이 처음부터 음식에 예민했던 건 아니다. 입맛 까다로운 남자와 살다보니 달라진 것이다. 동신은 만든 지 한 시간이 지난 음식은 손을 안 댔다. 음식을 타박하면 따지기라도 할 텐데 맛을 보고 젓가락질을 안 했다. 그게 더 자존심 상했다. 특히 양념장은 바로 버무린 게 색과 향이 좋고 10분만 지나도 풍미가 떨어졌다. 남편 기준으로 손님상에 나갈 음식을 준비하니 트집잡힐 일이 없었다.

귀옥에게 요리는 행복을 꺼내는 보물단지였다. 함께 사는 사람, 농원을 찾는 손님을 위해 요리하고 맛있게 먹는 모습을 보는 게 좋았다. 틈나는 대로 머위떼 군락을 살피며 메마른 갈색 땅에 생명의 신비를 노래하는 머위를 기다렸다. 귀옥은 풍요로운 봄의 시작과 칼날처럼 시린 겨울의 아픔을 간직한 쌉쌀한 머위나물을 일품으로 쳤다. 취나물보다 먼저 봄을 알리는 게 머위다. 칡넝쿨이 올라오기 전에 언 땅을 뚫고 새순이 빼꼼히 올라왔다. 6월까지 키가 자라면 잎은 뻣뻣해 못 먹지만 껍질 벗긴 머위 대를 된장 양념에 버무리면 쌉쌀한 맛이 입맛을 돋웠다. 8월에는 흔적도 없이 사그라졌다가 10월에 다시 새싹이 돋았다. 가을에 먹는 귀한 머위는 햇살처럼 부드럽게 입안을 점령했다. 11월에 된서리가 내리면 금세 사그라져 이듬해 봄까지 쌉쌀한 머위를 기다렸다.

머위 친구 격인 쑥은 연할 때 밑동을 잘라 저장해놓고 수시로 사용했다. 숙박 손님의 아침 백반에 빼놓을 수 없는 게 향긋한 쑥 된장국이었다. 백반은 조기튀김 이외에 열 가지 밑반찬을 준비했다. 계란찜, 가지나물, 도라지볶음, 숙주나물, 고구마 순나물, 깻잎김치, 깍두기, 감자볶음, 장조림, 조기, 쑥된장국으로 은색 쟁반을 가득 채워야 손님을 제대로 대접한 기분이었다. 새벽부터 일어나 분주하게 준비해야 하지만, 깨끗하게 비운 접시를 보면 피곤이 달아났다. 제철 채소로 만든 밑반찬을 맛보려고 사계절 찾는 단골이 늘었다. 딸처럼 국물 없는 닭볶음탕 매력에 빠진 이도 많았다. 보험 판매를 업으로 하는 세 친구는 우연히 들렀다 닭볶음탕 맛에 반해 한 달에 두 번씩 먹으러 왔다. 가족들한테 맛보이고 싶다며 포장을 요청하곤 했다. 그녀들은 집에서 요리하면 같은 맛이 안 난다며 투덜거렸다. 요리의 완성은 재료뿐 아니라 냄비와 화력, 불 조절에 있다는 걸 얘기해줘도 믿질 않았다. 토막 썬 토종닭에 깍둑썰기한 양파, 감자, 당근, 다진 생강, 마늘, 진간장 한 컵, 고춧가루 한 국자, 소주 반 컵, 물엿, 미림을 넣고 뚜껑을 닫아야 닭과 감자 속까지 잘 익었다. 20분 이상 중불로 끓이다 마지막에는 약불로 조절해야 형태가 뭉그러지지 않았다. 닭고기를 채소에서 나온 진국으로 샤워시키며 졸여야 윤기 있는 닭볶음탕이 완성되었다.

마흔한 살에 어영부영 식당 주방장 노릇을 시작했는데, 해가 갈수록 부족한 게 느껴졌다. 평일 손님은 물론 주말에 멧돼지가 잡히면 피와 쓸개를 먹으러 오는 손님까지 혼자 감당하기 힘들었다. 전문 주방장 옆에서 일을 배우고 싶었다. 동신한테 얘기해 석곡에서 횟집 경력자를 데려왔는데, 향어랑 송어회 뜨는 솜씨가 신통찮았다.
"사장님이 나보다 회를 잘 뜨는데, 왜 저를 데려왔어요?"
여자는 멋쩍은지 머리를 긁적였다. 진짜 주방장을 데려오라고 했다. 동신이 광주 직업소개소에서 하얀 얼굴에 다소곳한 도시 주방장을 데려왔다. 편하게 송이 엄마라 불렀는데 무난한 성격에 주방 일도 그럭저럭 능숙하게 해치웠다. 햇빛 알레르기 때문에 나가는 걸 싫어해 주방에서만 지냈다. 사람 좋아 보이는 송이 엄마한테 딸이 둘 있었는데 첫째 딸이 송이였다. 하루가 멀다고 송이와 통화하며 친하게 지내는데 무슨 일인지 둘째 딸 이야기는 꺼렸다. 언젠가 장례식장에 다녀오겠다고 해 물어보니 둘째 사위 장례식이라고 했다. 무덤덤한 얼굴의 송이 엄마는 평소와 달리 차가웠다. 안쓰러움의 눈물도 흘리지 않는 냉혹한 얼굴에 당황했다. 송이 엄마는 답답한 시골 주방장 생활을 오래 버티지 못하고 도시로 돌아갔다.
두 번째로 온 주방장은 개구진 얼굴에 입꼬리가 장난꾸러기 소년처럼 올라간 활기찬 사람이었다. 첫인상은 강한데 서글서글한 눈웃음을 지으면 동네에 흔한 아낙으로 변신했다. 요리하다 부족한 게 있어도 임기응변으로 해결했다. 원칙을 내세우지 않고 주방 여건에 맞춰 요리하니 200~300명 단체 손님이 와도 거뜬했다. 새 주방장이 들어온 후 손님들이 불평하는 법이 없었다. 귀옥은 조용히 칼을 내려놓고 주방장이 시키는 일을 묵묵히 도왔다. 어떤 난관이든 척척 해결해 귀옥에게 신 같은 존재였다. 편하게 이모라 불렀고, 주방 이모도 눈치껏 일을 돕는 귀옥을 동생처럼 아꼈다. 나중에 우리 둘이 식당 운영하면 좋겠다며 너스레를 떨었다. 이모는 워낙 빠

릿빠릿한 성격이라 쉬는 법이 없고 자신의 얼굴을 닮은 넝쿨 호박
을 유난히 좋아했다. 손님이 없는 틈에 식당 앞 공터에 다녀온다더
니 바지에 흙을 잔뜩 묻히고 돌아왔다.
"나 오늘 호박 오십 구덩이 심었어!"
"밭도 안 갈고 어떻게 호박을 심어요?"
"그냥 호미로 파고 묻었지! 하하하."
 귀옥이 가보니 닭장 옆에 무성히 자란 풀을 대충 뽑고 군데군데
호박을 심어놓았다. 걱정되어 척박한 땅에 몰래 웃거름을 주었다.
주방 이모는 일을 저지른 후에 마무리하는 사업가 스타일이었다.
반면 귀옥은 밭을 갈고 거름을 주기 전에는 호박씨를 심을 생각도
못 했다. 5월의 푸르름이 우주의 기운을 보탰을까? 포기 간격도 대
중없고, 순치기도 안 했는데 넝쿨이 잘 자랐다. 더운 여름에 호박잎
을 뜯어 쌈을 싸 먹고 손님상에도 냈더니 귀한 게 나왔다며 반응이
좋았다. 10월 상순이 되니 호박이 넝쿨마다 주렁주렁 익어갔다. 이
모는 노란 호박을 따 담으며 덩실덩실 춤을 췄다. 광주 시가집에도
주고 아들네도 준다며 아침부터 들썩거렸다. 대학 교수하는 아들
에 정비소를 운영하는 아들까지 자녀 농사도 잘 지었다. 장비 탓을
하는 법이 없는데 볶음용 팬이 작다며 아쉬워했다. 쉬는 날 광주에
다녀온다더니 중식당용 대형 웍을 짐가방에 넣고 낑낑대며 돌아왔
다. 검정 무쇠 웍을 불에 단련하더니 멧돼지고기로 뚝딱 제육볶음
을 만들었다. 가족들이 맛있게 먹는 걸 보고 기분 좋은 웃음을 지었
다. 어느 날은 회 접시 바닥에 까는 무 써는 자동기계를 사 오고 어
느 날은 송어회 접시에 장식할 종이 데코를 사왔다. 돈을 주겠다고

하면 필요 없다며 손사래 쳤다. 배포도 크고 베풀기 좋아해 귀옥과는 잘 지냈는데, 홀서빙하는 애들 사감선생 역할을 톡톡히 했다. 한번은 단단히 오해가 생겨 주방 이모가 그만두겠다며 옷 가방을 챙겼다.

"이모, 우리 지금까지 잘 살았잖아. 웃으면서 만났으니 웃으면서 헤어져야지. 화내고 가면 다시는 내 얼굴 안 볼 테야?"

귀옥은 주방 이모를 뒤에서 끌어안았다. 금세 화가 끓어올랐다가 귀옥을 뿌리치지 못하고 슬그머니 가방을 내려놨다. 화끈한 성격이라 한번 화가 풀리면 말을 번복하는 법이 없었다.

새로 온 홀서빙 담당은 허리에 삐삐를 차고 다녔는데, 수시로 시끄럽게 삐삐거렸다. 숙식 조건으로 왔는데 아무 데서나 못 잔다며 형수라고 부르는 남자가 여자를 출퇴근시켰다. 옷은 세탁소에 맡겨 빤다고 했다. 여자는 주방 이모한테는 깍듯한데 귀옥을 본체만체했다. 출근해도 인사하는 법이 없고, 퇴근할 때도 간다는 말없이 남자를 따라갔다 다음날 아침에 돌아왔다. 여자는 옆구리에 찬 삐삐 음에만 관심이 있어 겨우 홀서빙만 하고, 주방 설거지나 펜션 청소는 전혀 하지 않았다. 한 달간 지켜보던 귀옥은 화가 폭발했다.

"너는 왜 온다간다 인사할 줄 몰라? 삐삐소리도 듣기 싫어. 전화 요금 걱정하지 말고 집 전화로 얼마든지 통화해. 그리고 왜 방 청소를 안 해? 서빙만 한다고 네 일이 끝난 게 아니야!"

그동안 누적된 불만을 쏟아냈더니 여자는 대꾸도 못하고 눈물만 흘렸다. 얼마 안 있어 형수라 부르던 남자들이 씩씩대며 찾아왔다. 왜 우리 형수를 울리냐며 귀옥에게 매섭게 대들었다. 그동안 있었던 얘길 했더니, 우리 형수가 그럴 사람이 아니라며 몰아세웠다. 속이 부글부글 끓어올라 참기 어려웠다. 키우던 까만 개까지 알짱거려 눈에 거슬렸다. 본보기로 눈치 없는 까망이를 세게 때렸더니 깽깽깽 비명 지르며 도망쳤다. 귀옥은 내친김에 삼자대면하자며 여자를 불러 딱 부러지게 따졌다. 이번에도 여자는 눈물만 질질 짰다. 상황을 지켜보던 남자들은 소개소에 준 선금 5개월분을 일할 계산해서 돌려주고 여자를 데려갔다. 그제야 기선제압을 위해 때린 까망이가 눈에 밟혀 쓰다듬었다.

그 후에 들어온 지연은 작은 키에 눈도 동글, 얼굴도 동그란 귀염성 있는 30대였다. 눈썰미가 있어 서빙이나 주방 일 모두 잘 도왔다. 한 달에 두 번 휴가를 내 꼬박꼬박 광주에 다녀왔다. 잘 쉬고 왔냐고 물으면 더운 여름에 선풍기도 없는 자취방에서 지내다 온다고 했다. 날이 더워 큰 대야에 물을 받아 목욕했다는 얘기에 안쓰러웠다. 지연은 폭력적인 남편을 피해 임시거처를 얻었다고 했다. 법적 정리를 못 하고 피해 다니는 형편이라 외출이 꺼려진다는 것이다. 귀옥은 10만원을 따로 챙겨주며 선풍기도 사고 맛있는 고기도 사 먹으라고 다독였다.

하루는 썰매장 이벤트 부장이라는 사람이 거만하게 식당을 찾았다. 그는 뜨거운 백숙이 식어가는 줄도 모르고 자신의 대단한 이력을 자랑했다. 자기 과시하며 몸집을 부풀리는 수컷의 전형이라 마음에 들지 않았다.

"왜 나한테 그런 얘길 해요? 나는 밥만 팔면 되는데?"

톡 쏘아붙였더니 그는 당황해 너털웃음을 지었다. 그후로는 허세

부리지 않고 전국을 돌며 고단했던 삶을 진술하게 털어놨다. 올 때마다 많은 손님을 데려와 귀옥의 백숙과 가지나물, 꽈리고추무침을 극찬했다.

직업교육센터 박과장은 야무지고 남자답게 생긴 사람이었다. 지인을 따라왔다가 귀옥의 손맛에 반해 자주 찾았다. 집에 갈 때 가을배추를 검정봉투에 싸주면 사과 맛이 난다며 좋아했다. 평소 말수는 적은데 음식 칭찬은 헤플 정도로 많았다. 귀옥은 손님이라고 무조건 굽신거리지 않았다. 스타일대로 허물없이 대하니 오히려 좋아했다.

맛있게 먹고 돌아가는 손님에게 호박이랑 상추, 배추, 무, 고추, 가지 등 제철 채소를 봉지에 담아주면 아이처럼 해맑게 웃었다. 귀옥은 그 웃음을 먹고 살았다. 종일 뜨거운 열기와 소음으로 가득 찬 부엌에서 바쁘게 오가며 요리하면 무릎이 꺾여 주저앉고 싶은 순간이 왔다. 방에 대자로 누워 쉬고 싶다가도 깨끗한 빈 그릇과 맛있게 먹었다는 한 마디가 다음날을 살게 했다.

귀옥은 장사로 바쁜 와중에도 1년에 네 번 제사를 지냈다. 동신의 할아버지는 9월 초, 할머니 두 분은 3월 16일과 동짓달 스무하루고, 아버지는 2월 스무닷새가 제사였다. 할아버지는 첫 번째 결혼에서 자식을 못 보자 삼베 한 필을 줘서 여자를 내보내고 장가가던 날 태어난 어린 각시와 재혼했다. 소박맞은 여자는 재가한 집에서도 애를 못 낳고 죽었는데, 제사를 모셔와 덕을 쌓으면 좋다는 점쟁이 말을 듣고 제를 지내기 시작했다. 풍수가는 금계리 대나무밭 아랫집이 자손 보기 좋은 집터라 했다. 3형제 중 둘째였던 할아버지는 그 집에서도 애를 낳지 못했다. 막내동생이 형을 위해 첫째 아들을 양보해 양자로 삼고 며느리를 보았는데 그게 순복이었다. 1928년생 순복은 일제 강점기에 큰아기 공출을 피하려고 열여섯에 시집왔다. 일손이 귀한 시골이라 순복의 남편 정수태는 친가에 머물며 일을 돕고 저녁에만 가끔 집에 와 잠을 잤다. 길쌈을 마치고 집에 왔는데 방문 앞에 가지런히 놓인 수태의 신발이 보이면 가슴이 벌렁벌렁했다. 순복은 첫아들을 낳은 지 1년도 안 되어 잃고, 1947년에 둘째 아들 동신을 낳았다. 저녁밥을 먹고 순복에게 한글을 배우던 수태는 동네 청년들을 따라 나갔다가 행방불명이 되었다. 빨갱이로 몰려 재판도 못 받고 순사들이 사살했다는 흉흉한 소문이 돌았고 2월 스무닷새에 수레에 실려 차가운 시체로 돌아왔다. 수태는 아들 돌잔치도 보지 못하고 무고한 죽임을 당했다. 혼자 된 지 얼마 안 된 순복을 옆 동네 사내들이 보쌈하려고 작당 모의하는 걸 친척 어른들이 듣고 구해줬다. 그 후로 순복은 시부모님을 봉양하며 오직 아들만 바라보며 살았다. 금실이 좋은 시부모님은 동신을 장난감처럼 손에서 놓지 않았다. 시어머니는 젊은 나이에 병이 들어 동짓달 죽을 넘기지 못하고 세상을 등졌고 너른 대나무밭 아랫집에 시아버지와 순복, 어린 동신만 외롭게 남겨졌다. 순복은 금계마을에서 동네 아낙들과 길쌈하며 의지했다. 시아버지는 똑똑한 동신을 중학교부터 광주로 유학 보냈다. 먼 길을 걸어 땔감과 음식을 가져다주는 일을 도맡았다. 하지만 동신이 고등학교 졸업을 1년 앞둔 겨울, 화염이 온 동네를 집어삼켰다. 시아버지는 큰 화상을 입어 회복하지 못했고 집은 물론 수확한 쌀까지 화마로 잃었다.

동신은 학교로 돌아오라는 친구들의 만류에도 불구하고 고향에 내려와 농사를 짓기 시작했다. 낫도 잡아본 적 없이 귀하게 자란 동신은 열아홉에 가장이 되었다. 하얀 얼굴이 구릿빛으로 그을리고 서툰 낫질에 굳은살이 박이는 걸 지켜보는 순복의 마음은 무너져 내렸다.

귀옥과 순복은 제사 음식을 준비할 때마다 네 명의 기구한 운명이 떠올라 정성스러운 마음을 다했다. 방앗간에서 팥시루떡을 해오고 배가 노란 참조기찜과 맑은 탕국, 말린 북엇국, 토종닭, 돼지고기두붓국, 잡채, 동태전, 꼬막, 삼색나물, 곶감, 밤, 사과, 배를 준비했다. 1열에는 과일과 떡, 2열에는 전과 튀김, 3열에는 나물과 고기, 4열에는 밥, 국, 술잔을 놓는데 홍동백서와 두동미서 원칙에 따랐다. 해름판에 금계마을 집안 어른이 보해술을 들고 도착하면 동신은 좋은 옷으로 갈아입고 벼루에 먹을 갈았다. 한지 위에 해서체로 지방을 적어 내려갔다. 귀옥은 종일 식당 손님과 제사 음식 준비로 지쳐 바닥에 주저앉았다. 몰려오는 하품을 쫓으려고 흐린 눈에 힘을 줘도 스르르 감겼다. 순복이 제사상 차림을 정돈하면 동신이 자시에 지방을 올리고 향을 피웠다. 두 번 절을 올린 뒤 술을 따랐다. 첫 잔은 조금, 두 번째 잔은 가득 따랐다. 집안 어른이 대표로 술잔을 들고 조상께 올렸다. 동신은 축문을 읽고 두 번 절했다. 숭늉을 올리고 수저로 세 번 밥을 떠서 제사상 주인에게 권했다. 지방과 축문을 태우고 나면 상을 물려 가족들이 맛을 봤다. 은숙과 택섭은 초저녁잠을 이기지 못하고 제사 전에 잠들 때가 많았다. 아침이 되어야 온 가족이 둘러앉아 제사 음식을 나눠 먹었는데, 은미랑 은희는 타지에서 학교를 다녀 마음 한켠이 허전했다. 관광농원을 시작하면서 그나마 있던 이웃집과도 멀어져 제사 음식이 남았다. 금계로 돌아가는 집안 어른 편에 보자기 한가득 담아 보냈다.

하루 장사를 끝내고 앞치마를 뒤집으면 두둑한 현금 뭉치가 와르르 쏟아졌다. 동신은 사업수완을 발휘해 광주권 중견기업과 곡성군 공무원을 상대하느라 바빴고 귀옥은 식당 운영과 펜션 관리로 의자에 앉아 쉴 틈이 없었다. 방치된 매실밭을 썰매장 부지로 임차해 1995년 겨울부터 유풍농원 위쪽에 썰매장이 생겼다. 썰매장 손님은 주로 내부 간이식당을 이용했지만, 특별한 메뉴를 찾는 가족 단위 손님은 농원에 내려와 식사했다. 봄가을로는 연못 정원과 솔밭 가든까지 손님으로 북적였고, 농원 위쪽에 썰매장이 개장한 후 겨울에도 손님이 끊이지 않았다. 농원을 시작한 지 4년 만에 우수 관광농원으로 선정되어 농림부 장관상을 받자 동신의 사업 확장 의욕이 불타올랐다. 벤치마킹을 다녀온 50만평 규모의 장성 관광농원이 롤모델이었다. 거액을 투자해 눈썰매장을 직접 운영하고 버스 두 대로 단체 손님을 실어 나르는 걸 보고 동신도 1억원짜리 버스를 구매했다. 3,000만원은 현금으로 주고 나머지 7,000만원은 3년간 분할 상환 조건이었다. 매달 200만원씩 갚아야 했지만 장사가 잘 되니 걱정 없었다. 운전기사 식이가 단체 손님을 버스로 실어 날랐다. 더 많은 단체 손님을 유치하려면 대연회장도 필요했다. 추가 대출을 받아 전통 기와 방식으로 연회장을 짓고 솔밭 근처에 야외 수영장도 만들었다.

은숙이 겨울방학에 내려와 썰매장 손님을 상대로 작은 기와집에서 분식을 팔아보겠다고 했다. 썰매장 주차장이 부족해 손님들은 도로변에 차를 세우고 올라가다 운치 있는 작은 기와집에 들러 분식을 먹었다. 주방 이모가 미리 만들어준 함박스테이크를 은숙이 기와집 주방에서 구웠다. 갓 구운 함박스테이크에 밥이랑 파인애플 통조림을 곁들여 내면 반응이 좋았다. 추운 겨울이라 달걀과 대파를 넣고 끓인 기본 라면도 인기였다. 방학 동안 하루에 몇십만원 매출이 나와 은숙과 주방 이모가 쾌재를 불렀다.

그런데 이상했다. 귀옥의 앞치마를 가득 채운 푸른 지폐는 모두 동신의 주머니로 흘러가는데 항상 돈이 부족했다. 그 많은 돈이 어디로 가는지 귀옥은 알지 못했다. 물어도 쓸 데가 있다는 말만 했다. 매달 들어가는 인건비 500만원과 버스 대출비용 200만원에 추가 대출까지 늘어 아무리 돈을 벌어도 부족했다. 친척과 지인들 통해 몇백만원씩 융통해 돌려막기를 시작했다. 월말이면 턱걸이로 돈을 끌어 모아 구멍 난 곳을 메꿨다. 동신과 함께 폭풍 속으로 걸어 들어가는 줄도 모르고 그의 성난 발목을 붙잡지 않았다. 귀옥이 푸른 지폐를 내주지 않았다면, 영악하게 딴 주머니를 찼다면, 통장 잔고와 부채를 저울질하며 막아섰다면 그의 폭주를 막을 수 있었을까? 머릿속이 복잡했다.

첫째 딸 은미는 조경학과 졸업 후 서울 양재동에 있는 조경회사에 다녔다. 동신은 은미에게 전화해 몇십만원이라도 보내달라고 부탁했다. 은미는 사촌언니 집에 살며 최소한의 생활비만 쓰고 동신에게 월급을 보냈다. 처음에는 이번 한번만이라는 말을 믿었는데, 매달 전화벨이 울렸다. 죽을 것 같다는 말에 저축할 돈을 송금했다. 하지만 매달 월급을 보태도 상황이 나아지지 않았다. 결국 10개월 만에 회사를 관두고 시골 집에 내려왔다. 1996년 10월부터 은미는 유풍농원 홈페이지를 제작하고 홍보 전단을 만들어 대학과 아파트 단지를 중심으로 손님 유치에 힘썼다. 손님이 줄긴 했어도 주말에는 여전히 눈코 뜰 새 없이 바빴다. 은미는 여름 햇볕에 얼굴이 벌게진 것도 모르고 농원을 뛰어다녔다. 사기그릇이 담긴 무거운 은쟁반을 들고 늦은 밤까지 원두막과 수영장, 잔디밭 야외 테이블 사이를 오갔다. 얼굴 한번 찡그리지 않고 웃는 낯으로 손님을 대했다. 귀옥은 큰딸이 꿈을 접고 내려온 걸 알기에 안쓰럽고 고마웠다. 은미는 땀이 비 오듯 해도 돈을 보면 힘든 게 사라진다고 했다. 연못가 잔디밭에서 야외 결혼식을 하고 싶다는 손님을 위해 몇 달 전부터 직접 합판을 톱질하고 다듬어 흰색 페인트칠까지 했다. 궁전 모양 거치대를 만들어 연못 정원을 결혼식장으로 꾸몄다. 피아노 치는 친구에게 부탁해 결혼행진곡을 녹음하고 대형 스피커도 설치했다. 고생한 만큼 성공적인 결혼식과 웨딩 피로연까지 완벽하게 끝냈다. 틈틈이 찍은 펜션과 이벤트 사진을 홈페이지에 올려 고객관리에 힘썼다.

손님이 뜸한 평일에는 온 가족이 밭에 나가 농사를 지었다. 식당에 필요한 마늘과 양파, 상추, 당근, 부추 등은 직접 길러 매달 들어가는 식자재 경비를 줄였다. 은숙이 서울로 대학 간 후 택섭은 고등학교 자취방을 창평으로 옮겼다. 순복은 매일 출퇴근하며 손자 밥을 해주고 낮에는 식당 일을 도왔다.

　재계 14위 한보철강이 5조원 넘는 빚을 갚지 못해 부도가 나자, 그 여파는 만성 적자에 시달리던 아시아자동차의 경영 악화로 이어졌다. 아시아자동차는 부도유예협약 대상업체로 선정되어 법정 관리를 받고 현대자동차에 낙찰되었지만, 광주지역 협력업체의 연쇄 부도를 막지 못했다. 몇백억원 매출 규모의 협력업체들이 줄줄이 경영 위기에 몰리자, 유풍농원도 큰 타격을 입었다. 홈페이지와 전단 홍보물을 보고 찾아오는 가족 단위 손님만으론 유지가 어려웠다. 은미는 택섭의 과외를 위해 매주 창평에 다녀왔는데, 어떤 날은 빚쟁이가 자취집까지 쫓아와 행패를 부렸다. 사채업자가 괴롭히면 집안의 기둥이던 동신이 무너져 내렸다. 가족들은 하늘같던 동신이 망가지는 모습을 지켜보기 괴로웠다.

　아침을 먹고 미친년 머리처럼 늘어진 실편백나무 가지를 전정하겠다던 은미가 전정가위를 들고 부엌으로 달려 들어왔다. 눈에는 공포가 가득했다. 주차장에 도열한 트럭과 지프차에서 시커먼 남자들이 우르르 내렸다. 무표정한 사내들이 집안 곳곳을 헤집으며 빨간딱지를 붙였다.

　끔찍했다.

　눈을 질끈 감으면 사라지는 꿈이길 바랐다.

　귀옥과 은미는 주방장 이모를 데리고 소나무 원두막으로 피신했다. 대연회장을 가득 채운 200인분 테이블과 의자, 주방 냉장고와 옷장, TV, 농기계까지 빨간딱지가 붙었고 수일 내로 농원에서 사라졌다. 유풍농원은 거죽만 남고 황망한 상태가 되었다. 전기도 끊어지고 장사할 집기류며 냉장고도 사라져 손발이 잘렸다. 순식간에 모든 게 아수라장이 되었다. 눈을 떴을 때는 이미 폭풍 속이었다.

1997년 말, 농원 대출금 2,500만원을 갚지 못해 이듬해 여름에 첫 경매에 들어갔고, 유체동산에 빨간딱지가 붙어 경매시장에 나왔다. 동신은 친구한테 부탁해 매물로 나온 냉장고와 일부 집기류를 낙찰 받았다. 손에 쥔 게 없으니, 퇴비를 사서 농사를 지을 수도 없었다. 굶지 않으려면 비상식량이 필요했다. 은미는 구황작물과 호박이라도 많이 심자고 했다. 가을에 정부에서 농어촌 지원정책으로 대출자의 고금리자금을 중장기 저리로 전환하는 법이 통과되었지만, 유풍농원은 이미 경매에 넘어간 뒤였다. 수시로 전기가 끊겼고 한겨울에는 보일러에 넣을 기름이 없어 냉골 방에서 하얀 입김을 벗 삼아야 했다. 이불 매트를 몇 개 깔아도 통나무 벽 사이로 칼바람이 들어와 내복 안까지 오한이 들었다. 은미는 추위를 이기지 못하고 방 안에 숯불을 피워놓고 잠을 청했다. 선잠이 들었는데 정신이 몽롱하고 속이 메스꺼웠다. 어둡고 축축한 바다 밑으로 가라앉는 느낌이었다. 돌덩이처럼 몸이 굳어 움직일 수 없었다.

눈을 떴을 때는 병원 침대였다. 머리가 깨질 듯 아팠다. 뒷방에서 자던 주방장 이모가 은미를 발견해 새벽에 119를 불렀다고 했다. 귀옥은 흐르는 눈물을 훔쳤다. 딸이 스물일곱 꽃다운 나이에 일산화탄소를 마시고 죽을 뻔했다는 생각에 처음으로 동신이 원망스러웠다. 어떤 채워지지 않는 허기가 그의 가슴에 달콤한 바람을 불어넣었을까, 그를 방치한 죗값을 딸이 받는 것인가? 가슴을 쥐어뜯었다. 내려온다고 했을 때 말렸어야 했는데……. 큰딸이라는 멍에를 짊어진 은미를 볼 낯이 없었다.

　동신은 부동산 경매가 열리는 법원을 쫓아다니느라 식당을 신경 쓸 겨를이 없었다. 경매가 열리기 전날 밤, 귀옥을 이상한 꿈을 꿨다. 식구들이 동글동글 토끼 똥 같은 걸 싸줘 그걸로 장아찌를 담았다. 똥으로 담근 장아찌를 장독에서 오래 묵혔는데 경매는 꿈처럼 길고 오래갔다. 처음 경매가는 13억원이었는데, 유찰되어 경매가의 20%가 다운되었다. 두 번째 유찰부터는 경매가의 10%씩 내려갔다. IMF 영향으로 경매가가 떨어져도 나서는 이가 없었다. 동신은 친한 선후배를 찾아다녔다. 어두운 숲속을 헤매며 밝은 빛을 나눠줄 이를 찾았지만, 어둠은 수렁처럼 무겁고 진득해 발을 빼려 발버둥 칠수록 아래로 아래로 침전했다. 크기를 알 수 없는 보아뱀에게 먹힌 기분이었다. 끈적한 위액이 온몸을 감싸 옴짝달싹할 수 없었다. 농원에 이어 버스 할부금도 갚지 못해 빨간딱지가 붙었다. 사용한 지 3년도 안 된 버스가 헐값에 경매로 넘어갔다. 동신이 살던 양옥집도 경매에 나와 일가 친척인 영철이 내외가 낙찰 받도록 귀띔했다. 손님이 와도 전기가 수시로 끊겨 어찌할 바를 몰랐다. 고심하던 동신은 양옥집 전기를 끌어다 손님방에 불을 밝혔다. 그런데 두 시간도 안 돼 불이 나갔다. 귀옥은 급하게 손님방에 촛불을 켜주고 아랫집에 내려갔다. 양옥집 현관문은 잠겨 있고 안방 불도 꺼져 있었다.

　"네가 사람이야? 죽지 못해 사는 걸 알면서 어떻게 장사하는 집 전기를 끊어? 우리가 남이야? 네가 어떻게 이 집에 살게 되었는지 잊었어? 낙찰 받게 도와줬더니 그동안 입은 은혜도 모르고 어떻게 이래? 당장 문 열어!"

귀옥이 소리쳐도 현관문은 미동조차 안 했다. 화를 참지 못하고 마당에서 제일 큰 돌을 주워 현관문을 향해 던졌다. 순간 '쫙, 촤르르' 하는 소리와 함께 유리가 바스러져 거실 마룻바닥에 흩뿌렸다. 신발 채로 들어가 안방 문을 열었다. 영철이 내외는 이불을 뒤집어쓰고 꿈쩍도 안 했다.

"너 안 일어나?"

"형수는 어떻게 집 안에 신발을 신고 들어와요?"

"내 집인데, 내가 왜 못 들어와!"

"빨리 나가요!"

"당장 전기 연결해! 내가 제정신인 것 같아? 남은 창문까지 다 부숴버릴까?"

악이 받쳐 눈에 보이는 게 없었다. 겁먹은 영철은 슬그머니 일어나 전기를 연결했다. 귀옥은 다음 날 숙박비를 받아 아랫집에 내려갔다. 바스러진 현관문을 보니 어제의 소동이 떠올라 낯을 붉혔다. 영철의 손에 유리값을 쥐어 주고 황망히 걸음을 재촉했다.

장사를 해야 다음 스텝을 밟을 수 있었다. 동신은 주변 선후배와 가까운 친척들에게 얼마간의 돈을 빌려 밀린 전기세부터 갚았다. 빌린 돈을 갚아야 하는데, 장사가 신통찮아 매달 허덕거렸다. 호형호제하는 축산농가의 아들 복수는 농원식당에 물수건 납품일을 했다. 동신의 딱한 사정을 듣더니 자금 많은 친구라며 양씨를 소개했다. 2,000만원을 빌려 급한 빚부터 정리했다. 펜션과 식당 운영으로 양씨한테 빌린 돈의 절반을 갚았는데, 이자가 쌓여 원금의 세 배가 되었다. 알고 보니 양씨는 지독한 사채업자였다. 돈을 내놓으라며 동신을 끌고 가 몹쓸 짓을 하고 수시로 농원에 찾아와 행패를 부렸다. 멀리서 지프차 소리가 들리면 귀옥과 은미는 뒷방 문을 잠그고 숨었다. 대낮부터 술에 만취해 귀옥 모녀를 찾으려고 펜션을 뒤졌다. 거친 욕설을 참기 힘들어 귀를 막았는데 밖에서 부서지는 소리가 들렸다. 귀옥은 눈이 뒤집혔다. 휘청거리는 양씨의 멱살을 잡고 흔들었다.

"장사를 해야 돈을 갚지! 방문을 부수면 손님을 어떻게 받아? 당장 문 값 물어내!"

독기 서린 눈빛에 놀랐는지 황급히 회색 매연을 내뿜으며 도망쳤다. 은미는 갈지자로 비탈길을 벗어나는 지프차를 보며 설움이 복받쳤다. 며칠 뒤 문 값을 들고 찾아온 양씨는 조용히 돈만 주고 사라졌다.

은미는 탈출을 결심했다. 빚쟁이보다 아버지를 보는 게 힘들었다. 장사할 밑천도 남겨놓지 않고 돈을 쓸어가고 끊임없이 돈을 요구했다. 모든 걸 내주는 귀옥을 보면 동신에게 정신적으로 지배당한 것 같아 화가 났다. 서울을 오가며 후일을 도모하겠다던 동신은 열차에서 뛰어내려 죽고 싶었다는 이야기를 서슴없이 했다. 가족 때문에 버텼다는 이야기는 위로가 되지 않았다. 순복과 귀옥은 가슴을 치며 흐느꼈다. 육체적으로 힘든 건 참을 수 있지만 정신을 좀먹는 이곳이 생지옥이었다. 가난이 문턱을 넘은 지 오랜데 동신의 씀씀이는 줄어들지 않았다. 모든 결정권을 가진 동신의 말에 휘둘리지 않으려면 방법은 하나뿐이었다.

한계를 인정하기로 했다. 3개월간 몸무게 10kg을 감량하고 서울에 있는 동생들에게 연락했다. 경력 단절로 조경회사 재취업은 어려웠지만 은숙이 백화점 식품관 일자리를 알아봐줬다. 원점부터 다시 시작이었다. 홀가분했다.

바야흐로 밀레니엄이었다. 은미도 주방 이모도 떠난 집에서 순복과 단둘이 밀레니엄을 맞았다. TV에서는 요란하게 축하 행사를 늘어놓는데, 귀옥은 난방도 안 되는 냉골에서 이불을 겹겹이 싸매고 밀레니엄을 맞았다. 빚쟁이를 피해 새해 첫날에도 집에 오지 못한 동신과 간단한 안부 전화를 했다. 혼자 있으면 대충 한 끼를 때울 텐데 집에 어른이 있으니 떡국이랑 이것저것 장만해 함께 나눠 먹었다. 어른 덕에 내가 먹고 사는구나 싶었다. 푸짐한 떡국처럼 새해에는 따뜻한 희망의 불씨가 타오르길 간절히 바랐다.

숲속의 궁전 같던 통나무 펜션이 세월의 흔적을 따라 낡은 귀곡산장이 되었다. 수시로 찾아와 폭언을 일삼는 빚쟁이들의 끔찍한 목소리로부터 벗어나고 싶었다. 아이들이 있는 서울에서 막일이라도 하면 입에 풀칠은 면하겠다 싶어 가방을 여러 번 쌌다 풀었다. 귀옥이 떠나면 심약해진 동신이 무슨 짓을 저지를지 몰랐다. 남편의 목숨보다 귀한 게 어디 있나 싶어 발길이 떨어지지 않았다. 집에 들러 옷을 갈아입고 가는 동신을 기다렸다 따뜻한 밥 한 끼를 먹여 보냈다.

매서운 겨울이 지나고 썰매장 인부들이 시설 보수를 시작했다. 쇠바퀴를 단 포크레인이 괴물처럼 '드르륵 드르륵' 포효하면 오르내렸다. 창문 너머로 내다보면 긴꼬리원숭이처럼 흙먼지를 달고 존재감을 각인시켰다. 광폭한 기계는 거드름 피우는 스모선수처럼 도로에 생채기를 냈다. 처음에는 농원 식당에서 정기적으로 백반을 사 먹더니 어느 순간부터 발길을 끊었다. 귀옥은 일주일을 지켜보다 썰매장 김씨를 불러 세웠다.

"공짜로 길만 이용하고 밥은 다른 데로 먹으러 다니나 봐요?"

"여기 음식은 비싸서……."

"가격이 비싸서 흥정이 필요하면 얘길 해야지, 나는 땅 파서 장사해요?

"내가 교인들 많이 데려왔잖아요."

"당신 같으면 닭 몇 마리랑 몇천만원짜리 도로를 바꾸겠어요? 누가 쇠바퀴로 길을 파헤치고 다니는 걸 가만두겠어요? 더는 볼 일 없으니까 우리 도로로 다니지 말아요. 그동안 밀린 밥값도 정산해주고!"

으름장을 놓았더니 다음날 밀린 밥값을 일시불로 갚고 사과했다. 오랜만에 목돈을 만져보는 동신의 얼굴에 화색이 돌았다. 총총 돈을 챙겨 사라지는 모습에 씁쓸한 웃음을 지었다.

사채 이외에 단골 약국과 쌀집에도 빚이 있어 읍내를 돌아다니기 부끄러웠다. 양씨의 고리대금은 야산의 고사리처럼 끊어도 끊어도 계속 자랐다. 동신은 언제 집에 들이닥칠지 모르는 양씨를 피해 몰래 집에 와 씻고 갔다. 월요일이 되면 사채업자와 개인 보증을 선 사람들이 서로 돈을 받아 가려고 싸웠는데 일등을 먹는 건 양씨였다. 알코올에 절어 회색 매연을 내뿜는 지프차에서 내렸다.

"내 돈 안 갚으려면 죽어버려!"

"나랑 농담해? 죽으려면 네가 죽지, 왜 죽으라 마라야!"
"네가 돈을 안 갚아서 내가 이혼하게 생겼어! 각시 따라온 거 안 보여?"
"이혼? 돈 없어서 이혼할 거 같으면 나는 천 번도 이혼했겠다!"
양씨는 썰매장 가는 길에 대자로 드러누워 장사를 방해했다. 귀옥은 더 이상 숨지 않았다.
"받을 거 다 받아 갔으면서 뭘 또 뜯어 먹으러 왔어? 어서 안 일어나? 경찰 부를테니 알아서 해!"
수화기를 드는 귀옥을 보고 뻘쭘하게 서 있던 각시가 양씨를 태워 다급히 떠났다.
동신은 인적이 드문 강가에 텐트를 치고 며칠씩 낚시하다 돌아오면 한결 마음이 가벼웠다. 흐르는 강물에 갈급한 마음을 떠나보내며 내일을 살 결심을 했다. 권모술수를 모르니 사람을 가리지 않고 친구로 믿었다. 죽으면 모든 고통이 끝날까 싶다가도 귀옥이 기다리는 집으로 발길을 돌렸다.
동신이 유리알 같은 심장을 다독이며 하루를 살 때, 귀옥은 스러지는 집안 살림을 도맡았다. 믿고 빌려준 사람에게 몹쓸 사람 되지 말라며 주말 장사로 번 돈을 챙겨주었다. 형제들에게 얘기했더니 십시일반으로 100만원씩 보내와 동신에게 건넸다. 동굴처럼 사용하던 통나무집 밖으로 나와 동신을 대신해 폭언과 맞춰 싸우는 여전사가 되었다.
쌀을 털어 밥을 지었다. 진밥 더운밥 가리던 남편의 푸념이 그리웠다. 김빠진 풍선처럼 맥을 못 추는 모양이 되레 서글펐다. 귀옥은 젖은 대나무처럼 휜 남편 등을 쓰다듬었다. 찌그러진 낚시 가방에는 자잘한 피라미 새끼만 가득했다. 동신이 씻는 동안 생선 배를 따서 내장을 제거하고 프라이팬에 기름을 자작하게 둘렀다. 피라미를 강강술래 하듯 뱅그르르 돌리고 그 위에 전분물을 뿌려 바삭하게 튀겼다. 앞뒤로 노릇하게 구워진 피라미 위에 다진 마늘과 물엿, 생강, 고추장으로 만든 양념장을 뿌렸다. 약불로 졸이면 진득한 고추장 양념을 머금은 도리뱅뱅이 완성되었다. 마무리로 둥그렇게 참깨를 둘러 프라이팬 채로 상에 올렸다. 동신은 공깃밥 두 그릇을 너끈하게 비웠다. 낮에 양씨가 찾아와 행패 부린 이야기는 튀김과 함께 꿀꺽 집어삼켰다. 모처럼 평화로운 밥상이었다.

보일러를 바꿨다. 통나무집은 해가 갈수록 낡아 가는데, 기름값은 매년 올랐다. 은미가 만들어놓고 떠난 농원 홈페이지를 보고 숙박 문의가 뜨문뜨문 이어졌지만, 기름값을 대기도 바빴다. 화목보일러는 유지비용이 덜 들어간다고 했다. 손님이 오면 받고 없는 날은 뒷산에 올랐다. 참나무 장작은 타는 시간이 길고 숯도 오래 가지만 함부로 벌목할 수 없어서 되는 대로 구해 썼다. 뒷산에는 소나무랑 밤나무가 많았다. 동신이 갈가치는 나무와 가시넝쿨을 기계톱으로 자르면 귀옥이 잔목 정리를 했다. 톱질할 때 뿜어져 나온 나무 부스러기는 사방으로 흩어졌다. 끈적한 땀은 부스러기와 티끌을 끌어 모아 접착제처럼 목에 들러붙었다가 땀을 닦으면 살갗을 찔렀다. 숲 아래 경운기까지 잔목을 가져오는 일도 만만치 않았다. 밭일은 앉아서라도 하지 산에서는 허리 펼 시간도 없었다. 마르지 않은 통나무는 무거워 혼자 들 수 없었다. 둘이 생쇼를 하며 경운기에 실어도 끝난 것이 아니었다. 보일러실까지 가는 길이 험난했다. 펜션 입구에서 보일러실까지는 자갈 깔린 인도뿐이었다. 계단식 펜션 부지 위쪽으로 경운기를 몰아 보일러실 위에 세우고 땔감을 던져야 했다. 두꺼운 통나무는 데굴데굴 굴러 가지만 잔가지는 비탈진 언덕에서 끌어내려야 했다. 통나무는 정강이 크기로 잘라 세워 놓고 도끼로 찍어 손잡이를 붙들었다. 도끼 위로 망치를 네댓 번 이상 내리쳐야 통나무가 갈라졌다. 누에부터 소, 돼지, 콤바인, 과수원, 멧돼지 해체까지 안 해본 일이 없는데 제일 힘든 게 장작 패기였다. 키 높이로 쌓아 올린 장작은 왜 그리 헤픈지 틈만 나면 장작을 패야 했다.

10월이면 텃밭에 심은 콩을 수확했다. 밭에 파란색 포장을 펼치고 콩대를 안으로 옮겼다. 막대 끝에 긴 대나무를 이어 붙인 도리깨로 힘차게 내리치면 콩알이 파란 포장 위를 통통 굴렀다. 바싹 마른 콩대와 껍질 사이로 뿌연 먼지가 일었다. 귀옥은 먼지 구덩이에서 팔이 떨어져라 도리깨질하는데 동신은 꼼꼼하게 껍질을 까뒤집었다. 푸른 하늘을 유랑하는 구름처럼 홀로 평화로운 등짝이 얄미웠다. 사업 추진할 때는 누구보다 빠르고 영민하게 움직이던 사람이 밭에만 오면 굼떴다. 손이 야무진 순복과 함께라면 진척이 빠를 텐데 서울서 일하는 택섭의 밥을 해주겠다며 뒤도 안 돌아보고 떠났다. 귀옥은 떠나고 싶은 마음을 도리깨질로 주저앉혔다. 힘찬 도리깨질에 톡톡 주르르 소리가 요란했다. 까만 서리태는 알이 커서 잘 튀어나오는데, 노란 메주콩은 알이 작아 손으로 비틀어 까는 게 더 많다. 콩알을 모아 먼지를 까불리는 키질은 순복이 선수인데, 빈

자리가 컸다. 아쉬운 대로 성근 체에 담아 흙먼지를 걸러냈다. 빨간 대야 가득 메주콩을 물에 불려놓고 고단한 몸을 뉘었다. 대형 가마솥에 메주콩을 넣고 네 시간 동안 일정한 화력으로 불을 때는 건 동신이 선수였다. 아침나절에 동신의 옆구리를 찔러 가마솥에 장작불을 지폈다. 귀옥은 옆에서 팔뚝 길이 만큼 긴 나무주걱으로 콩이 눌어붙지 않게 저었다. 푹 삶아지면 잔불로 뜸을 들여 절구통에 넣고 콩콩 찧었다. 메주는 간이 필요 없었다. 끈적한 콩 반죽의 사면을 직사각형으로 다듬어 두드리면 메주가 만들어졌다. 순복은 매끈하게 메주를 잘 빚는데 귀옥은 서툴러서 플라스틱 통에 비닐을 깔고 모양을 냈다. 발효를 위해 볏짚을 방바닥에 깔고 메주를 가지런히 뉘었다. 따뜻한 방에 일주일간 두면 겉면이 꾸덕꾸덕하게 말랐다. 짚으로 묶어 천장에 매달고 환기를 잘해야 갈라진 틈에 좋은 곰팡이가 폈다. 설 명절에 내려온 순복을 붙잡고 장을 담갔다. 이제는 혼자서도 잘 만든다는 칭찬에 귀까지 빨개졌다.

"어머니 야무진 손끝 따라가려면 아직 멀었어요. 내년에는 열 일 제쳐놓고 도와주세요."

귀옥은 굵은소금을 소쿠리에 떠 넣고 그 위에 물을 부어 빨간 대야 가득 소금물을 만들었다. 소금물 위에 빈 바가지를 두면 무거운 찌꺼기는 아래로 가라앉고 가벼운 티끌은 바가지 주변으로 모여 깨끗했다. 횃불로 살균한 큰 장독에 벽돌 쌓기 방식으로 메주를 쌓고 잠길 만큼 소금물을 부었다. 장독에 불붙은 숯 네댓 개와 마른 대추, 홍고추 대여섯 개를 넣고 고소한 참깨도 한주먹 넣었다. 파리가 넘보지 못하게 면포로 항아리 입구를 밀봉하고 50일간 햇빛 아래 숙성해야 비소로 간장이 탄생했다. 텃밭에서 일하다가도 비가 오면 달려와 장독대 뚜껑부터 덮었다. 포천 살 때도 귀옥이 장독 담당이었다. 6남매 사이에서 엄마 사랑을 받으려고 비 오는 날 제일 먼저 뛰어가 장독 뚜껑을 닫았다. 일하고 돌아온 남순이 "누가 장독 덮었어?" 물으면 자랑스럽게 손을 치켜들고 "귀옥이요!" 외쳤다. 비가 오는 날 장독대를 보면 친정엄마 생각에 가슴이 뭉클했다.

노동이 귀옥을 살렸다. 텃밭에 작물을 가꾸고, 머위 떼와 취나물을 따러 산에 오르면 복잡한 머릿속이 맑아졌다. 양쪽 미간을 찌르는 두통도 사라져 잠에 곯아떨어졌다.

계속된 경매 유찰로 농원 경매가가 5억원 미만으로 떨어졌다. 김대중 정부의 다양한 경기부양정책으로 경제가 꿈틀거려 낮은 경매 물건에 사람이 몰렸다. 건강식품회사가 자회사 농장을 만들려고 4억5,000만원 최고가로 낙찰 받았다. 3만평 농원 땅 중에 1만7,000평은 임야고 1만3,000평은 농지였다. 농지를 취득하려면 해당 농지 100km 이내에 농지 취득 자격이 있는 자만 낙찰이 가능해 자격 미달로 경매가 취소되었다. 동신은 가슴을 쓸어내렸다. 지인과 함께 다음 경매에 응찰했으나 아쉽게도 다른 사람이 최고가를 써냈다. 자문을 구해보니 공고할 때 경매 최저가뿐 아니라 자격조건도 공지해야 하는데 법원의 실수로 자격요건을 누락한 사실을 알게 되었다. 먼 친척인 장판사를 만나 농원 경매 얘기를 꺼냈다. 그는 법원에 이의제기하면 입찰 취소가 가능하다고 알려줬다.

몇 년 동안 이어지던 유풍농원 경매 낙찰 소식을 듣던 날, 귀옥은 모든 고통이 끝난 듯 기뻤다. 도토리묵에 묵은김치를 총총 썰어 참기름에 버무린 친정엄마표 도토리묵이 그리웠다. 부엌에 진동하는 고소한 참기름 향을 따라가면 항상 맛있는 게 있었다. 귀한 줄 모르고 먹던 도토리묵과 김치만두가 눈물 나게 먹고 싶었다.

막내동서가 대출받아 법원에 돈을 지급하고 농원 운영을 일임했다. 동신은 뛰어다니며 영업 허가를 새로 받았다. 장사해서 번 돈으로 대출을 갚기로 했지만, 장사는 지지부진했다. 10년 넘은 통나무집은 세월의 흔적을 따라 색이 바래고 푸른 이끼가 틈을 메꿨다. 갈라진 창문틀과 방문 사이로 칼바람이 들어와도 보수할 돈이 없었다. 욕실 타일은 깨지고 문은 삐걱거려 잠기지 않았다. 허름한 방값을 3만원으로 낮춰도 핸드폰이 터지지 않는다며 불평하는 사람만 늘었다. 가슴을 후벼 파는 말에 숨고만 싶었다. 주변에 새로 생긴 펜션으로 손님이 몰려 유풍농원은 손님이 뜸해졌다. 수족관 속 송어가 홀쭉해져 냉동실로 옮기는 횟수가 늘었다. 귀옥을 믿고 대출까지 받아 도와준 막냇동생 부부를 볼 면목이 없었다.

무거운 마음 짊어지고 서걱거리는 다리로 산에 올랐다. 어쩌다 폭풍 속으로 휩쓸린 것인가. 벗어날 길이 까마득했다. 가시밭 사이로 고사리를 꺾을 때마다 남편 걱정, 자식 걱정, 대출 걱정에 허리가 꺾였다. 고사리는 계속 끊어야 쇠지 않고 먹을 게 자랐다. 바지런한 셋째 첩을 둔 사람이 가을에도 고사리를 얻어먹는다는 속담처럼 가을까지 새순이 자랐다. 귀옥은 하릴없이 한가로운 대연회장 뚤방에 고사리를 삶아 널었다. 꼬들꼬들 잘 마른 고사리와 텃밭에서 키운 감자랑 옥수수, 고구마, 도라지 등 제철 농산물을 택배상자에 담아 서울로 보냈다. 돈으로 치면 얼마 안 되지만 귀옥은 폭풍 속에서 중심을 잡고 싶었다. 이렇게라도 하지 않으면 세상에 발을 딛고 설 수 없었다.

실핏줄 드러낸 채
맨발로 꼿꼿하게

칼바람 마주하고
아픔을 삭혀 안네

설레임 출렁거릴 때
사뿐사뿐 봄바람.

황귀옥, 「나목」

은숙: 뚫어볼까, 벽

통장 잔고가 찰랑찰랑 바닥을 보였다. 공부를 접어야 하나 고민되었다. 주말에 미사를 드리러 곡성 읍내에 나가보면 20년 전과 달라진 게 없었다. 옷가게를 할까? 분식점을 열까? 바리스타 자격증을 따서 카페는 어떨까? 별의별 생각이 드는데 겨우 3만 명 넘는 작은 군에서 자영업으로 돈을 벌 수 있을지 물음표가 생겼다. 그나마 있던 레코드가게도 문을 닫고 군데군데 빈 상점이 눈에 띄었다. 저녁 일곱 시 막차가 끊기면 읍내 도로를 오가는 불빛을 찾기 힘들다. 어두운 읍내를 외롭게 지키는 건 일렁이는 가로등이 전부다.

뒤숭숭한 마음을 아는지 작은언니의 시 수업 교수님은 빵을 구워줄 테니 대연회장으로 사용하던 한옥을 리모델링해 카페를 해보라고 부추겼다. 아빠가 거액을 쏟아 부은 100평짜리 기와집이 방치된 채 스러져 가는 게 안타깝긴 했다. 서울 경기도권은 이미 시골 풍경 카페가 유행이라 일부러 도심을 벗어나 시골에 건물을 지었다. 광주권 유동 인구를 생각하면 승산이 있어 보였다. 억 소리 나는 기와집을 농산물 건조 창고로 사용하는 게 씁쓸했다. 기와집을 지은 후 관광농원이 부채의 늪을 허우적거리다 쇠락의 길로 들어

섰으니, 아빠한테는 아픈 손가락이다. 그곳을 보란 듯이 관광의 허브로 바꾸고 싶은 욕망이 들끓었다. 도로에서 200m 남짓 비탈길을 오르면 우측으로는 연못 정원이 있고 좌측으로 한옥이 두 채였다. 낡은 곳을 손보고 정원 손질도 하면 특별한 전통 한옥 카페로 인기를 얻을 게 분명했다. 사방 통창을 통해 통명산과 길 건너 저수지까지 한눈에 내려다보였다. 봄에 분홍 복사꽃이 피면 은은하고 달콤한 향이 퍼져 혼자 누리기 아까웠다. 생각은 많은데 돈이 없었다. 비빌 언덕은 사업하는 큰언니뿐이었다. 언제 합격할지 모르는 공시생 신분을 접고 새로운 사업을 성공시키고 싶었다.

시골 카페가 유행이라며 한옥 리모델링 이야기를 꺼내자 큰언니는 몸서리를 쳤다. 농원을 되살리려다 이산화탄소 중독으로 죽을 뻔했으니 그 마음이 이해되긴 했다. 농원에 돈을 쓰는 건 반대라고 딱 잘랐다. 대신 합격할 때까지 생활비를 빌려줄 테니 공부를 계속하라고 했다.

시험 보러 가기 전날, 온 가족이 모여 묵주기도를 드렸다. 초등학생인 건우까지 열심히 기도하는 걸 보고 새삼 가족들이 고마웠다. 가볍게 아침을 먹고 백팩에 한국사 암기 노트와 영어 숙어집, 행정학 노트, 초콜릿을 챙겼다. 남동생이 순천향고등학교까지 태워줬다.

"시험 끝나면 누나가 점심 사줄게. 맛집 검색하고 있어."

학교 운동장에는 공시생들이 타고 온 차량이 줄지어 주차 중이었다. 달콤한 초콜릿을 꺼내 물었다. 편한 츄리닝 바지에 슬리퍼를 신고 급류에 휩쓸리듯 교실로 빨려 들어갔다. 하나둘 경쟁 상대들

단단한 벽을 넘어·정은숙

이 들어왔다. 20대부터 나이 많은 중년까지 교실 책상을 채웠다. 두서없이 책을 넘기며 난이도 높은 문제가 이 안에서 나오길 바랐다. 다른 과목은 그냥저냥 풀었는데, 영어 독해 지문이 길어 시간 안에 못 풀고 몇 문제를 찍었다.

입맛이 없는데 남동생은 누나가 먹고 싶은 걸 고르라며 미뤘다. 달콤하고 자극적인 음식이 땡겼다. 파스타 가게에서 마가리타피자와 로제파스타, 크림파스타를 주문했다. 피자에 달콤한 꿀을 듬뿍 찍어 입안에 욱여넣었다. 평소에 좋아하던 음식인데 종잇장을 씹은 듯 입안이 껄끄러웠다. 집에 가서 정답을 맞춰볼 생각에 음식 맛을 즐길 수 없었다.

유난히 날이 좋았다. 방문을 닫고 심호흡을 했다. 마음이 어수선해 평소에 하던 호흡법이 효과가 없었다. 컴퓨터를 켜고 초조하게 답안 발표를 기다렸다. 국어, 영어, 한국사, 행정법, 행정학, 순서대로 채점하는 손이 떨렸다. 점수는 평소 모의고사 결과에도 미치지 못했다. '또 낙방인가?' 둔한 머리를 탓하며 혼자 방구석에 틀어박혀 편의점에서 사온 캔맥주를 땄다. 컴퓨터로 로맨틱 코미디 영화를 보는데 영화가 머리에 안 들어왔다. 술이라도 잘 마시면 소주 한 병을 벌컥벌컥 원샷하고 잠들 텐데 맥주 한 캔에 속이 울렁거렸다. 형편없는 주량이 야속했다. 유쾌한 장면을 봐도 웃음이 나오질 않았다. 알코올은 울적한 감정만 극대화했다. 마음대로 되는 게 하나도 없었다.

일보고 돌아온 작은언니가 창문 너머로 축 처진 어깨를 발견하고 기분을 살폈다.

"시험 잘 봤어?"

"아니, 망쳤어. 떨어질 것 같아……."

맥주를 손에 쥐고 시무룩해진 나를 보고 언니가 방에 들어왔다.

"은숙아, 그렇게 힘들면 공부 그만둬. 공무원시험 합격이 인생의 전부가 아니야. 곡성 사람 중에 다른 일하며 잘 사는 사람도 많아. 힘들면 그만 해도 돼."

"이제 와서 포기할 수 없어. 합격하고 싶단 말이야. 합격하고 싶어. 이번에는 기대했는데……."

자존심도 상하고 오기도 생겼다. 끝을 보고 싶었는데 또 실패인가 싶어 화가 났다. 제멋대로 흐르는 눈물샘도 마음에 안 들었다. 다독이는 따뜻한 말들에 의지해 실컷 울고 나니 홀가분했다. 소라는 자기 동생도 망쳤다고 생각한 시험에서 합격했다며 속단하지 말라고 위로했다. 엄마는 그날 저녁 토종닭을 잡아 매콤달달 닭볶음탕을 저녁상에 올렸다. 엄마표 '위로 밥상'이었다. 언니가 입단속을 했는지 조카들도 시험 결과를 묻지 않았다. 엄마는 미역국 먹으면 미끄러진다는 속설이 마음에 걸렸는지 시험 다음날이 내 생일인데 미역국을 빼고 생일상을 차렸다. 대신 목살이랑 달걀지단, 시금치를 넣은 단짠 조합 잡채와 얼큰한 조기찌개를 끓였다. 사랑이 응축된 음식으로 기운을 차렸다.

10월에 있을 7급 시험을 목표로 시간표를 다시 짰다. 언니 권유로 매일 공부를 끝내고 잠들기 전에 '마음명상'을 했다. 명상음악에 맞춰 잡념은 강물에 흘려보냈다. 서울의 태양도 곡성의 태양도 나라는 존재의 합격 여부와 상관없이 세상은 실컷 비추고 밤이 되면 달님에게 자리를 양보했다. 아직 내 시간이 오지 않았을 뿐이라며 마음을 다잡았다.

10시가 되어 두근거리는 마음으로 사이트에 접속했다. 난이도가 높은 시험이었다더니 다행히 안정권으로 합격했다. 점심을 먹으며 가족들에게 필기 합격을 알렸다. 스터디로 면접을 준비하는 애들도 많지만 광주까지 나갈 엄두가 안 났다. 혼자 면접 공부와 7급 시험 준비를 병행했다.

8월 무더위가 시작되니 공부방의 열기가 최고조에 달했다. 한 달 전부터 방문을 활짝 열어 모기장 여닫이문 사이로 바람이 들어왔지만, 더위에 속수무책이었다. 작년 여름에 사용하던 빨간 대야와 2리터짜리 냉동 생수병이 절실했다. 책상 아래 대야를 놓고 냉동 생수병을 깔았다. 시원한 냉기가 발바닥부터 다리를 타고 전해져 피서지가 따로 없었다. 더운 날씨에 호니 몸에도 좁쌀 같은 땀띠가 났다. 모기장 앞에 좌판 깐 아줌마처럼 다리를 쩍 벌리고 앉아 밖을 구경했다. 시선을 따라가니 맞은편 둔덕 사이로 새끼 꿩을 거느린 까투리가 부산하게 수풀을 오갔다. 키카가 떠난 후 호니의 어리광이 늘었다. 벌떡 일어나 밖에 나가게 해달라고 야옹거렸다. 어차피 살이 쪄 새끼 꿩 뒤꽁무니도 쫓지 못할 거면서 나가겠다고 아우성쳤다. 방문을 열어줬더니 잔디밭을 시원하게 내달린 후 대변을 봤다. 내가 자는 뒷방에서 우측으로 반 바퀴를 돌면 너른 마루가 있었다. 동백나무 사이로 햇빛이 들면 호니는 마루에 누워 일광욕을 즐기다 지루하면 잔디밭을 지나 옆 건물로 갔다. 문이 열린 곳은 어디든 들어가 탐문을 마친 뒤 돌계단을 타고 연못가 정원으로 향했다. 연못의 중앙 대리석이 햇빛에 달궈져 이글거리면 잔디밭을 서성이다 위로 올라왔다. 도로로 이어지는 큰길은 욕심내지 않아 다행이었다.

여름에는 마루 식탁에서 온 가족이 점심을 먹었다. 아빠는 텃밭에서 고추를 따와 냉수를 챙겼다. 밥을 절반 덜어내고 시원한 생수를 부어 수저로 냉수밥을 만들었다. 여름에는 빙수처럼 시원한 아이스밥이 최고였다. 나도 아빠를 따라 아이스밥을 만들었다. 아빠는 짭짤한 된장파지만 나는 달콤한 고추장파였다. 어려서 고추장독을 안고 살았다더니 커서도 입맛이 그대로였다. 아삭한 고추를 빨갛고 진득한 고추장에 찍어 한입 베어 물면 더위를 날리는 매콤함이 입 안 가득 춤췄다.

그날도 호니는 열린 문틈으로 텅 빈 거실과 화장실을 기웃거리더니 경사진 연못 돌계단을 신나게 내달렸다. 선풍기로 땀을 식히며 호니의 동선을 눈으로 좇았다. 살진 몸이 중력을 감당하지 못한 걸까? 돌다리 앞에서 제동에 실패해 연못에 빠졌다. '풍덩' 소리에 놀라 부리나케 계단을 내려갔다. 물에 빠진 호니 눈이 알사탕처럼 커졌다. 꺼내서 안았더니 심장이 방망이질 쳤다. 깊은 물이 아닌데도 놀란 가슴이 진정되지 않을 모양이었다. 가족들은 그 모습을 보고 고양이 맞냐며 박장대소했다. 시골 집 마당냥이인 가필드와의 사이도 서먹서먹했다. 호니가 지나가면 혈기왕성한 수고양이 가필드가 호니의 목덜미에 헤드락을 걸었다. 질겁하고 얼어붙은 호니는 하악질도 못하고 허둥지둥 뒷걸음질 쳤다. 상황이 이러다보니 혼자 두는 게 불안했다. 내가 밖에 나와 있는 점심시간 이외에 산책을 자제했다. 아빠는 털이 없는 호니의 육중한 몸을 보면 놀렸다.
"저기 생닭 지나간다, 생닭! 잡아서 백숙 끓여 먹어도 되냐?"
 살쪘다고 놀리는 걸 아는지 호니는 '끼잉' 새침 떨며 아빠 앞을 지나쳤다. 여유로운 점심시간이 끝나면 호니와 함께 방으로 들어갔다. 침대 이불과 창문가 캣타워를 오가며 낮잠을 자다 지루하면 책상 아래서 애절한 눈빛을 보냈다. 무릎에 올려달라는 뜻이었다. 가뜩이나 더운데 육중한 호니를 무릎에 올린 채 공부하면 티벳 수도승의 고행이 따로 없었다. 한 시간이 넘어가면 한계치에 다다랐다. 캣타워에 올려놓고 공부에 집중하는데 해 질 무렵에 다시 징징거렸다. 평소라면 근엄한 목소리로 "안 돼!" 하면 멈추는데, 그날따라 끈질겼다. 마음이 약해져 방문을 열었더니 신이 나 밖으로 튕겨 나갔다.
"누가 보면 언니가 널 가둬놓은 줄 알겠다. 적당히 놀고 들어와!"
 모기장 문을 닫고 책상에 앉았는데 느닷없이 날카로운 비명이 들렸다. 호니였다! 깜짝 놀라 신발도 못 신고 밖으로 뛰쳐나갔다. 험상궂게 생긴 야생 고양이가 발톱을 세워 호니를 공격하고 있었다. 손에 잡히는 대로 파리채를 들고 낯선 고양이를 쫓았다. 녀석은 앞마루 쪽으로 도망치는 호니 뒤를 쫓았다. "저리가, 나쁜 놈!" 나도 소리치며 뒤를 쫓았다. 날카로운 발톱으로 호니 등가죽을 난도질한 녀석은 어디론가 도망친 뒤였다. 놀란 호니는 내가 부르는 소리를 못 들었는지 옆 건물 거실 안으로 뛰어 들어갔다. 안아 올렸더니 배랑 등이 찢겨 피가 흘렀다. 밭에서 일하는 아빠를 불러 광주에 있는 24시간 동물병원에 갔다. 의사 선생님은 야생 고양이 발톱에서 병균이 옮길 수 있다며, 메스로 상처 부위를 찢어 피를 빼냈다. 소독하고 미라처럼 붕대를 칭칭 감은 채로 집에 돌아왔다. 엄마랑 언니, 건우랑 범우까지 호니 병문안을 왔다. 제대로 움직이지도 못하고 울상이 된 호니를 위로했다. 다음부터는 저녁 외출 금지!

9월 첫 주를 넘어가니 열대야가 사라져 공부하기 좋았다. 하지만 합격자 발표가 코앞이라 공부가 손에 안 잡혔다. 군에서 개별 연락한다는 얘기에 종일 핸드폰만 쳐다봤다. 뒤숭숭한 마음을 다잡으려고 동영상 강의를 틀었다. 한국사 필기 노트를 1.7배속으로 올려 집중하는데 핸드폰이 울렸다.

"정은숙 씨입니까?"

"네, 제가 정은숙인데요."

"축하드립니다, 합격하셨습니다. 사전 등록 일정 안내하려고 전화했습니다."

"감사합니다."

"집이 어디인가요?"

"저 유풍농원에서 살고 있어요."

"네? 유풍농원이요? 거기가 어딘가요?"

"아, 모르시는구나. 곡성군 삼기면에서 살고 있어요."

"네. 그러면 시간 맞춰서 군청 대통마루로 나오시기 바랍니다. 반명함판 사진과 5.7 명함판 사진, 신체검사 결과지도 가져오세요."

"네, 감사합니다."

예상은 했지만, 꿈에 그리던 합격 전화에 심장이 방망이질 쳤다. 호니를 데리고 정원에 나가 외쳤다.

"합격이다, 나도 합격했다!"

공단기는 수험생이 합격필증을 보내면 온라인 강의 수강료를 환급해주는 제도가 있었다. 합격 전 가족들에게 공언한 약속도 지키고 바람도 쐬고 싶었다. 합격 수기를 쓰고 환급받은 100만원으로 2박 3일 금오도 가족여행을 계획했다. 찬바람이 불기 시작해 바다낚시도 가능해보였다. 아빠는 낚시가방을 챙기며 콧노래를 불렀다. 엄마는 펜션에서 먹을 쌀과 반찬거리를 챙겼다. 사 먹자고 해도 아침부터 왜 돈을 쓰냐고 우겼다. 여수여객터미널에서 한 시간 정도 배를 타면 금오도였다. 펜션은 거실 겸 방이 스무 평 정도라 할머니까지 온 가족이 모여 자기로 했다. 아빠는 낚싯대를 챙겨 펜션 앞 방파제로 낚시를 갔고, 엄마랑 할머니는 펜션에서 쉬기로 했다. 대학 때 4남매끼리 통기타를 들고 바닷가로 여행 간 추억이 떠올랐다. 큰언니는 빠졌지만 작은언니랑 남동생까지 함께 여행을 오니 그때 설렘이 되살아났다. 큰언니의 빈자리는 귀여운 조카들이 채웠다. 징그러운 바다 바퀴벌레를 피해 조카들과 금오도 트레킹코스를 걷기로 했다. 특별할 건 없어도 작은 섬목들이 만든 아기자기한 풍경에 입꼬리가 올라갔다. 오디나무에 올라타 껍질까지 벗겨 먹는 살찐 염소를 보고 무서워 도망을 쳤다. 오랜만에 비릿한 바다 내음에 취하고 싶은 날이었다. 트래킹 후 아빠한테 낚싯대를 빌려 방파제 낚시를 했다. 즐거운 날 길맥이 빠질 수 없지! 점방 캔맥주에 새우깡을 안주 삼아 낚싯대 바늘에 붉은 노을을 낚았다. 어느새 엄마는 아빠가 잡은 잡어를 손질해 바비큐 통에 굽고 있었다. 마흔 살 가을, 합격의 기쁨과 새로운 일에 대한 두려움이 뒤엉켜 뛰노는 밤이었다. 여덟 가족, 4대가 함께 모여 금오도의 아름다운 밤을 음미했다.

　군청 소통마루에 2017년 합격생이 다 함께 모였다. 등록하는 날 인사했던 친근한 얼굴들이 보였다. 드레스 코드를 정해준 것도 아닌데, 열세 명 동기는 약속이나 한 듯 검정 계열의 정장 차림이었다. 행정과는 신규 직원 적응을 위해 고향에 우선 배치한다고 했다. 임용장 수여식을 마치고 면사무소 총무팀 여직원을 따라 배정받은 삼기면사무소로 갔다. 동기들도 각자 데리러 온 선배를 따라 흩어졌다. 며칠 뒤 열흘간 긴 추석 연휴가 시작인데 곡성심청축제 기간이라 휴일에도 출근해야 했다. 서울에서 가게를 정리할 때 차도 팔아 당장 출퇴근할 차량이 없었다. 같은 삼기면이지만 집에서 삼기면사무소로 가는 버스는 하루에 두 대뿐이라 대중교통 출퇴근은 불가능했다. 내 운전면허증은 2종 보통인데, 아빠랑 남동생 차는 1종 수동이라 차를 빌려 탈 수도 없었다. 난감한데 아빠가 삼기파출소에 엽총을 찾으러 가는 길에 삼기사무소까지 데려다주기로 했다. 총은 아침에 찾았다가 저녁에 반납해야 하니 퇴근시간에 맞춰 총을 반납하기로 했다.

　사무실에는 면장님 한 분과 총무팀 네 명, 복지팀과 산업팀 각각 세 명, 민원팀 두 명이 전부라 각자 업무로 출장을 나가면 사무실에는 서너 명 정도만 남아 한산했다. 나는 산업팀에 배정되었다. 산업팀장님은 임산부처럼 배가 튀어나오고 휑한 앞머리는 벼 모종 잎사귀처럼 힘없이 나풀거려 안쓰러웠다. 키는 작아도 어깨가 넓고 항상 재킷을 걸쳐 풍채가 좋았다. 이름을 묻더니 정씨 집안 간이라며 이것저것 챙겨주었다. 임용 다음날 면장님과 팀장님을 따라 축제장

답사를 갔다. 곡성이 고향이지만 기차마을정원도 처음이고 심청축제도 처음 가 봤다. 축제장은 사람들로 붐볐다. 팀장님을 놓칠까봐 한눈도 못 팔고 뒤를 졸졸 따랐다. 죄다 모르는 사람인데 다른 면 직원들과 함께 축제장에 온 동기들을 보면 반가워 눈인사를 건넸다. 축제기간에는 열한 개 읍면별로 테마가 있는 면 부스를 운영한다고 했다. 삼기면 부스는 추억의 레트로 음반과 잡지로 채워져 있었다. 다음날부터 축제기간에 내가 근무할 곳이라고 알려줬다. 지역 축제에 관심이 없던 우리 가족은 근무하는 나를 보러 기차마을에 왔다. 명절이라 큰언니도 형부랑 조카들을 데리고 곡성에 내려왔다가 축제장에 들렀다. 달뜬 분위기의 사람들 구경으로 신기하고 설렜다.

원예와 축산, 농업기술센터, 농기계, 에너지바우처, 연탄바우처 등 산업팀 업무분장표에 사인을 했다. 군청으로 발령 난 전임자로부터 간단한 인수인계서를 받고 업무를 시작했다. 공문서 작성법도 모르는데 오자마자 각종 보조사업 청구서가 쏟아졌다. 청구서가 올바르게 쓰여 있는지 확인하고 부족한 서류를 챙겨야 하는데 아는 게 없으니 답답했다. 전년도 서류를 기준으로 청구서류를 챙겼다. 다음해 소형농기계 보조사업 신청서류도 면 자체적으로 평가표에 따라 심사 후 군에 결과를 올려야 한다고 했다. 아는 게 없어 평가표 몇 개를 짜깁기해 작성했다. 차가 없으니 현장 출장이 필요하면 팀장님이 나를 태우고 함께 나갔다. 내비게이션도 없이 닭의 울대처럼 꼬불탕거리는 시골길을 달려 해당 지번에 도착하는 걸 보면 신기했다.

축산 보조사업이 내려왔는데 사업 종류도 많고 사업 지침이 100페이지가 넘었다. 각 마을 이장님 서류함에 넣으려고 전체 페이지를 복사하며 한숨을 쉬는데, 옆자리 민원팀장님이 효율적으로 업무 처리하는 노하우를 알려줬다.

"이렇게 많은 내용 전체를 복사해주면 이장들이 볼까? 자기랑 관련 없으면 이장도 관심 안 가져."

"그래도 신규 사업 안내를 해야 하잖아요……."

"간단하게 축산사업 목록만 정리해서 함에 넣고, 세부 지침은 사업 신청하러 온 사람한테만 보여주면 돼. 그리고 크로샷 들어가면 축산업 종류별로 농가 핸드폰 번호 등록되어 있을 거야. 당사자들한테 문자 날려."

에너지바우처랑 연탄바우처는 수급자를 대상으로 하는 사업이라 온라인으로 간단한 행복e음 교육을 받고 시스템 권한을 받았다. 방대한 시스템에서 사용할 줄 아는 건 사업 신청과 자격 여부 확인 정도였다. 적극 행정의 일환으로 담당자가 수급 자격을 확인하고 대리 신청이 가능하다는데, 모든 수급자를 조회할 수도 없고 어디까지 적극행정을 해야 할지 난감했다. 복지팀 주무관에게 물어보니, 함부로 수급자 자격 조회를 하면 감사에 걸린다며 겁을 줬다.

"적극 행정을 하면 감사에 걸리는 건가요? 자격을 모르면 대리 신청이 불가능하잖아요."

"판단은 담당자가 하지만, 조심하라고 일러준 거예요."

하라는 건지 말라는 건지 아리송했다. 공무원은 지침에 의해 일한다는데 신규 공무원이 판단하기 힘든 부분도 많고, 물어볼 선배도 인맥도 없었다. 12월 중순부터는 산업팀의 꽃인 수매가 시작되었다. 1년간 쌀농사를 지은 농부들이 톤백을 실어와 쌀 등급을 받는 날이었다. 등급에 따라 가격이 달라지기 때문에 현장에서 싸움이 벌어지기도 했다. 마을을 몇 개 그룹으로 묶어 네다섯 번에 걸쳐 수매했다. 품질관리원 직원이 쌀의 건조 상태와 품질 등을 보고 톤백에 등급표를 찍으면 산업팀 직원이 그걸 기록하고 현장에서 수매장을 써서 나눠줬다. 읍·면장은 자기 면에서 등급 높은 톤백이 많이 나오도록 품질관리원 직원을 극진히 대했다. 새벽부터 나와 수매 준비를 하고 종일 밖에서 수매장을 들고 뛰어다니면 손발이 꽁꽁 얼어붙었다. 패딩 주머니 곳곳에 핫팩을 넣어도 덜덜 떨렸다. 야전 같은 쌀 창고 수매장에서 가장 인기 있는 곳은 믹스커피와 뜨끈한 어묵 냄비 앞이었다. 큰 냄비에서 팔팔 끓는 어묵국을 종이컵 하나씩 떠주면 농민들이 줄을 서서 받아먹었다. 새벽안개가 가시고 넓은 수매장 앞마당에 톤백으로 장기를 둔 것처럼 어지러운 장기집이 완성되면 군수님이 비서를 데리고 격려 방문을 나왔다. 노란 마시멜로 덩어리 같은 톤백은 세 사람이 손을 맞잡아야 할 정도로 크고 어른 키보다 높았다. 군수님이 오면 직원들이 환영 인사를 해야 하는데 톤백 미로에 갇혀 버리면 사람은 보이지 않고 말소리만 들렸다. 수매장을 들고 헐레벌떡 미로를 뛰어다녀야 했다.

일주일 뒤면 한 달간 신규자 교육인데, 수매로 바쁜 시기라 눈치가 보였다. 산업팀 직원 세 명 중 한 명이 빠지면 수매 때 일손이 모자랄 게 뻔했지만, 교육은 행정과에서 네 명씩 묶어 보내는 거라 시기를 고를 수 없었다.

신규자 교육은 광주 매곡동 교육원에서 전라남도 22개 시군 공무원을 모아놓고 한 달간 이뤄졌다. 2박 3일 일정으로 워크숍을 다녀온 후 각자 교육원 근처에 방을 얻어 생활했다. 같이 교육 온 동기 둘은 광주가 집이라 출퇴근했고 나는 전남대 후문에 고시원을 얻었다. 담양이 집인 현정은 출퇴근할 요량을 했다. 교육원 수업은 고등학교처럼 주입식 교육이 주를 이뤘다. 교육원에서 임의로 그룹당 열 명씩 서로 다른 시군 직원들을 섞어 배정했다. 처음 만난 팀원끼리 합을 맞춰 팀 과제를 수행하고 교육 마지막 날 발표가 있었다. 지자체별로 금액 차이는 있었지만, 보통 100만원 내외 교육 여비를 받았다. 월급과 별개로 여비를 받아 숙박비와 식비를 해결하니 공돈이 생긴 기분이었다. 동기들과 한 달간 그 돈을 다 쓰기로 했다. 하지만 우리 그룹 팀원은 여비로 차를 수리하거나 보험료를 내야 한다며 정규 교육이 끝나면 각자 숙소로 돌아가기 바빴다. 내가 얻은 비좁은 고시원은 최소한의 수면과 샤워만 가능한 곳이었다. 모처럼의 자유를 답답한 고시원 방에서 보내기 싫었다.

교육원 동기 네 명 모두 남자친구가 없었다. 크리스마스에 눈은 내리고 교육원생들로 넘쳐나는 전남대 후문은 젊은 열기로 활기를 띠었다. 올해가 가기 전에 남자친구가 생길지 알아보자며 넷이 삼거리 타로카드집에 들렀다. 괄괄한 타로 여사장은 순서대로 점을 봐주고, 여자 넷이 이러고 다니면 아무도 안 생긴다며 당장 행동에 옮기라고 했다. 눈 오는 밤, 들뜬 분위기에 취해 그룹 방에 SOS를 쳤다. '외로운 사람 다 모여! 같이 놀자!' 유치한 카톡에 즐겁게 크리스마스를 보내고 싶은 외로운 영혼들이 모였다. 평소에 말이 없던 광양과 고흥 출신 남자애 둘이 약속 장소에 나왔다. 여섯이 함께 술을 마시며 공시생 시절 에피소드를 공유했다. 합격의 기쁨을 만끽하는 방법도 각자 달랐다. 나는 금오도로 가족여행을 다녀왔고, 고흥 애는 혼자 레스토랑에서 스테이크를 썰었다고 했다. 왜 가족들이랑 안 갔다고 물었더니 오롯이 혼자 합격의 기쁨을 만끽하고 싶어서라고 했다. 힙합 음악과 피아노 연주를 즐기는 그 애는 누가 봐도 공무원 스타일은 아니었다. 교육이 끝나고 공무원이라는 정해진 틀 안에서 생활하는 게 겁난다고 했다. 임용시험을 준비하다 상대적으로 합격이 쉬운 공무원시험으로 진로를 바꾼 동기도 있었다. 우리는 각자 사연에 공감했고 함께하는 하루하루가 소중했다.

황진이가 '동짓달 기나긴 밤을 한 허리 베어 내어 춘풍 이불 아래 서리서리 넣었다가 정든 임이 오신 밤에 굽이굽이 펼쳐 내어 그 밤이 더디 새게 이으리라' 했던 것처럼 우리는 교육원의 밤 허리를 잘라 굽이굽이 펼쳐 늘리고 싶었다. 무등산 카페 '커봄'으로 구름커피를 마시러 가기도 하고, 염주체육관 실내 빙상스케이트장에서 코가 빨개지도록 스케이트를 타기도 했다. 주말에도 헤어지기 아쉬워 추운 날씨에 화순 양떼목장 여행을 계획했다. 한겨울이라 양떼목장이 문을 닫아 허허벌판을 헤매다 돌아와도 웃음이 났다. 밤마다 고깃집, 이자카야, 노래방, 와인바, 24시간 소주방을 돌며 밤의 허리를 길게 길게 펼쳤다. 잠든 사이 사라져버릴 밤이 아쉬워 끊임없이 이벤트를 만들었다. 다들 새벽 택시를 타고 집에 돌아가면 담양이 집인 현정을 내 고시원 방에 데려와 1인용 침대에서 함께 잠을 자고 눈을 비비며 교육원으로 향했다. 오전 교육시간에 강사의 매서운 눈초리를 피해 할미꽃처럼 졸다 점심 때 커피 향에 눈꺼풀이 올라갔다. 매일 밤 정글에서 먹이를 찾아 헤매는 하이에나처럼 전남대 후문 먹자골목 구석구석을 탐색했다. 배가 부르면 노래방에 가서 뛰었다. 노래를 잘 부르는 친구들은 형돈이와 대준이의 「왕밤빵」 노래를 한 번도 한 틀리고 부르기에 도전했다.

'이내 우리는/ 강력접착제처럼/ 철수 책상 철 책상에 앉아/ 서로를 액자 속 사진 속에/ 홍합을 나눠 먹으며/ 그렇게 그렇게 행복해했지/ 하지만 이내 우리는/ 철수 책상 철 책상에 앉아/ 서로를 액자 속 사진 속에/ 왕밤빵을 나눠 먹으며/ 행복해했지/ 액자 속 사진 속의 그/ 홍합 홍합 홍합 홍합/ 홍합 홍합 홍합 홍합/ 액자 속 사진 속의 그/ 왕밤빵 왕밤빵 왕밤빵 왕밤빵/ 그립다 그리워 그립다 그리워……'

끝도 없이 반복되는 왕밤빵 노래를 부르다 혀가 꼬이고 호흡이 부족해 캑캑대는 걸 보고 배꼽을 잡았다. 미친 듯 웃고 뛰다 보면 어느새 소화가 다 되었다. 소주방이나 맥줏집에 가면 먼저 온 교육원 동기들이 보였다. 함께 있으면 시답잖은 수다도 즐거웠다. 술에 취해 휘청이는 이도 있고, 호감 가던 교육원생을 만나 자연스레 친밀감을 표현하는 이도 있었다. 그중에 눈에 띄는 외모의 남자애를 동기가 좋아했다. 어떤 날은 순정만화 주인공처럼 앞머리를 내려 눈까지 가린 채 수업에 나왔고 어떤 날은 훤칠한 이마가 드러나게 포마드를 발라 올백 머리로 나타났다. 원피스 만화 속 개구쟁이

소년 같다가도 포마드를 바르면 매력적인 남자 아이돌로 변신했다. 짓궂은 남자애들은 진짜 네 머리 맞냐, 원래 이마 선이 그렇게 깔끔하냐며 농을 걸었다. 그 애는 쑥스러운 기색도 없이 맞받아쳤다. 공무원 같지 않은 외모보다 어떤 농에도 흔들림 없는 느긋함이 부러웠다.

  교육원 마지막 날, 과제 발표를 위해 아침 일찍부터 강당에 모여 프로젝트를 돌리며 점검했다. 우리는 발표자에게 타이와 재킷을 입히고 스모키 화장으로 멋지게 변신시켰다. 과정 장들의 점수와 교육원생들이 서로 매긴 점수를 합산해서 1등부터 3등까지 시상식을 했다. 그룹 과제 발표 수준은 비슷비슷했는데 뜻밖에도 우리 조가 1등이었다. 환호성을 질렀지만, 우리도 의아했다. '우리가 1등?' 나중에 들은 얘기로는 아침 일찍부터 나와 준비하는 모습을 보고 과정 장이 높은 점수를 줬고, 한 달간 술 마시며 동고동락한 교육원 동기들이 인기투표하듯 우리 조를 찍어준 거였다. 교육이 끝나고 각자 시군으로 돌아간 후에도 몇 달간 단톡방이 들썩거렸다.

  서울에서 살다 마흔 살에 고향에서 첫 임용을 받았지만, 삼기면의 스물다섯 개 마을이 어디에 붙어 있고, 면적은 얼마나 되고, 주요 작물은 무엇이고, 축산 농가 수는 얼마고, 인구는 얼마인지 아는 게 거의 없었다. 모교인 삼명국민학교와 삼기중학교 주변 마을은 익숙했지만 원등, 청계, 월경, 의암 등은 생소했다. 2018년 봄에는 일찍 심은 옥수수 모종과 매실나무 꽃눈이 냉해를 입어 피해 신고 조사와 NDMS 입력 공문이 떨어지더니, 여름에는 풀도 자라지 못할 정도로 심한 가뭄이 들었다. 피해 조사를 나갔는데 작물은커녕 풀도 보이지 않았다. 밭이 쩍쩍 갈라지고 뿌연 흙먼지만 날렸다. 저수지도 물이 말라 논농사를 짓는 농민도 비상이 걸렸다. 인공 둠벙을 만들고 살수차로 물을 뿌려 마른 논밭에 해갈을 시도했지만 역부족이었다. 봄에는 냉해, 여름에는 가뭄 피해 조사를 위해 마을 이장님들과 함께 피해 농가를 찾아다니며 필지를 확인하고 현장 사진을 찍었다. 자연스레 마을을 구석구석 돌며 지역 특용작물 규모를 파악하고 이장님과도 친밀한 관계가 형성되었다. 각종 사건 사고가 터질 때마다 면사무소 직원에게 이장님은 절대적인 존재였다. 농산물 생산량 조사는 물론 각종 경조사도 이장님 입을 통해 나왔다. 바쁘거나 차가 없어 면사무소에 자주 못 오는 농민들을 대신해 각종 보조사업 신청 소식을 알려주고, 마을 동향 보고도 이장님이 도맡았다. 마을 주민은 이장을 통해 모든 보조사업 정보를 들을 수 있어 시골에서 이장 직함은 절대권력과 맞먹었다. 이를 악용해 마음에 들지 않는 주민에게 정보를 공유하지 않는 이장도 가끔 있었다. 보조사업 신청기간이 끝난 뒤에 면사무소에 술을 마시고 찾아와 행패를 부리면 어찌할 바를 몰라 난감했다. 구직을 원하는 마을 청년의 신상정보를 파악해달라는 공문을 받고 전화했더니 이구동성으로 말했다.

"직장이 필요한 청년이 남아 있는 마을은 행복한 거야. 우리 마을은 청년 씨가 말랐는걸? 하하."

우리 아빠는 열아홉 살에 금계마을 이장직을 맡았다는데, 지금은 가장 젊은 이장이 40대고 대부분은 70~80대였다. 심지어 어떤 마을은 기존 주민과 이주민 간에 싸움이 벌어져 아흔 살 먹은 할아버지가 이장에 선출되기도 했다. 그 정도 고령의 이장은 흔하지 않아 방송국에서 취재를 나왔지만, 그 마을의 진탕 싸움을 아는 직원들은 불편한 내색을 감추지 못했다.

겨울에는 작물별 농산물 수확량 조사가 있었다. 서울에서 직장을 다니다 귀촌한 남동생은 부모님과 함께 무농약 농사를 지었다. 토란, 감자, 고구마, 도라지, 옥수수, 배추 등이 주요 작물인데 이상하게 다른 농가들과 수확량 차이가 네다섯 배 이상 났다. 네가 잘못 알고 있는 거 아니냐고 재차 물었다.

"누님, 맞아요. 농약이랑 비료도 안 하고 퇴비로만 농사지어서 그래요."

남동생은 멋쩍은 듯 변명 아닌 변명을 했다.

"그렇게 수확량이 적으면 남는 게 있어?"

"남는 게 없지요. 그래서 수익을 보전할 요량으로 도라지랑 버섯 산행을 다니잖아요. 그나마 은희 누님이 블로그로 농산물을 판매해서 어떻게든 대식구가 살아지긴 하는데 힘들어요. 하하."

아빠는 농장의 부활을 꿈꾸며 아들을 귀향시켰지만 아빠가 고집하는 무농약 농사는 수익성이 없었다. 자신의 의지와 상관없이 아빠의 통제 하에서 농사를 짓는 남동생은 자연스레 흥미를 잃었고 몸에 맞지 않은 옷을 걸친 듯 겉돌았다. 남동생이 귀촌하면서 농어촌공사에서 대출받은 돈으로 이모부한테 진 빚의 일부를 갚았지만, 여전히 허덕였다. 막내 이모부와 남동생은 아빠의 꿈이 담긴 농원의 부채를 함께 짊어지고 있었다. 매년 남동생이 갚아야 하는 대출 이자만 해도 2,000만원이었다. 내가 할 수 있는 건 농업인 대상 저리 이자를 알아봐 주는 것뿐이었다.

　7월 인사 때 산업팀 팀장이 바뀌었다. 짧은 웨이브 커트에 호탕한 웃음이 매력적인 여자 팀장님이었다. 산업팀은 2박 3일 마을공동체 교육 및 곤포 사일리지, 에너지바우처 등 업무 관련 교육이 많았다. 공무원의 장점은 평생 배울 수 있는 거라며 필요한 교육은 편하게 다녀오라고 했다.

　봄가을에는 주말 산불 비상근무가 있는데, 팀장님은 다른 팀에 피해주면 안 된다며 우리 팀 세 명이 번갈아 근무하자고 했다. 공휴일에도 근무하니 2주 연속 쉬지 못하고 하루 여덟 시간 사무실을 지켜야 했다. 업무 스트레스를 풀려고 일이 없는 주말에는 친구들과 약속을 잡아 밖으로 돌았다. 일종의 보상 심리였다. 업무 이외에 눈치까지 챙겨야 하는데 그렇지 못한 스스로가 답답했다. 동기들을 만나 비슷한 하소연을 품앗이로 주고받으며 가슴에 뭉친 것을 뱉어냈다. 가족보다 편했다.

　부모님은 딸이 공무원시험에 합격한 기쁨도 잠시 왜 밖으로만 도느냐고 불평을 쏟았다. 함께 사는데 개인행동이 지나치다고 했다. 공부할 때는 제외였지만, 이제는 주말에 토란이나 마늘 캘 때 일손을 보태길 원했다. 중학교 이후 개인생활에 익숙해서인지 가족을 챙기고 배려하는 마음보다 내 마음의 상처를 부둥켜안기 바빴다. 중간에서 가교 역할을 한 건 작은언니였다. 부모님의 섭섭함을 우회적으로 전달했다. 사람 마음이 참 간사했다. 가족들이 나를 코너로 몰 때는 서운했다가 언니 얘기를 듣고 미안했다. 언니한테 탈출구가 필요하다고 했다. 공무원이라는 직장에 얽매여 오로지 한 곳만 바라보며 고리타분한 인간으로 늙어가는 게 싫었다. 하지만 문화생활 인프라가 부족한 시골에서 할 수 있는 게 딱히 없어 보였다. 시험에 합격하면 모든 게 명확해질 줄 알았는데, 물안개에 휩싸인 섬진강을 갈지자로 건너는 부랑자처럼 마음이 춥고 허기졌다. 이유 없이 갈증만 났다.

"나랑 같이 도깨비 문학반 글공부하러 다니지 않을래?"

"문학반? 언니는 국문학과 출신이고 책도 좋아하지만 나는 국어 성적이 안 좋아서 고등학교도 이과 계열을 택했잖아. 일기도 안 쓴 지 오래되었는데 어떻게 문학반엘 나가?"

"다 좋은 사람들이라 부담 안 가져도 돼. 글 안 쓰고 나오는 회원도 있는 걸? 새로운 글을 써온 사람이 있으면 합평하니까 부담 없어. 시는 절대 못 쓸 줄 알았는데 이제는 맛을 좀 알겠더라. 너처럼 공무원인 남자 팀장님도 얼마나 열성인지 몰라. 기분 전환한다는 생각으로 함께 가자."

"나 같은 문외한이 가도 될까?"

민폐인 것 같아 질문을 쏟아냈지만, 호기심이 생겼다. 도깨비 문학반의 지도 선생님은 곡성 출신 김성범 작가님이었다. 초등학교 교과서에도 실린 『책이 꼼지락꼼지락』 작가님이었다. 얼굴은 남성적인데 개성 있는 긴 웨이브 펌을 고수했고 몸은 말랐는데 긴 손가락이 굵다 못해 통통해 자꾸 눈이 갔다. 전직 세무사이자 조각가이며 고달 호곡에서 도깨비마을을 운영 중이라고 했다. 독특한 이력의 소유자라는 생각이 들었다. 문학반은 이미 공무원 여럿이 거쳐 갔는데, 현재는 남자 팀장님 한 분이 명맥을 유지하고 있었다. 우체국에 다니며 서각과 서예를 취미로 하는 분도 있고, 아이들 돌봄선생님을 하며 동시를 쓰는 분도 있었다. 다들 직장생활하며 취미로 글쓰기를 했는데, 합평할 때 눈이 초롱초롱 빛났다. 해가 지면 암흑으로 변하는 곡성 읍내 2층 사무실에 문학을 사랑하는 사람들이 정기적으로 모인다니 신기했다. 멤버들은 환영한다며 모임에 자주 나오라고 했다. 글은 쓰고 싶은 마음이 생길 때 시작하라고 했다. 강요하지 않는 편안한 분위기에 쪼그라들었던 심장이 기지개를 폈다. 작가님은 동시집을 나눠주고 각종 문학상 정보를 공유했다. 등단을 목표로 공부한다고 했지만 다들 그 시간을 즐기는 분위기였다. 한 공간에 있는 것만으로도 에너지를 받았다. 어느 순간 뭐라도 써볼까? 용기가 생겼다. 동시는 너무 어렵고 글밥이 적은 어린이 동화에 도전해보기로 했다. 수족관 속 물고기와 횟집 소년의 우정을 다룬 이야기였다. 어설프고 조악한 글이라 쑥스러운데 설렜다. 힐난한 비판보다는 장점과 보완한 점을 얘기해주니 재미가 붙었다. 휴일에는 동화를 수정하며 골머리를 싸매는 시간이 즐거웠다.

　사무실에 손님이 찾아오면 팀장님이나 면장님이 유풍농원 딸이라고 소개했다. 아빠의 딸이라는 꼬리표는 족쇄처럼 무겁고 불편했다. 사람들은 아빠는 어디에 사냐, 수산 어디에서 혼자 산다는데 맞지 않냐, 결혼은 했냐, 아이는 있냐는 사적인 질문을 스스럼없이 했다. 팀장님은 서울에서 직장생활하다 나이 먹고 공무원시험에 합격했다며 치켜세웠다. 덕분에 민망한 레퍼토리의 주인공이 되어야 했다. 솔로라는 이유로 교감도 호감도 없는 사람이 일방적 추파를 던지면 폭력적으로 느껴졌다. 서울에서는 자유의 상징이던 솔로 신분이 시골에서는 주홍글씨처럼 따라다녔다. 이장님이 좋은 남자를 소개해준다고 하면 괜찮다며 손사래를 쳤다. 솔로 탈출에 성공해야 개미지옥에서 벗어날 수 있을 듯했다.

편한 동기한테 소개팅을 부탁했다. 소개받은 사람 중에는 사기업 경력이 있거나 사업을 하다 뒤늦게 공무원이 된 사람들도 있고 10년간 공부하다 합격했다는 장수생도 있었다. 자존심을 넘어 자만심으로 똘똘 뭉친 사람도 있고, 너무 조심스러워 마음을 알 수 없는 사람도 있었다. 서울에서 옷가게를 운영한 적이 있다고 했더니 직원이 없으면 구멍가게 아니냐고 코웃음을 쳤다. 자신은 중국에서 의류 수입 판매로 잘 나갔었다며 처음부터 끝까지 자랑만 하다 돌아간 사람도 있었다. 어떤 사람은 만난 지 얼마 안 돼 곡성 공무원을 통해 내 신상 파악을 끝낸 사람도 있었다. 순수하던 20대의 소개팅을 기대한 게 잘못인지 몰랐다. 오랜만에 설레는 만남을 기대하고 나갔다가 시금털털한 기분으로 돌아왔다. 이럴 바에는 혼자가 낫겠다는 생각이 스멀스멀 들었다. 스물한 살, 꽃다운 나이에 사별한 할머니는 왜 젊은 사람이 긴긴 세월 혼자 사냐고 반대했지만 아빠는 혼자 사는 것도 나쁘지 않다며 시골 집에서 같이 살자고 했다. 남동생은 서울에 살 때부터 대학 후배 여럿을 소개팅 해줬지만 만남을 지속한 적이 없었다. 진지하게 만나본 여자가 있는지 궁금해지곤 했다. 도통 여자에게 관심이 없고 군대 친구랑 낚시하는 동네 형들과 어울려 지냈다. 할머니는 하나뿐인 손자의 결혼이 평생소원이라 여자 좀 소개해 달라며 우리를 달달 볶았다. 남동생은 결혼하라는 할머니 잔소리를 웃어넘겼다. 큰언니는 구미에 살았지만, 시골 집에서 작은언니랑 조카, 남동생, 할머니, 부모님까지 대가족이 모여 사니 외로울 틈이 없었다. 작은언니는 사람이 행복하면 아이를 낳고 싶은 게 자연스러운데 결혼에 관심 없는 두 동생이 이해되지 않는다고 했다. 결혼하고 미래 세대를 통해 내 유전자를 남기고 싶은 욕망이 본능이라는 말에 공감하지 않았다. 부모님 사업 실패로 인해 세상과 치열하게 경쟁하듯 살아온 삶이 힘에 부쳤기 때문일 수도 있고, 현재의 안락함에 유효기간이 있을 거라는 학습된 불안 때문일지도 몰랐다.

작은언니와 문학반에 다니며 머리를 쥐어 짜내 이야기를 창조하는 시간은 힘든 만큼 쾌감도 강했다. 억지스럽고 매끄럽지 못한 글이지만 스스로 창조한 작은 세계에 몰입하는 시간이 즐거웠다. 김성범 작가님은 흥미를 잃지 않게 칭찬과 채찍질로 독려했다. 이미 몇 년째 시 공부 중인 엄마랑 할머니, 작은언니 그리고 조카들까지 각종 문학상 수상 경력이 있었지만, 나는 등단보다는 배움을 위해 모임에 나갔다. 언제가 필요할지 모를 논리적 글쓰기 실력을 키우고 싶었고 소통과 공감 능력 향상을 위해 독서모임에 나갔다. 언니가 읽은 에세이나 소설책 이야기를 들으면 읽고 싶은데, 흰 종이 위의 검은색 활자가 너무 많아 머리가 어지러웠다. 책장을 넘기면 활자들이 눈물, 콧물, 하품과 4중주로 졸음 클래식을 연주했다. 의무감이 없으면 책을 끝까지 읽기 어려웠다. 책 읽기가 여행보다 드라마보다 재밌다는 언니가 이해되지 않았다. 나는 집에 있으면 답답하고 좀이 쑤셨다. 밖에 나가 다른 공기를 마셔야 활력이 솟았다. 새로운 사람을 만나면 긴장했지만 책모임 사람들은 편했다. 달에 한 권씩 인문학 도서를 읽고 책모임 리더를 번갈아 하는 게 부담스러웠지만, 숙제가 주어지면 성실하게 해냈다. 아무리 피곤하고 시간에 쫓겨도 창피당하기 싫어 꾸역꾸역 읽고 모임에 나갔다. 혼자 읽을 때는 지루하게 침묵하던 검은 활자가 여러 사람과 대화 속에서 살아 움직였다. 신기한 경험이었다. 무채색 텍스트에 각자가 맡은 향을 입히고, 촉감과 사유를 덧입히는 시간이 기다려졌다. 모임에서 책을 싫어하는 건 나뿐이었다. 스스로 독서하는 별난 사람들에 섞여 독서의 매력을 조금씩 알아갔다. 언젠가 이들처럼 자발적 독서가 가능해지면 더할 나위 없을 듯했다.

친한 동기한테서 연락이 왔다.

"언니보다 한 살 많고 담양이 집이래. 부모님은 소를 많이 키우나 봐. 봄도 되었는데 소개팅 안 할래?"

"좋아. 키는?"

"키 중요해? 170cm는 넘지 않을까?"

"나보다는 크겠지? 하하."

바로 카톡이 와서 간단히 통성명만 하고 열흘 뒤 주말에 만나기로 약속을 잡았다. 그 후로 연락이 없길래 사전에 카톡하는 걸 안 좋아하나 싶었다. 주말 아침에 가족들과 아침을 먹는데 카톡이 울렸다. 소개팅 남이었다.

"다음 주말에 만나기로 했는데 만날 수 없을 것 같아요. 금요일 저녁 퇴근길에 교통사고가 났거든요."

"많이 다치진 않았어요? 괜찮아요?"

"아마 사고 차량 사진 보면 놀랄 걸요?"

소개팅 남은 옆문이 심하게 찌그러지고 짓눌린 차량 사진을 보내줬다.
"폐차 수준인데 몸은 괜찮아요?"
"사고 난 동기 차는 폐차했어요. 저는 아이언 바디라 이마에 살짝 기스만 나서 괜찮은 줄 알았는데 사고 충격으로 허리가 불편해서 한방병원에 입원했어요. 최소 2주는 입원 치료해야 된대요. 우리 소개팅은 그 이후에나 가능하겠어요."
"당연히 미뤄야죠. 치료 잘 받고 괜찮아지면 그때 만나요."
남자는 병원에 입원했다는 연락 후 수다스럽게 자주 카톡했다. 병원이 지루한지 수시로 치료 사진을 보내고 병문안 온 동기들이 피자를 사왔다며 소소한 일상을 공유했다. 알고 보니 창평고등학교 1년 선배였다. 이름만 남녀공학이지 건물이 달라 학교에서 마주쳤을 가능성은 적었다. 병원에서 회복하는 2주간 취미, 여행, 운동, 여가 활동 등 많은 이야기가 오고 갔다. 소개팅을 주선해준 동기는 사전에 너무 많은 걸 공유하면 정작 만나서 이야기할 밑천이 떨어진다며 걱정했다. 카톡 프로필은 손 사진이라 어떤 외모일지 가늠이 안 되었지만 카톡하면 바로 답을 해서 좋았다. 연락처를 처음 주고받은 게 3월 초였는데, 어느새 3월 말이 되었다.
드디어 만나기로 한 날, 그는 소개팅 장소를 광주 소고기집으로 정했다. 오마카세 분위기는 아니지만 고기가 좋다며 극찬했다. 가벼운 재킷을 챙겨 입고 약속 시간에 맞춰 도착했는데, 비슷한 시간에 도착했다는 남자가 보이질 않았다. 2층에서 두리번거리는데 종업원이 룸으로 안내했다. 까맣게 그을린 피부에 피곤한 얼굴을 한 남자가 반갑게 맞이했다. 첫 만남에 앉아서 인사라니 특이하다 싶었다. 아직 허리가 덜 나아 움직이는 게 불편한가 싶었다. 고기를 구워주는 종업원은 눈치 없게 수다스러웠다. 우리는 '아', '네', '그렇네요' 등의 적당한 추임새를 넣으며 빨리 자리를 비켜주길 바랐다. 고기 한 판이 숯불에서 익어가자, 눈치 빠른 남자가 고맙다며 종업원을 내보냈다. 방문이 닫히는 걸 보고 홀가분해 눈을 마주치고 웃었다. 동그란 안경 너머로 눈이 초롱초롱 빛났다. 진한 전라도 사투리에 아재 개그를 섞어 유머 욕심을 부리는 모습이 정겨웠다. 아직은 허리가 덜 나아 오래 앉아 있기 힘들고 차에 타면 불안하다고 했다. 겨울 코트를 보고 추위를 많이 타는지 물었더니 병원에 입원했을 때 입은 옷 그대로라는 것이다. 남자는 함평 공무원이라 함평 읍내 원룸에 산다고 했다. 소를 키우냐고 물었더니, 다른 남자랑 헷갈린 것 아니냐고 웃었다. 부모님이 담양에서 식당을 운영한 적은 있어도 소를 키운 적은 없다고 했다. 남자는 3남 1녀, 나는 1남 3녀였다. 형제 많은 집에서 남자도 막둥이, 나도 자매 중에 막둥이였다. 나는 배려심 많은 남동생 덕택에 이기적 누나를 담당했는데, 남자는 막내 티가 안 나고 어른스러웠다. 키는 나랑 비슷한데 만날수록 마음 씀씀이가 크고 따뜻해 같이 있으면 무장 해제되는 느낌이었다.

사귀고 싶으면 적극적으로 마음을 표현하라고 했더니 A4 두 장짜리 설문지를 메일로 보냈다.

정은숙님의 목소리를 들려주세요!

안녕하세요, 이연상님 애인만들기팀입니다.
이연상님께 보내주신 관심과 사랑에 감사드립니다.
설문조사에 참여하신 정은숙님께서는 설문 종료 후 이연상님과 1일차가 될 예정입니다.
감사합니다.
*는 필수항목입니다.

1. 본인의 성별을 선택해주세요.*
○ 여성
○ 남성
○ 그외

2. 본인의 나이를 입력해주세요.
숫자만 입력해주세요(예시: 2000년생은 '20'이라고 입력)

3. 본인의 직업을 선택해주세요.*
○ 대학생
○ 직장인
○ 자영
○ 전업주부
○ 기타(이연상 바라기)

4. 관심을 가지고 있는 분야를 체크해주세요.(복수선택 가능)*
○ (이연상님과) 데이트
○ (이연상님과) 푸드
○ (이연상님과) 스포츠
○ (이연상님과) 영화
○ (이연상님과) 게임
○ (이연상님과) 리빙
○ (이연상님과) 여행
○ 기타

5. 이연상님의 성격이 좋아서 연락을 한다.*
○ 매우 동의함
○ 동의함
○ 보통임(선택불가)

6. 이연상님의 외모가 좋아서 연락을 한다.*
○ 매우 동의함
○ 동의함
○ 보통임(선택불가)

7. 이연상님의 호킹스러움이 좋아서 연락을 한다.*
○ 매우 동의함(선택불가)
○ 동의함(선택불가)

○ 보통임(선택불가)
○ 동의 안함

8. 이연상님의 모든 면이 좋아서 연락을 한다.*
○ 매우 동의함
○ 동의함(선택불가)
○ 보통임(선택불가)

9. 이연상님께 빠질 수밖에 없는 요소를 한 가지만 골라주세요.*
○ 표준어
○ 귀여움
○ 호킹
○ 허당끼

10. 이연상님과의 관계를 발전할 의향이 있으십니까?*
○ 예
○ 아니오(선택불가)

11. (선택문항) 이연상님과 정은숙님의 관계발전을 위한 개선 의견이 있으시면 들려주세요.

사귀기로 하고 처음 손을 잡던 날, 오빠는 긴장해서 손바닥 땀을 닦느라 정신이 없었다. 그 모습이 귀여워 웃음이 났다. 낯선 남자가 특별한 오빠가 되었다.

태현을 처음 만난 건 공무원 1년 차 단체 워크숍이었다. 정돈 안 된 밝은 갈색 염색 머리를 풀어 헤친 화장기 없는 얼굴이 자연스러웠고 나이는 나보다 많아 보였다. 원탁 테이블에 앉은 네다섯 명이 한 팀으로 조별 과제를 수행해야 했다. 잔뜩 긴장해 힘주고 있는 게 불편해보였고 나와는 다른 차원에 살고 있는 사람 같다는 게 첫인상이었다. 외모와 달리 정돈되고 공손한 말투는 호기심을 유발했다. 산업팀 업무를 하며 농업기술센터에서 일하는 그녀와 업무적으로 겹쳐 종종 이야기를 나눴는데 서로의 열정에 호감을 느꼈다. 그녀가 먼저 저녁 식사를 제안했고 나는 선뜻 응했다. 태현은 나보다 두 살 어렸고, 2016년에 농촌지도사가 되기 전까지 직장생활이나 소득 활동을 해본 적이 없었다. 10여 년 전, 우여곡절 끝에 마음 맞는 친구들과 농사를 짓기 위해 곡성에 왔다. 왜 곡성이었는지 이야기해주었지만 잊어버렸다. 친구들과 자연농법을 시도했지만 소득이 없었다. 나이는 먹는데 스스로 생계를 책임질 수 없는 현실에 괴로웠다. 그러다 자신이 잘하는 게 무엇인지 생각했고 그게 공부였다. 당시에는 읍내에서 떨어진 지역에 친구들과 모여 살았는데 차비가 없어 읍내 도서관까지 걸어 다니며 이를 악물고 공부했다. 농촌지도사로 일하며 농민들을 돕고 각종 선진 기술들을 시험할 수 있는 시범포 운영도 가능해 일이 즐겁다고 했다. 아라비안나이트처럼 생소하고 열정적인 삶을 사는 그녀의 아우라가 좋았다.
 일상을 나누는 시답잖은 메시지는 생략하고 업무 차 전화했다가 사적인 약속을 잡곤 했다. 처음 초대받아 방문한 읍내 원룸은 가구며 인테리어가 놀랍도록 주인과 닮아 있었다. 현관문을 열고 들어가면 좌측 벽을 가로지르는 무명 줄에 추억의 폴라로이드 사진이 주렁주렁 매달려 있고 투박한 원목 테이블과 사각 헝겊을 잘라 만든 무명 커튼, 칠하다 만 유화가 조화롭게 공간을 넘나들었다. 대충 둘러봐도 기성품은 없고, 손맛이 느껴지는 소품이었다. 음식 준비하느라 바쁜 태현을 뒤로하고 그녀의 색채로 가득한 방 구경에 시간 가는 줄 몰랐다. 싱크대와 맞대어 디근자로 놓은 테이블 배치 때문에 오피스텔 느낌이 났고, 무질서한 듯 벽에 걸린 소박한 물건들이 그녀의 방식으로 환대했다. 일단 만나면 한두 시간 만에 헤어지는 법이 없고 자정을 넘길 때까지 혹은 내가 졸려 쓰러질 때까지 이야기를 나눴다.
 와인을 곁들인 저녁 테이블에 앉았는데 맛깔스러운 음식 솜씨와 달리 짝이 맞는 그릇이 하나도 없었다. 맛있는 음식이 어디선가 공짜로 얻은 듯한 촌스러운 그릇과 재활용 플라스틱 용기에 담겨 있었다. 당황한 표정을 눈치 챘는지 쑥스러운 미소를 지으며 말했다.
 "아직 그릇을 사지 못했어요."
 "함께 먹는 음식이 중요하지, 그릇이 뭐가 중요해요."
 지인한테 선물 받았다며 비싼 와인을 꺼냈다. 와인잔은 일회용 플라스틱 컵과 소스 그릇이었다. 집에 갈 때마다 일회용 용기에 요리한 음식을 차려내는 걸 보면 미소가 입가를 간지럽혔다. 그녀는 버려지는 일회용 용기를 리사이클링 하고 있었다. 집에 가기 싫은 날은 눈치 빠르게 자신의 작은 원룸으로 초대했다. 그리고 그날그날 마음이 내키는 대로 안주 겸 저녁 요리를 했다. 어떤 날은 어묵탕과 친구네서 얻어온 오이피클이 전부였고, 어떤 날은 라이스페이퍼로 싸 먹을 수 있는 각종 채소와 쌀국수를 준비했다. 요리하기 싫은 날은 편하게 말했다.

"오늘은 테이크아웃 해 오실래요?"

육류를 먹고 싶다 하면 보쌈을, 인스턴트가 당기는 날이라 하면 피자나 치킨을 사 갔다. 매 끼니 고기며, 국, 찌개, 나물까지 10첩 반상을 방불케 하는 시골 집과 다른 소박함이 좋았다. 어떤 날은 목포 집에서 가져왔다는 김치 하나에 미역국을 끓여 함께 먹어도 부족함이 없었다. 나는 술을 마시다 취기가 오르면 오한이 들어 졸렸다. 겉옷을 꺼내 덮고 꾸벅꾸벅 졸면 "제 이야기가 길었죠?"라며 바닥에 이부자리를 깔았다. 유명한 여대 출신이라는 소문이 진짜냐고 넌지시 물어본 적이 있다. 태현은 특유의 어색한 웃음을 지으며 중퇴했으니, 반만 맞는 말이라 했다. 회사 사람들이 유별난 자신을 참아주는 이유는 출신 학교 덕분인 것 같다고 했다. 방황하던 시기, 친구 부모님 댁에 가 며칠을 묵은 적도 있고 정신 수양을 위해 절에 들어가 공동체 생활을 한 적도 있었다. 마음속 의구심이 생기면 도망치지 않고 두려움의 강을 건너며 해결책을 모색하는 사람이었다. 그녀의 열정과 삶의 작은 부분까지 살피는 따뜻함, 현실과 타협하지 않는 당당함이 좋았다. 우리 둘 다 일에 대한 열정은 비슷했지만, 상사와 의견이 엇갈렸을 때 대처하는 방법이 달랐다. 나는 원칙

대로 일 처리를 하려고 했다가도 상사가 이런저런 이유를 들어 불합리한 요구를 하면 투덜거리며 따르는 현실타협형 인간이었다. 직장생활에서 쉽게 느는 건 불평불만이고, 상황을 헤쳐 나가는 능력은 더디게 길러졌다. 똑같은 직장에 몸담고 있어도 윗사람 눈치 보지 않고 소신 있게 행동하는 모습이 멋져 보였다.

서로 바쁘게 지내느라 연락이 뜸했는데 먼저 연락이 왔다. 대출을 끼고 오래된 아파트를 장만했다는 소식을 전했다. 벼멸구의 생태 파악을 위해 연속 이틀 같은 논으로 출장 갔는데, 어미 없는 새끼 고양이를 발견해 집으로 데려왔다고 했다. 무작정 데려왔는데 고양이는 처음이라 도움이 필요하다고 했다. 집에 있는 고양이 모래와 여분의 화장실, 사료 등을 챙겨 달려갔다. 전형적인 노란 줄무늬 치즈 고양이었다. 눈이 크고 겁이 많았다. 그날부터 반려묘를 잘 돌보기 위한 공부를 시작했는데, 첫째를 데려오고 한 달쯤 지나 사무실 근처를 돌아다니는 새끼 고양이를 발견했다. 마음 여린 그녀는 장마철 잦은 비에 새끼 고양이가 잘못될까봐 안절부절못하더니 결국 둘째로 품었다. 낯선 고양이끼리 합사하다 난투극이 벌어질까 걱정된다며 전화가 왔다. 어쩔 줄 몰라 하는 그녀를 안심시키고 달려가 보니 둘 다 순하고 털색도 형제처럼 닮아 있었다. 예상대로 합사는 큰 다툼 없이 이루어졌고 집안에 고양이용품들이 하나둘 늘었다. 고양이를 사랑하게 된 그녀는 길고양이를 보면 안쓰러워 밥을 챙기며 아픈 고양이를 돌봤다. 주변에 고양이 알레르기가 생겨 약을 먹거나 중간에 파양을 보내는 경우가 종종 있어 셋째를 들이는 건 만류했다. 알뜰하게 대출 비용을 갚으며 유학도 고려중인 걸 알

앉기에 마음이 편치 않았다. 하지만 그녀는 1년 반 뒤 집주변을 배회하던 하얀색 얼룩 고양이를 셋째로 들였다. 처음에는 털에 묻은 까만 아스팔트 기름때만 지워 돌려보낼 생각이라고 했다. 하지만 앙증맞고 눈치 빠른 녀석은 그녀가 만져주기만 하면 바닥에 뒤집어져 애교를 부렸다. 연예인 김남주처럼 코 옆에 까만 매력점이 있어 이름을 '남주'라 지었다. 겁 많고 조심성 있는 첫째랑 둘째 고양이와 달리 애교로 똘똘 뭉친 셋째의 매력에 빠져 버렸다.

하루는 저녁 운동가는 길에 우연히 마주쳤다. 한 손에는 사료통, 다른 한 손에는 물통을 들고 있었다. 앞으로 둘러맨 이동식 가방 안에는 6개월 만에 4kg을 넘긴 우량아 '남주'가 작은 창문을 통해 세상 구경 중이었다. 답답해하는 남주에게 바람 쐬어주려고 같이 나온 거라 했다. 편한 티셔츠에 발목이 다 보이는 8부 기장의 청바지, 그 위에 점퍼를 걸친 얼굴은 활력이 넘쳤다. 숱 많고 정리 안 된 단발머리가 바람에 나부낄 때면 사자 갈퀴처럼 휘날렸고 트고 상기된 붉은 두 볼은 선크림은 바르고 다니는지 걱정되었다. 정형화된 공무원 사회의 틀에 맞춰 생활하는 고달픔을 고양이에게 무한 애정을 쏟으며 푸는 듯했다. 그녀가 인간 남자와 사랑에 빠지면 어떤 모습일지 갑자기 궁금해졌다. 나는 그사이 결혼해 곡성읍으로 이사했다. 남편과 죽동 체육공원으로 운동가는 길에 종종 길고양이 밥을 주는 태현과 마주쳐 인사하는 사이가 되었다.

부탁할 일이 있어 오랜만에 전화했는데, 나보다 그녀의 이야기가 길었다. 누군가 사무실 근처 고양이에게 해코지해 길고양이가 죽었다고 했다. 충격이 심한 듯했다. 오랜만에 우리 집으로 초대했다. 봄에 어울리지 않는 강풍이 불어 기온이 많이 내려간 날이었다. 그녀는 약속 시간을 약간 넘긴 7시 15분에 집에 도착했다. 삼인동길 약수터에 놓아둔 고양이 임시거처가 망가져 긴급보수를 해놓고 오는 길이라 했다. 그녀는 백팩에서 같이 마실 와인 두 병을 꺼냈고, 찬바람에 붉어진 오른손에는 사료통, 왼손에는 큰 생수통이 들려 있었다. 고추잡채와 꽃빵을 보며 아이처럼 행복해하는 그녀와 와인 한 병을 다 비우며 긴 이야기를 나누었다. 그녀는 천천히 음식을 음미하며 술 한 잔을 다 비우고 사무실 옆 골목에서 있었던 끔찍한 사건을 이야기했다. 여느 때처럼 길고양이 밥을 주려고 사료통을 들고 나왔는데, 골목에 둔 밥그릇에 청산가리가 뿌려져 있고 그걸 먹은 새끼 고양이가 죽어 있었다. 누군가 앙심을 품고 남은 사료에 독약을 뿌린 게 분명했다. 어두운 골목이라 주변을 아는 이의 소행이 분명했지만, 누구 짓인지 알 수 없어 화가 나고 답답했다. 힘없는 생명에 해를 가하는 사람이 근처에 사는 것도 소름 돋고, 어린 고양이를 길거리에 방치해 화를 입은 것 같다며 죄책감을 토로했다. 내가 할 수 있는 건 가만히 귀 기울이고 공감하는 것뿐이었다.

최근 일주일간 불어댄 태풍급 바람으로 읍내에는 각종 쓰레기와 낙엽이 넘쳐났다. 사무실로 쓰레기를 치워달라는 민원전화가 빗발쳤고 청소차량 직원과 영운천과 죽동천을 청소하느라 기진맥진했다. 1년 넘게 환경 업무를 맡다 보니 비바람이 부는 날에는 자연스레 입에서 불평과 한숨이 새어 나왔다. 사무실로 돌아와 급한 일을 처리하니 밤 10시가 훌쩍 넘었다. 스트레스도 풀 겸 블루투스 이어폰으로 「OHAYO MY NIGHT」를 들으며 10분 남짓 거리를 걸어

집에 가는데, 야심한 시각에 종량제봉투를 들고 길거리를 청소하는 이가 보였다. 무슨 일인가 싶어 가까이 가보니 며칠 전에 만난 태현이 길에 버려진 지저분한 떡볶이 그릇을 줍고 있었다. '웬 심야청소'인지 호기심이 들었다. 그녀는 주말에 된바람이 불어 아파트 주변에 라면 봉지와 스티로폼 박스가 어지럽게 날아다닌 이야기를 했다. 처음에는 거리의 쓰레기를 보고 주변 사람들의 몰상식한 행동에 화가 났다고 한다. 컵 떡볶이 그릇이며 꼬치 쓰레기를 보고 근처 분식점이 무단투기한 건 아닌지 의심까지 했다. 잔뜩 불쾌한 기분으로 집에 와보니 베란다 창가에 놓아둔 화분이 아파트 주차장에 떨어져 박살 나 있었다. 열어둔 창문 너머로 들어온 바람이 범인이었다. 그녀는 정신이 번쩍 들었다. 길거리를 쓰레기장으로 만든 건 바람이었다. 무턱대고 의심부터 했던 자신이 부끄러워 집게와 종량제봉투를 들고 나온 거라 했다. 하루 종일 쓰레기 민원에 골이 나 있었는데, 그녀다운 행동에 마음이 따뜻해졌다. 남 탓하기 전에 '내가 먼저 쓰레기를 줍는 마음'이 부럽고 사랑스러웠다.

바쁜 와중에 울리는 전화벨은 달갑지 않다.
"친절히 모시겠습니다. 읍사무소 총무팀 정은숙입니다."로 시작되는 사무적인 전화응대에 뜬금없이 도로명주소에 관해 묻고 싶다며 말꼬리를 끊을 틈도 없이 하소연했다. 우편물을 보내려고 하는데 '탁정리'를 찾을 수가 없다며 '탁정리'가 있는지 물었다. 학교의 '학', 정리수의 '정' 학정리라고 했더니 금세 화색이 도는 목소리로 너무 고맙다며 과할 정도의 인사치례를 해 당황했다. 조금 전까지 내 마음은 어땠나? 끊임없이 울려대는 전화벨과 예산, 정보 공개 자료를 취합하느라 골머리를 앓아 예민한 상태였다. 별로 친절하지도 않았고 심지어 도로명주소 관련이라길래 민원팀으로 전화를 넘기려 했는데, 과한 고마움의 표현에 당황했다. 아차, 좀 쉬었다 갈 타이밍이구나 싶었다. 상냥하고 친절한 민원인을 만나면 부끄러운 행동들이 떠올라 미안해졌다.

　마음이 지쳐 통제가 안 되면 잠시 민원인에게 양해를 구하고 화장실에서 한숨 돌리고 오라는 선배의 말이 떠올랐다. 우리에게는 누적된 민원이지만, 공무원을 찾는 한 명 한 명을 새로운 사람으로 대해야 한다는 얘기도 덧붙였다. 한때 같이 일했던 양 팀장님은 일이 몰려오면 '오늘도 새로운 일을 배우니 이렇게 재미있네' 스스로 최면을 걸었다. 어떤 악성 민원인이 와도 뒷담화하거나 불평을 늘어놓지 않았다. 잔뜩 화가 나 읍사무소를 찾은 민원인에게 커피 한 잔 마시며 마음 풀라며 더 따뜻하게 환대했다. 같이 일하면 긍정 에너지를 받아 옆 사람까지 힘이 났다. 하지만 그분을 닮고 싶은 마음은 잊어버리고 습관처럼 푸념하고 헉헉댔다. 마음을 추스르지 못해 급발진하곤 했다. 본인이 잘못해놓고도 멱살 잡자고 달려드는 통에 내가 이 짓을 왜 참아야 하나 울컥하는 날도 있었다. 공무원은 창조적인 일보다는 배정된 업무에 민원이 발생하지 않게 처리하는 게 중요했다. 인사팀 전보에 따라 군청과 읍면을 오가며 좋은 상사와 마음이 맞는 동료를 만날 때도 있고, 맞추려 할수록 간극이 멀어지는 불편한 상사와 함께해야 할 때도 많았다. 원하는 부서에 발령받더라도 원하는 업무를 배정받기는 하늘의 별 따기처럼 어려웠다.

빈자리를 채우거나 약체팀의 구원 투수로 보내지기도 했다. 좋은 상사와 팀원을 만나면 감사한 일이지만 새로 맡은 업무는 항상 생소하고 업무 인수인계서 없이 맨땅에 헤딩하는 일이 태반이었다.

삼기면사무소에서 도시경제과로 전보를 받아 근무한 지 1년 만이었다. 휴일인데 머리가 깨질 듯 아프고 몸에 열이 나 응급실을 찾았지만 코로나 시기라 열이 있다는 이유로 거절당했다. 큰 병원 두 군데를 돌아 겨우 링거를 맞고 집에 왔는데 수액 효과가 떨어지니 새벽부터 극심한 두통이 다시 시작되어 잠을 잘 수 없었다. 연애 1년 만에 결혼해 남편과 지낼 때라 출근하겠다는 나를 강제로 끌고 내과에 갔다. 코로나 검사 후 링거를 받고 혈액검사를 했지만 특별한 진단을 못 내렸다. 이틀 사이 찌르는 두통의 강도는 더 세졌고 오한까지 겹쳐 몸을 가누기 힘들었다. 요리를 해본 적 없는 남편은 그때 처음 주방에 들어가 흰쌀 미음을 끓여 내게 건넸다. 거북이처럼 행동이 느려졌다. 팔을 올리고 걷는 동작 하나하나가 버거워 수저를 들어 올릴 힘도 없었다. 남편은 인터넷을 검색하더니 몇 가지 중병과 증상이 겹친다며 큰 병원에 가보자고 했다. 동광주병원의 신경외과에서 뇌 CT와 MRI를 찍었다. 담당의는 흐릿하게 뇌수막 주변으로 띠가 둘려 있다며 뇌수막염을 의심했다. 확실한 진단을 위해 뇌척수액을 뽑기로 했다. 예상대로 척수액이 투명하지 않고 텁텁한 노란색을 띠었다. 결핵성 뇌수막염 진단을 받고 입원해 항생제과 스테로이드 치료를 시작했다. 한 달간 병원에서 집중 치료하고 휴식기를 가졌다. 퇴원은 했지만 6개월간 항결핵약제를 꾸준히 먹으며 관리해야 했다.

병가를 내고 회복 중이던 2020년 8월, 곡성 구례는 최대 550mm 폭우가 쏟아졌고 저지대 침수와 섬진강 제방이 무너져 주택과 농경지 곳곳이 침수되었다. 곡성군에만 1,300명이 넘는 이재민이 발생해 전 공무원이 수해복구를 위해 여름휴가를 취소했다. 조를 짜서 밖으로 나가 도로에 넘친 섬진강 토사물을 제거하고 축사에 매몰된 수천 마리 닭과 오리를 꺼내는 작업을 했다. 세탁기를 몇 번이나 돌려도 옷에 밴 시체 썩는 냄새를 빠지지 않아 작업복을 쓰레기통에 버렸다. 가을까지 복구작업이 이어져 반나절은 본인 업무를 하고 반나절은 현장에 나가 구슬땀을 흘리며 가재도구를 씻고 산더미처럼 쌓인 쓰레기를 수거했다. 두 달 만에 출근했더니 그간 수해복구로 힘들었던 이야기를 쏟아냈다.

출근했지만 컨디션이 예전 같지 않았다. 독한 항결핵약제 때문인지 기력도 의욕도 없었다. 인사상담서를 썼다. 업무량이 적은 면으로 가고 싶었지만 곡성읍으로 발령이 났다.

읍은 다른 면에 비해 인구수가 서너 배 많아 선호하는 사람이 적었다. 장점이라면 직원 수가 두 배라 특이한 직원이 있어도 여럿 사이에 묻혀 크게 도드라지지 않는 점이었다. 읍으로 발령받은 2021년 1월은 코로나 확산으로 전 세계가 팬데믹에 빠져 사무실에서 마스크 착용이 필수였다. 복지팀은 기초생활수급자와 장애인, 자활참여자 상담 등 전문지식을 요하는 업무가 많아 통상 복지 직렬이 가지만, 내가 복지팀 배정을 받았다. 아동과 여성, 보건 및 방역업무를 맡았는데 1월에 아동 복지사업 신청이 몰려 업무를 숙지하지도 못하고 각종 신청서를 받으며 업무를 익혔다. 곧이어 65세 이상 노인과 취약계층을 대상으로 화이자와 모더나 백신 접종 권고가 내려왔다. 서른 개 마을 중 읍내권을 제외한 스무 개 자연부락에 버스를 운행하며 코로나 백신 예방접종 대상자를 실어 날랐다. 행정에서 코로나 백신 신청서를 받아 시스템에 입력하고 병원으로 하달하는 방식이었다. 내 건강을 우려한 팀장님의 배려로 복지팀 업무 중 가벼운 난이도의 일을 배정받았지만, 일복이 많은 사람은 없던 일도 몰고 다닌다고 하지 않았던가? 전년 대비 업무량이 열 배 이상 늘었다. 몰려드는 업무로 피곤해 잠을 설치는 날이 일주일 이상 지속되면 뇌수막염이 재발하는 건 아닌지 걱정되었다. 주기적으로 담당 의사의 소견을 들어야 불안한 마음이 가셨다.

정기 인사 시즌이 되어 전임자가 군으로 들어가고 환경과 쓰레기 불법투기 단속 업무를 맡게 되었다. 음식물 쓰레기는 하루 이틀만 더운 날씨에 방치되어도 냄새가 심했다. 모든 게 얼어붙은 겨울에는 쓰레기 민원도 적은데 여름에는 여기저기 코를 찌르는 냄새가 진동해 불법투기 신고가 폭발했다.

일하다 보면 이런저런 싸움에 휘말릴 때도 있고 선의로 한 행동이 상황을 악화시켜 난감해질 때도 있다. 판매 알바에 사기업 직장, 옷가게, 쇼핑몰 운영까지 나름 산전수전 다 겪어봤다고 생각했는데, 공무원이라는 직업의 난이도는 만만치 않았다. 동기들끼리 모이면 이런저런 스트레스 보따리를 풀어놓고 고민을 공유했다. 떡메질하듯 번갈아 하소연하다 보면 오히려 내가 겪은 일은 별게 아니구나 싶어진다. 보람찬 순간도 있지만 각종 난관에 부딪혀 힘에 부치면 쳇바퀴에 딸려 오는 먼지처럼 스트레스가 꼬리를 물었다.

일반 사기업과 자영업의 목표는 영업 이익과 매출 신장이다. 핫픽스 디자인회사는 비싼 스와로브스키 자재를 많이 넣은 디자인으로 매출을 높이는 게 미덕이고, 옷가게는 매 시즌 각종 이벤트와 신상품으로 고객을 유혹해 지갑을 열게 하는 게 미덕이다. 상품이 잘 팔리면 기분이 좋고, 경기 영향으로 매출이 떨어지면 불안해 새로운 이벤트를 기획했다. 끊임없이 옷과 가방, 액세서리를 구매하는 소비에 중독된 단골 관리가 중요했다.

반면 공무원은 공공성을 우선하는 직업이다. 직장이 없는 군민들의 경력단절 해소를 위한 자격증 지원사업과 직업개발 프로그램도 운영하고, 주민평생학습 프로그램과 동아리 활동 공간지원을 위한 공모사업 추진도 가능하다. 어두운 마을에 가로등을 설치하고 거동 불편한 주민을 위해 집으로 상담을 나가기도 한다. 곡성읍에서 관리하는 가로등 수는 2,000여 개에 이르고, 연 전기료는 2억4,000만 원 이상이며 유지보수에 들어가는 비용도 4,000만원 이상이다. 가로등 담당 공무원이 되었는데 몇십 년간 누적된 가로등 현황관리 자료가 없어 주먹구구식으로 유지보수가 진행되고 있었다. 관리주체가 기재되지 않아 주민들은 가로등 신고를 군청으로 하거나 국민신문고에 올렸다. 군 안전건설과에 가로등 통합관리 시스템 구축 사업을 제안했으나 담당자는 회의적이었다. 다행히 팀장님이 다음 연도 예산에 반영해 함께 추진해보자고 했다. 1년 유지보수 비용보다 적은 사업비로 가로등 전수조사를 통해 관리번호를 매기고 큐알코드를 부착해 주민들의 간편 신고가 가능해졌다. 도로조명 시스템을 통해 가로등 유지보수 현황을 누적 관리할 수 있어 담당자나 보수업체도 편리했다. 읍면에 있으면 거창한 사업계획은 힘들어도 주민이 피부로 느끼는 불편이 민감하게 다가왔다. 개선 의지와 예산 확보 노력이 합쳐지면 주민생활 불편도 줄어들고 업무의 투명성도 확보 가능하다. 코로나 등 사회재난이나 태풍 등 자연재난이 발생하면 가장 먼저 투입되는 사람도 공무원이다. 연차가 쌓이고 권한 있는 사업 부서에 가면 군정 발전을 위한 큰 그림을 그릴 수 있었다. 박봉과 무거운 책임감에 휘청거릴 때도 있지만 일하며 느끼는 소소한 감동과 보람의 순간들이 단단하게 나를 붙들고 있다.

곡성군은 평생교육을 모토로 각종 인문학강좌와 와인, 메이크업, 요리, 미술강좌를 월 2만원에서 5만원 내외의 저렴한 비용에 들을 수 있고, 명사 강의와 국립발레단 초청 공연도 무료로 볼 수 있다. 평생학습 모둠 관리가 잘 되어 지원금이 없을 때도 꾸준히 소통하고 학습을 이어가는 공동체가 늘고 있다. 면적은 서울시와 비슷하지만 인구는 27,000명이라 인프라가 부족하고 문화시설도 다양하지 않다. 군민의 절반 이상이 60대 이상이고 자연부락에는 젊은이가 귀해 앞으로 20~30년 뒤에는 공동화 현상이 극심해질 것이다. 환절기에 연이지는 사망 소식이 더 안타까운 이유다. 나처럼 고향에 돌아와 정착하는 사람도 있지만, 대부분 젊은이는 문화생활 인프라가 부족한 시골생활을 견디지 못하고 보조금이 끊기는 1년살이가 끝나면 도시로 되돌아간다.

도시가 정해진 틀에 맞춰 직장인으로 살기 편한 곳이라면 현재의 농촌은 다재다능한 젊은이가 꿈을 펼칠 기회를 제공하는 실험공간이다. 분야별 청년 인큐베이팅 사업을 통해 농사뿐 아니라 카페나 식당, 축산 등 다양한 분야에서 지원금을 받으며 꿈을 펼칠 수 있다.

업무에 지친 심신을 위로하기에 곡성의 아름다운 사계절만큼 좋은 것도 없다. 봄에는 점심시간에 간단한 김밥과 샌드위치를 사서 벚꽃 나들이를 가기 좋다. 읍내 뚝방길을 따라 펼쳐진 향기로운 벚꽃길 아래 돗자리를 펴고 피크닉을 즐기다보면 꽃향기에 취해 악성 민원인도 시끄러운 전화벨 소리도 잊게 된다. 매년 벚꽃 시즌이 되면 마지막 벚꽃잎이 흩날릴 때까지 동행을 바꿔가며 소풍을 즐긴다. 여름에는 치킨 한 마리와 맥주를 사 들고 도림사 계곡에 발을 담그면 신선놀음이 따로 없다. 겁 없는 피라미가 발가락 사이를 오가며 간지럽히는 걸 지켜보며 도림사 계곡에 닥터피쉬가 사는 건 아닌지 엉뚱한 질문의 나래를 펼치게 된다. 가을에는 백만 평 규모의 동화정원을 가득 채운 백일홍 꽃밭을 거닐며 사진도 찍고, 축제 기간에는 야외 클래식 공연도 감상할 수도 있다. 정원 피크닉 테이블에 앉아 점심을 즐기다 보면 이 맛에 시골 공무원 하는구나 싶다. 출근길에 자욱한 물안개에 뒤덮인 산을 둘러보면 겸재 정선의 인왕제색도가 따로 없어 사방풍경이 그림이다. 퇴근길에 하늘을 올려다보면 붉은 노을이 심장을 뒤흔든다. 찰나를 박제하고 싶어 나도 모르게 셔터를 누른다.

김탁환 작가님의 『아름다움은 지키는 것이다』라는 책 제목이 생각나는 문제가 발생했다. 곡성군은 광주시와 협약을 통해 매년 일정 금액을 주고 쓰레기를 소각해 왔는데, 재계약이 어려워 몇 년 이내에 새로운 곳과 계약하거나 소각장을 설립하는 문제로 시끄러웠다. 쓰레기소각장은 매몰 비용이 많이 들어가는 사업으로 한번 생기면 돌이키기 힘들다. 현대화 시설은 냄새와 지하수 유출 문제가 적다는 환경과 입장과 쓰레기소각장이 들어오면 청정 곡성 이미지를 저해하며 혹시 모를 사고를 고려해 신중해야 한다는 주민 입장이 팽팽하게 대립했다. 환경과는 소각장에 대한 부정적 이미지를 없애기 위해 11개 읍면 주민을 데리고 주변 소각장 시설 벤치마킹을 다녀왔다. 쓸모없는 맹지를 팔아 이권을 챙기거나 주변 마을 보상금에 눈먼 사람은 찬성했고, 주변에서 농사짓는 주민은 반대했다. 몇 군데 면이 사업 대상지로 거론되어 이득을 얻으려는 사람과 골치 아픈 시설 유지를 반대하는 쪽이 첨예하게 대립했다. 나는 처음에는 다른 대안이 없다는 환경과 입장에 찬성했다. 하지만 삶의 터전이 곡성인 언니와 지인의 얘기를 듣고 한 걸음 물러섰다. 언니는 군민들이 반대하면 군에서도 다른 방법을 모색할 거라며 강한 반대 의지를 보였다.

  한국뿐 아니라 가까운 일본도 소각장 문제로 시끄러운데 안전하다는 말을 덮어놓고 믿을 수는 없었다. 정말 안전하다면 소각장이 생긴 후 주변 거주민의 암 발생률이 급증하지 않았을 테니 말이다. 소각장 문제가 뜨거운 감자로 떠올랐을 때 부산으로 다시마 세이조 작가의 북토크에 다녀왔다. 작가님이 살던 지역에 소각장을 건립한다는 소식에 길바닥에 드러눕는 시위까지 했지만 소용이 없었다. 소각장이 생긴 후 실제 암 투병을 경험하고 환경문제의 심각성을 알리기 위해 그림책을 그렸다고 했다. 지역주민과 연계해 해마다 '대지의 예술제'를 개최하고 한센병환자들을 위한 예술작업을 하는 다시마 세이조 작가의 열정이 지역을 다시 살리고 있었다. 부러웠다. 거대 자본이 들어와 소각장이 생기면서 지역이 병들어 갔다는 세이조 작가의 얘기는 가벼이 넘길 수 없는 우리 지역의 문제였다. 지역 문제를 해결할 때 결과 우선주의가 아니라 공론화와 다각적 토론 후에 신중히 일을 추진해야 하는 이유와 직업의 무게가 느껴졌다. 공무원 일에 매몰되어 지내다 보면 결과와 성과 위주로 지역 문제를 바라보게 된다.

이 세계에 몸담으며 단단한 벽을 뚫을 방법은 스스로 생각하는 힘을 기르는 것뿐이다. 책을 좋아하는 언니와 함께 독서토론과 글쓰기 수업을 몇 년째 하는 이유다. 나의 얇고 가벼운 사고의 깊이를 알기에, 관성적 업무의 결과가 치명적일 수 있음을 알기에, 유연하지 못한 공무원적 사고방식의 벽을 뚫고 나갈 연장으로서 독서와 글쓰기가 필요하다. 생각은 깊게, 행동은 신중하게 하는 법을 터득해야 그 벽을 뚫을 수 있다.

김탁환 작가님은 '미실란'의 밥맛에 반해 이동현 대표님과 인연을 맺고 땅에 매혹된 농부 이동현과 그가 지키고자 하는 아름다움을 인터뷰하고 책을 썼다. 2021년 봄부터 서울 집과 곡성을 오가며 곡성 군민을 대상으로 글쓰기 수업을 열었다. 독서 모임의 멤버 중 한 명이 작가님의 글쓰기 수업을 추천해 작은언니와 함께 신청했다. 매주 작가님의 강의와 강의 내용을 기반으로 일기체 소설, 편지, 자서전, 시사 문제, 가족 인터뷰, 마을에서 친근한 무생물에 대한 글쓰기 등 압박 수업이 이어졌다. 10주간 책을 읽고 매주 글을 쓰는 강행군을 끝까지 마무리할 수 있었던 건 학창 시절부터 익숙한 과제수행 루틴 덕분이었다. 글 소재 가까이에 머물고 대화하라는 작가님의 조언은 특별한 경험을 선물했다. 울보였던 어린 시절과 대면하고, 일찍 세상을 떠난 외할머니와 편지로 대화하고, 고2 겨울에 중퇴하고 가장의 무게를 짊어져야 했던 아빠의 모교에 처음 방문했다. 아빠는 변해버린 학교를 둘러보고 짓궂었던 학창 시절을 떠올렸다. 친구들과 데모에 참여하느라 수업은 뒷전이고 불량 학생들 틈에서 살아남으려고 자취집에 운동기구를 사놓고 몸집을 키우던 헬스보이였다. 친구는 몸 좋은 아빠에게 작대기를 던져 맞춰보라며 장난을 걸었다. '진짜 던진다' 한 마디와 함께 날린 작대기는 친구의 앞니를 모두 날려버렸다. 할머니는 아들을 탓하지도 못하고 몰래 그 친구의 학비를 대주는 것으로 미안함을 전했다. 엄마도 결혼 후에 그 친구를 만난 적이 있다고 했다. 그 시절 이야기에 아빠는 소년처럼 웃었다. 글쓰기가 아니었다면 아빠의 모교를 함께 거닐지 못했을 것이다. 조대 장미정원에 핀 붉은 장미가 젊음으로 빛나던 아빠의 학창 시절과 겹쳐 보였다. 등이 굽고 머리카락이 하얗게 센 잉꼬부부를 사진으로 남겼다.

2021년부터 2024년까지 작가님의 글쓰기 수업을 통해 오래된 흉터를 반복적으로 꺼내며 무뎌졌다. 잊고 있던 과거와 만나고 인터뷰를 통해 가족들을 이해하게 되었다. 매주 과제로 올라오는 글쓰기반 동기들의 글을 읽으며 비슷한 상처에 공감하고 위로받았다. 사고의 벽을 뚫기 위한 도구로 시작한 글쓰기는 어느새 치유의 과정이 되었다. 2025년 봄, 장편 에세이 수업이 열렸다. 고등학교 때 곡성을 떠난 이유가 부족한 문화 콘텐츠 때문이었는데, 이제는 작가님을 비롯한 촘촘한 평생학습교육 그물망을 넓게 펼쳐 주민들의 문화적 욕구에 귀 기울이는 곳으로 변화했다. 작은 영화관 영화 티켓은 반값이고, 기차마을 무료입장이 가능하며, 클래식 공연과 다양한 평생학습 프로그램을 무료나 한 끼 식사비용으로 누릴 수 있다. 다양한 프로그램이 누구에게나 열려 있어 돈이 없어 문화생활을 누리지 못하는 이가 없다. 도시에서 맛보지 못한 삶의 여유와 다채로운 풍경이 상처를 보듬고 치유하는 곳이 곡성이다.

작가의 말

이제는 안다, 엄마를 이해하고 싶은 열망은 결국 나를 이해하는 여정이었다는 것을. 시간의 뽕잎을 먹고 자란 누에고치는 고치집을 만든다. 비좁은 자기만의 방에서 인내의 시간을 보낸 후 나방으로 우화하는 누에처럼 우리도 각자의 틀을 깨고 세상 밖으로 나왔다. 비행 후 돌아온 고향 집에서 엄마를 다시 만났다. 엄마는 누에고치에서 실을 뽑듯 삶의 무게를 풀어냈고, 나는 엄마의 시간을 더듬어 글로 옮겼다. 모녀의 실타래를 풀어 날실과 씨실을 엮으면 어떤 그림이 그려질까? 투박한 천이 얼키설키 길이를 더할 때마다 서로에 대한 공감도 숨벙숨벙 커지겠지. 성근 그림을 표현할 생생한 단어가 떠오르지 않으면 통화 버튼을 누른다. 엄마는 끊어진 실타래의 매듭을 엮어 그림을 연결한다. 그곳에 엄마와 함께 서 있다.

거창한 말로 시작했지만, 엄마의 인생 이야기로 책 한 권을 채운 뒤, 나는 숨고 싶었다. 모르는 사람들이 내 인생을 엿보는 건 두렵지 않지만 내 이름을 기억하는 사람들이 글을 읽는 건 두렵다.

사실 나는 책을 좋아하지 않는다. 그런 내가 에세이를 썼다니 아이러니다. 감정을 들키기 싫어 다이어리를 쓰는 것도 싫어했다. 중학교 때 좋아하는 남학생에 대한 연애 감정을 비밀일기로 썼다가 친구한테 들킨 후 다이어리를 책장 깊숙이 넣어버렸다. 자신은 물론 나를 둘러싼 가족과 친구를 이해하는 것만으로도 벅차서 활자가 눈에 들어오지 않았다. 언니들은 항상 나보다 앞서 나갔고 모르는 게 너무 많아 창피했다. 일일이 물어보기 부끄러워 입을 닫는 쪽을 택했다. 침묵하면 먼저 다가와 말을 거는 친구도 있고, 신비롭게 바라보는 이도 있어 밑천을 드러내지 않고 호감을 살 수 있었다. 끝없이 침전하는 나를 위로한 건 원색적 자연이었다. 이해할 필요 없이 직관적인 자연을 보는 게 좋았다. 봄이면 어김없이 연둣빛 새싹이 움트고 여름이면 푸르른 녹음을 선사했다가 가을이면 노랗고 붉은 잎을 하나둘 떠나보냈다. 학교 창문 너머로 아름드리나무 끝에 매달린 작은 잎사귀들의 변화를 지켜보며 어수선한 마음을 떨쳐내는 게 학창 시절 가장 행복한 일이었다.

서른 살까지는 인간관계가 어려워 헤맸고, 책 한 권을 읽으려면 며칠이 걸려 자꾸 피했다. 남들이 재미있다는 만화책도 그림보다 활자를 읽어야 한다는 압박감 때문에 재미를 못 느꼈다. 학비와 생활비를 벌기 위해 어쩔 수 없이 했던 백화점 판매 아르바이트 덕분에 사회생활과 인간관계의 무게를 내려놓는 법을 얼마쯤 터득했으니 판매 일이 내게 가르쳐 준 건 돈보다 중요한 삶의 방식이었다.

책을 싫어하던 내가 책과 가까워진 것은 작은언니 덕분이다. 언니는 에세이나 소설을 읽으면 드라마보다 재미있게 줄거리를 이야기했다.

좋은 건 나누고 같이 하길 원했다. 내 호기심은 항상 언니가 앞서서 하는 것들을 향해 있었다. 섬진강 도깨비 문학반, 알움책사모 등 각종 모임이 얼마나 흥미로운지 스치듯 이야기했다. 궁금해 따라나선 곳에 항상 책이 있었다. 그곳이 어땠냐고? 중독적인 곳이다. 지루한 활자 넘어 세상을 엿보고 이해하려면 책을 읽고 소통해야 한다는 깨달음을 준 곳이다. 여전히 스스로 책 읽기는 어렵지만, 사는 동안 의무와 책임감으로 똘똘 뭉쳐 지루한 일을 해내는데 인이 배겼다고 해야 하나? 모임 멤버들과 동등한 입장에서 대화하고 그들의 언어를 이해하기 위해 책을 읽었다. 7년간 의무감에 읽은 책이 든든한 뒷배가 되어 글을 쓰고 밖에 내보일 용기를 냈다.

이번 에세이의 시작점인 김탁환 이야기 학교 글쓰기 수업도 알움 멤버의 추천으로 2021년에 언니와 함께 시작했다. 매주 책을 읽고 나와 내 가족, 추억의 담벼락 입장에서 짧은 글을 쓰는 시간은 고되고 흥미로웠다. 글을 쓰며 상처받은 나의 10대를 어루만지고 안아줄 기회를 얻었다.

엄격한 엄마의 교육방식 탓에 나도 작은언니도 다리 밑에서 주워왔다는 이야기를 진실로 믿고 자랐다. 우리에게 부모의 흔들림 없는 믿음과 사랑은 가상현실 속 이야기였다. 뿌리가 흔들리니 자존감은 바닥이었고, 남들과 나를 끊임없이 비교하며 깎아내렸다. 인간관계가 서툴러 허덕허덕했지만, 세상과 맞짱 뜨길 원하는 엉뚱하고 자유로운 영혼의 대학친구들을 만나 내게도 날개가 있음을, 그 날개를 펼쳐 세상을 향해 훨훨 날고 싶은 욕망을 깨달았다. 낙하의 두려움보다 비상의 즐거움에 가난한 주머니에 주눅 들지 않고 욕망을 좇는 원초적 삶을 살았다.

가족과 이웃, 공동체라는 거창한 단어에 주의를 기울인 건 서울살이를 접고 시골로 내려오면서였다. 엄마는 자식을 가르치고 돌보는 일에도 배움이 필요하다는 걸 나중에 알았다고 했다. 4남매의 생김새가 다르듯 교육방법도 달랐어야 한다는 걸 내 글을 읽고 깨달았다는 것이다. 일찍 알았다고 한들 엄마에게 절대자와 같았던 아버지의 스텝을 따라가는 것도 버거웠으리라. 엄마는 울보였던 내 머리를 쓰다듬으며 '네가 늦되었구나'를 반복했다. 예순네 살에 시를 배워 시집을 내고 일흔 살에 수묵화를 배워 입선까지 하며 늦은 나이에 시인으로, 화가로 예술혼을 불태우는 엄마야말로 '늦되었구나' 싶다.

서울 여행과 미술관 탐방, 자전거 타기, 네일숍 체험 등, 엄마와 함께 할 버킷리스트를 작성했지만 당장 바쁜 일정을 핑계로 시작도 못하고 있다. 탈고가 끝나면 딸을 위해 책에 들어갈 수묵화를 그리고 엉덩이가 배기도록 카페에 앉아 삶의 실타래를 풀어준 엄마와 서울 여행을 다녀오려 한다. 엄마의 10대와 나의 20~30대가 교차하는 서울에서 우리의 씨실과 날실로 엮은 그림을 펼쳐보려 한다. 아름다운 서울의 밤에 술잔을 더해 반딧불처럼 스스로 빛나던 삶을 곱씹으려 한다. 그리고 말해주고 싶다. 이제는 힘들지 않다고. 엄마의 딸로 태어나 행운이라고.

귀옥과 은숙, 두 여자 이야기

1판 1쇄 찍은 날 2025년 11월 24일
1판 1쇄 펴낸 날 2025년 11월 28일

지은이 정은숙
펴낸이 김완준

펴낸곳 모악

출판등록 2016년 1월 21일 제2016-000004호
이메일 moakbooks@daum.net

ISBN 979-11-88071-83-8 03810

값 20,000원

* 이 책의 내용을 재사용하려면 지은이와 모악의 서면 동의를 받아야 합니다.
* 이 책은 곡성군미래교육재단에서 추진한 책쓰기 과정으로
  김탁환 작가님이 지도한 수료생들의 창작물입니다.